Adolph Kohut

lexander von Humboldt und das Judentum

Ein Beitrag zur Kulturgeschichte des neunzehnten Jahrhunderts

DOGMA

Adolph Kohut

Alexander von Humboldt und das Judentum

Ein Beitrag zur Kulturgeschichte des neunzehnten Jahrhunderts

ISBN/EAN: 9783955077266

Auflage: 1

Erscheinungsjahr: 2012

Erscheinungsort: Bremen, Deutschland

ALEXANDER von HUMBOLDT

UND

DAS JUDENTHUM.

EIN BEITRAG ZUR CULTURGESCHICHTE

DES NEUNZEHNTEN JAHRHUNDERTS.

VON

ADOLPH KOHUT.

II. AUFLAGE.

LEIPZIG, 1871.

VERLAG DER F. W. PARDUBITZ'SCHEN BUCHHANDLUNG.

(F. LORBER.)

Herrn Professor Dr. FRANZ HOFFMANN,

DEM GROSSEN JÜNGER DES GROSSEN MEISTERS

FRANZ BAADER,

WIDMET DIESE SCHRIFT

ALS EIN KLEINES ZEICHEN SEINER TIEFSTEN HOCHACHTUNG

UND VEREHRUNG

DER

VERFASSER.

Hochgeehrter Herr Professor!

Sie hatten die grosse Freundlichkeit, in einer an meine Wenigkeit gerichteten geistreichen Zuschrift vom 8. December des vorigen Jahres mich auf ein Wort des genialen Philosophen Franz von Baader aufmerksam zu machen, das da lautet: „Das Heil kommt uns von den Juden.“ Ich war von diesem Ausspruche des hochberühmten Denkers, den mir der liebenswürdige Brief des Mannes überbrachte, der seit einer langen Reihe von Decennien mit einer beispiellosen Beharrlichkeit und Ausdauer die Werke dieses unsterblichen Geistes zu erläutern und fruchtbar zu machen bestrebt ist, freudig überrascht. Wie, dachte ich, der kühne, tiefe, allumfassende Forscher, dessen Gedanken und Weltanschauung mit solcher Schaffungs- und Gestaltungskraft ausgestattet sind, dass dieselben, nach meiner festen Ueberzeugung, die intellektuelle Welt in gar nicht langer Zeit von Grund aus umformen und die bereits morsch gewordenen Throne der Duodez-Philosophen von Hegels, Herbarts und Krauses Gnaden zertrümmern werden — dieser Prophet der Zukunft hatte den in Deutschland so seltenen Muth, die welthistorische Mission des jüdischen Volkes anzuerkennen? Der merkwürdige, tiefsinnige Grübler, der in den Mysterien des Katholicismus mit innigem Behagen schwelgte, war trotzdem im Stande, sich von den Vorurtheilen dieser Religion gegen das Judenthum los zu machen und einer Idee Ausdruck zu verleihen, für die ihn sowohl der Papst als der gesammte katholische Clerus unbedingt als Ketzer verurtheilt hätten? — — —

Eine erhabene Idee, die urplötzlich ausgesprochen wird, wirkt wie ein Blitz: sie erhellt den Geist und befruchtet den Verstand mit hundert neuen Gedankenkeimen. Das prachtvolle Wort Baaders erzeugte in meinem Geiste die — gegenwärtige Schrift. Diese Objektivität und Parteilosigkeit den Juden gegenüber, die sich in dem Baader'schen Ausspruche bekundet, brachte mir das Leben und Wirken eines Mannes in Erinnerung, der zu den auserwähltesten und berufensten Geistern gehört, die die Menschheit hervorgebracht, und dessen glorreicher Name seit dem vor gerade Einem Jahre von den gebildeten Nationen aller Continente gefeierten Säkularfeste noch immer mächtig und gewaltig in unserer Mitte fortklingt, — ich meine Alexander von Humboldt.

Wahrheit und Gerechtigkeitssinn sind das untrügliche Merkmal des echten Genies: diesen herrlichen Stempel tragen die Thaten und Werke der beiden grossen Denker an sich; und wenn das vorliegende Werk bloss die genetische Entwickelung dieser einen glänzenden Eigenschaft Alexander von Humboldts, in ihren Beziehungen zum Judenthume, richtig darzustellen verstanden — so glaube ich ein gutes Buch geschrieben zu haben.

Zum Danke für die Anregung, die Sie, hochgeehrter Herr Professor, mir gegeben, erlaube ich mir, diese Schrift Ihnen zu widmen und bitte ich Sie inständigst, dieselbe als ein geringfügiges, aber herzlich gespendetes donativum, oder vielmehr als den gebührenden Tribut zu betrachten, den der Jüngling dem hochbetagten Greise, dessen ganzes Leben ein bewunderungswürdiges Geistestournier auf der Arena deutscher Wissenschaft und Forschung bildete, mit dankbarem Herzen darzubringen sich gedrungen fühlt.

BRESLAU, am 101. Geburtstage A. v. Humboldts, 1870.

Adolph Kohut.

Vorwort.

Als der grosse Nestor der Wissenschaften, Alexander von Humboldt, am 6. Mai des Jahres 1859 seine unsterbliche Seele aushauchte, da zeigte sich unter den Fachgelehrten und Schriftstellern ein überaus erfreulicher Eifer, sowohl das wechselvolle, höchst interessante Leben als auch die epochemachenden Werke und Errungenschaften des glänzendsten Genius des neunzehnten Jahrhunderts in der leicht fasslichen Form der populären Darstellung zu schildern und dieselben hierdurch selbst dem Laien zugänglich zu machen. Das hundertjährige Jubiläum des herrlichen Mannes brachte überdies eine ziemlich ansehnliche Humboldt-Literatur zu Wege, und wenn die reichhaltige Erndte auch viel Spreu und Staub aufgewirbelt, so kann man es doch nicht in Abrede stellen, dass gerade die emsigen Humboldt-Forscher es waren, die durch ihre Schriften und ihren unermüdlichen Eifer die Aufmerksamkeit der gesammten gebildeten Welt auf's Neue auf Alexander von Humboldt lenkten. So kam es auch, dass wir mehrere treffliche Biographien des hochberühmten Reisenden besitzen (Otto Ule, Maibauer, Klencke, F. Schmidt), dass wir fast jede Geistesrichtung, fast jede Leistung Humboldt's in den einzelnen Disciplinen der Wissenschaften durch begabte Literaten gewürdigt sehen (Dove, Ehrenberg, Löwenberg, Bernstein, Jegór v. Sievers, Rudolph Benfey), und die Hoffnung hegen dürfen, dass die genialen Entdeckungen und Erfahrungen des Mannes, der auf Jahrhunderte hinaus die intellektuelle Welt mit den Schätzen seines Geistes bereichert, alsbald Gemeingut der Menschheit sein werden.

Um so schmerzlicher hat es uns seit Jahren berührt, dass die Juden, die Alexander von Humboldt so viel zu verdanken haben, von diesem gewaltigen Titan bisher noch so wenig Notiz genommen. Das Verhältniss Alex. von Humboldt's zum Judenthume, das von so ungeheurem, culturhistorischem Interesse ist, wurde nicht nur noch nicht gewürdigt, sondern vielmehr — wie es allen Anschein hat — mit Absicht ignorirt. Natürlich! der Eine Theil der heutigen jüdischen Gelehrten hält es unter seiner Würde, sich mit einem derartigen Gegenstande zu befassen, er muss aus dem Schutt der Bibliotheken einen alten, vergilbten Schmöker heraussuchen und denselben, mit hochgelehrten Randglossen versehen, ediren, oder eifrige Studien machen über die Arche Noah's und die Bassgeigen, welche die Söhne Israels an die Weiden Babels aufgehangen — das frisch pulsirende Leben des gegenwärtigen Judenthums ist ihm ein Gräuel, er möchte am liebsten unsere Zeit mit einigen Jahrhunderten „rückwärts conzentriren" und den modernen Zeitgeist in pergamentnen Folianten ersticken; der andere Theil vermag nicht objektiv zu forschen; nur mit Zagen und Zittern denkt er an den unsterblichen Gelehrten, von dem es ja noch nicht feststeht, ob er zu den sogenannten Fortschrittlern gehört hat, und die in ihrer seichten Aufklärungsmanie sich nicht wenig darüber ärgern, dass der Verfasser des Kosmos nur wenig Sympathien fühlte für die lendenlahmen, mondscheinsüchtigen Phraseurs des liberalen Atheismus! — —

Aber über dem Parteigezänke dürfen wir nicht der grossen Verdienste vergessen, die Alexander von Humboldt sich um uns erworben. Wir Juden müssen es der Menschheit bezeugen, dass wir für unsere Wohlthäter, die unser nationales und religiöses Leben respektirten und unser Schriftthum mit Gerechtigkeit und Liebe behandelten, die wärmste Pietät, den innigsten Dank an den Tag zu legen wissen! Das grosse Herz Humboldt's hat in

mächtiger Sympathie für die Juden geschlagen, und wir
können daher nicht umhin, auch einen Kranz zu flechten
auf das Grab des erlauchten Todten, einen bescheidenen
Kranz, über dessen Werth das Publicum entscheiden möge!

Zur Steuer der Wahrheit wollen wir hier constatiren,
dass Alexander von Humboldt auf jüdischen Kanzeln
mehrfach rühmend erwähnt wurde. So sprach z. B. der bedeutendste jüdische Prediger Deutschlands, Dr. Adolph
Jellinek, im Jahre 1859 auf der Wiener Kanzel folgende
herzlichen Worte (Am Sabbat Bechukotai, in der Predigt
„und dennoch!" S. 250 ff.): — — „Die Juden (haben) zu
allen Zeiten die Weisen aller Völker verehrt und bewundert, deren Werke gelesen und übersetzt, und mit deren
Wirken in der Geschichte sich gefreut, haben gleich den
Bienen den Blüthenstaub aller Culturepochen in sich aufgenommen und verarbeitet — und daher können wir auch
in dieser Stunde auf einer jüdischen Kanzel das Andenken
eines Mannes preisen, der heute vor vierzehn Tagen aus
der Reihe der Lebenden geschieden ist, das Andenken
Alexander von Humboldt's! Wir preisen ihn nicht
blos, weil er, der Freund von Königen und Fürsten, wie
alle erleuchtete und gotterfüllte Geister, ein Kämpfer für
Wahrheit und Gerechtigkeit, und daher auch ein Verfechter
der Juden und deren Sache war; nicht blos, weil so viele
und ausgezeichnete Israeliten, deren wir uns mit Recht
rühmen, es nur seiner Humanität verdanken, wenn sie die
Zierde und der Stolz deutscher Hochschulen sind; nicht
blos, weil er den „Muth der Meinung" für die Juden zu
einer Zeit hatte, als fast Alles in Europa gegen sie ver-
schworen war: wir preisen ihn vom Standpunkte unserer
Religion aus als einen gotterkornen Geist, der das Buch
der Natur zu einer Weltenbibel machte, der die „Idee der
Menschlichkeit, das Bestreben, die gesammte Menschheit,
ohne Rücksicht der Religion, Nation und Farbe, als einen
grossen, nahe verbrüderten Stamm zu behandeln" (Worte
Humboldt's im ersten Band des Kosmos), als die Summe
aller seiner Erfahrungen, aller seiner Reisen, aller seiner

Forschungen und Entdeckungen hinstellte, der auf den in einander greifenden und zusammenwirkenden Gesetzen des Weltalls, deren grösster Kenner er war, das Reich der·Liebe und Humanität, in seiner Jugend wie in seinem Alter, mit starken wie·mit zitternden Händen, errichtete.“

Das sind goldene Worte, und verdienen schon deshalb erwähnt zu werden, weil es damals in ganz Deutschland keinen Juden gab, der seine Dankesstimme erhoben hätte, ausser dem Wiener Geistlichen Dr. Jellinek!

Zur Feier des hundertjährigen Jubiläums Humboldt's war es wieder Jellinek, der mit nicht genug zu rühmendem Beispiele voranging, indem er zu Ehren des grossen Jubilars eine herrliche Rede, „die Vorarbeiten zur Gründung des Gottesreiches,“ hielt, die bereits in seiner (bei Herzfeld und Bauer in Wien erschienenen) Predigtsammlung: „Zeitstimmen“ veröffentlicht wurde. Vgl. hierüber „Izr. Közl.“ Jahrg. 1870, No. 39 von Ig. Friedlieber.

Ausser dem genannten Redner gedachten unseres Wissens nur noch drei, sage drei der grossen Verdienste Humboldt's um die Wissenschaft im Allgemeinen und die Juden in's Besondere: Prediger Dr. Wolf in Wien, in der Morgenpredigt am Versöhnungstage im Filialbethause, Dr. Sammter in Grünberg (Schlesien) und Dr. Perlitz in Breslau; die übrigen Herren Rabbiner, Gelehrten und Schriftsteller jüdischer Confession ehrten die Manen des Humanitätspropheten durch — Stillschweigen!! —

Man wird sich vielleicht darüber wundern, dass wir mit unserer kulturhistorischen Studie über „Alexander von Humboldt und das Judenthum“ eigentlich post festum, d. h. zu einer Zeit kommen, in der bereits die mächtigen Akkorde, welche das hundertjährige Jubiläum des grossen Mannes in Millionen Herzen wachgerufen, beinahe verklungen sind. Aber wir wollen es, zu unserer tiefen Beschämung, nur gestehen, dass wir die kleine Eitelkeit begingen, so lange zu warten, bis die gewaltigen Wasser der literarischen Sündfluth des Septembers 1869, als es über vierzig Tage und vierzig Nächte Nichts als Humboldtiana

regnete, verlaufen sein werden, wo uns alsdann, so kalku-
lirten wir, die von den Wassern verschont gebliebene Arche
des — deutschen Lesepublicums mit Freuden als die Friedenstaube mit dem. Oelzweige in dem Munde empfangen
werde. Ob wir auch richtig kalkulirt haben, das wird
wohl der Erfolg am Besten lehren!

Ueberdies trösten wir uns mit der Ansicht, dass Humboldt hoffentlich nicht zu den Männern zählt, die so zu
sagen zur Mode gehören und die dann, wenn eine neue
Geistesmode auftaucht, höflich in die Rumpelkammer
geworfen werden, damit sie daselbst aufbewahrt bleiben bis
zum Auferstehungstage! Es ist wohl wahr, Deutschland hat
seine Grössen, denen es in Einem Jahre unzählige Ruh-
meskatakomben opfert, um im nächsten Jahre über dieselben geringschätzig die Achseln zu zucken — aber mit
Freuden sprechen wir es aus, Humboldt ist ein Genius,
der sich im Herzen des deutschen Volkes, in den Lettern
der Geschichte und der Wissenschaft einen unsterblichen
Namen, ein unverwüstliches Monument, „aere perennius,"
errichtet, woran die Stürme kommender Jahrhunderte
machtlos rütteln werden! Jede Arbeit also, die dieses
eminente Talent von einer neuen, noch nicht bekannten
Seite zeigt, dürfte wohl auf Anerkennung und — Zeit-
gemässheit rechnen.

Ich habe die ganze, mir zugängliche Humboldt-Literatur gründlich durchstudirt und benutzt und bedaure es nur,
dass die im Vereine mit namhaften Gelehrten durch Herrn
Dr. J. Löwenberg, den tüchtigsten Humboldtkenner der
Gegenwart, herauszugebende Riesenbiographie Humboldt's, die mir wohl manchen Fingerzeig auch für die
nachstehende Arbeit hätte bieten können, noch nicht erschienen ist. Ebenso lebhaft musste ich es bedauern, dass
in dem herrlichen Denkmale, das der im Jahre 1868 ver-
storbene Ehrenpräsident der geographischen Gesellschaft in
Paris, Jean Bernard Marie Alexandre Dezos de la
Roquette, unserem Humboldt durch seine „Correspon-
dence inédite scientifique et littéraire, suivi de la biographie

et principaux correspondant de Humboldt et des notes"
gesetzt hat, fast gar Nichts zu finden ist, was sich irgendwie
auf das Verhältniss Humboldt's zum Judenthume bezöge.

Es dürfte hier auch am Platze sein, all' den Freunden,
die mir einige Winke betreffs meiner Arbeit zukommen
liessen, besonders aber meinem lieben Bruder Dr. Alexander Kohut, Oberrabbiner in Ungarn, für seine zahlreichen
Gefälligkeiten herzlich zu danken! —

Und so möge nun diese Schrift in dieser furchtbar-
kriegerischen Zeit, wo das Blut unserer Brüder auf welschem
Boden in Strömen fliesst, als Friedenstaube wohlgemuth in
die Welt hinausfliegen! Möchte sie auch ein Scherflein dazu
beitragen, dass den preussischen Juden, deren schönste
Blüthe auf den Schlachtfeldern Frankreichs tapfer kämpft
für König und Vaterland, die vollständige, unbedingte
Gleichstellung nicht bloss theoretisch, sondern
auch praktisch zu Theil werde! O, möchte doch in
Erfüllung gehen, wonach sich der Dichter sehnt, indem er
klagend ruft:

> Vor funfzehnhundert Jahren zog
> Daher die Weltgeschichte,
> Und sah der Juden Qual und Joch
> Mit staunendem Gesichte.
> Sie legte traurig ihre Hand
> Auf der Gedrückten Bande,
> Und sprach, den Christen zugewandt:
> Es ist doch eine Schande!

*   *   *

> Vor tausend Jahr zum zweiten Mal
> Zog her die Weltgeschichte,
> Und sah der Juden Joch und Qual
> Mit zürnendem Gesichte.
> Sie rief es oft, sie rief es laut,
> Sie rief's durch alle Lande:
> Ihr Christen, was mein Blick geschaut —
> Es ist doch eine Schande!

Die Weltgeschichte wieder kam
Vor fünfmal hundert Jahren,
Und sprach: die Christen wol vor Scham
Zur Grube sind gefahren.
Doch von der Juden Angesicht
Die Thräne lief zum Sande;
Da rief empört die Weltgeschicht':
Es ist doch eine Schande!

*　*　*

Fünfhundert Jahr sind wieder hin,
Schon naht die Weltgeschichte!
Auf ihrer Stirn' die Adern glüh'n,
Sie läutet zum Gerichte.
O eilt, ihr Christen, eilt herbei,
Streift ab der Juden Bande,
Auf dass der Richt'rin Urtheil sei:
Einst war es eine Schande! — —

Ja, wir leben der festen Zuversicht, dass diese glorreiche
Zeit alsbald kommen werde! Worauf Alexander von
Humboldt so lange vergebens gewartet, wir werden es
erleben!

Deutsches Recht, dass es uns werde,
Bürgt mir Deutschland, es ist gut,
Und getränkt hat deutsche Erde
Manches tapfre Judenblut,
Ja, die Geister jener zeugen's,
Die mit uns gefallen sind! — — —

Der Verfasser.

Alexander von Humboldt's Verdienste um das Judenthum.

I.

„Ein Eroberer ist aus der Welt geschieden, der von
dem wenig ergeizigen Gelüste getrieben wurde, der Natur
ihre Geheimnisse abzuringen, nicht um sie gegen die
Menschheit zu verrathen, sondern um den Menschen auf
eine höhere Stufe sittlicher Bildung zu erheben; ein Eroberer! der ein König im Gebiete der Wissenschaft wurde,
ohne es zu wollen, der in der geistigen Republik, in welcher die Eroberungsgelüste friedliche Zwecke verfolgen, unbestritten seit Jahrzehnten das Haupt und der
Mittelpunkt war."

Dieser Nachruf Webers bei dem Tode Alexander
von Humboldts durchzittert unsere Brust, wenn wir von
dem humanitären Wirken des unsterblichen Mannes unseren geschätzten Lesern erzählen wollen. Ja, wäre der
grosse Nestor der Wissenschaften blos ein genialer Reisender, Erfinder und Entdecker, ein berühmter Schriftsteller,
ein prophetischer Seher, vor dessen Adlerblicken die Wun-
derwerke und Geheimnisse der Schöpfung sich enthüllten,
so müssten wir auch allerdings in Hochachtung und Verehrung zu diesem Heros der Gelehrsamkeit hinaufblicken,
wir müssten den gewaltigen Forscher bewundern, dessen
Werke und Schöpfungen einen unversiegbaren Born bilden
aus welchem alle Geschlechter der Erde noch in den spä-
testen Zeiten schöpfen werden, wir müssten mit Staunen

den Menschengeist betrachten, der seinen glorreichen Namen
mit ehernem Griffel in die Jahrbücher der Menschheit ein-
geschrieben und in ihm den auf der Höhe aller Jahrhunderte stehenden Titan erblicken, der zu den Denkern gehört, „welche glänzen, wie der Glanz des Himmels
und wie die Sterne immer und ewig" (Daniel, XII, 3)
— aber Alexander von Humboldt war mehr, viel mehr
als blosser epochemachender Forscher: was seinem Wirken und Schaffen, seinem Dichten und Trachten, seinem Er-
denwallen den wahrhaft göttlichen Stempel der Unsterblichkeit aufdrückt, ist der Umstand, dass er ein Frei-
heitsapostel und Humanitätsprophet war, wie sie nur
selten in Jahrhunderten erscheinen, dass sich in ihm das
Ideal eines freien, edlen, deutschen Mannes ver-
körperte, dass er ein mächtiger „Eroberer" war, aber
nicht mit den Mordinstrumenten des Despotismus, sondern
mit den friedlichen Waffen der souverainen Wissenschaft,
dass er heldenmässig kämpfte für Recht und Gerechtigkeit, Freiheit, Gleichheit und Brüderlichkeit, für das
echte, wahre, an keine Schranken gebundene Menschenthum! . . . . .

Und dennoch gehört auch dieser erlauchte Geist zu
den Männern, deren hellstrahlenden Character die Gemein-
heit in den Koth zu zerren liebt; dennoch war die menschliche Niedertracht so kühn, den erhabenen Genius zu
verläumden und die Manen des edlen Todten zu be-
schmutzen! — — —

Zwei Auswüchse der gesitteten Gesellschaft waren es
besonders, die in verbissener Wuth an den Lorbeern
Alexander von Humboldt's zu zerren nicht aufhörten
und selbst in die allgemeine, wahrhaft erhebende Festes-
feier des hundertjährigen Jubiläums im vorigen Jahre
störend und verletzend einzuwirken sich erdreisteten, —
es sind dies die Ultramontanen und Feudalen einerseits und die Repräsentanten des krassesten Materialismus andererseits.

Der Kreuzzeitungspartei war der berühmte Reisende

stets ein Dorn im Auge, sie wühlte und intriguirte fort-
während gegen denselben', und alle, selbst die verwerf-
lichsten, Mittel waren ihr willkommen, die dazu beitrugen,
ein Bubenstück zu ersinnen, um „einen Mann zu verderben." Den 30. April 1841 bemerkt Varnhagen v. Ense
in seinem Tagebuche: Humboldt hat viele Feinde am
Hofe. Unaufhörlich wird versucht, ob man gegen ihn
schimpfen könne; thut jemand entschieden den Mund zu
seinem Lobe auf, so schweigt der Tadel gleich, denn selten
fühlt sich jemand im Stande, ihn durchzuführen. Neulich
sagte mir ein Herr, er wisse nicht, was er von Humboldt
denken solle; ich erwiderte: „Denken Sie immer das Beste
von ihm, trauen Sie ihm stets das Beste zu, und sie werden dabei stets am sichersten fahren!" Ein andrer Herr
äusserte bei andrer Gelegenheit höhnisch: „Humboldt war
ein grosser Mann, bis er nach Berlin kam, da wurde er ge-
wöhnlicher." Da erinnerte Moritz Robert, dass schon
Rahel öfter gesagt: „In Berlin hält sich nichts, alles
kommt herunter, wird ruppig, ja wenn der Papst nach
Berlin käme, so bliebe er nicht lange Papst, er würde was
Ordinaires, ein Bereiter etwa."

An der königlichen Tafel zu Sanssouci liess Humboldt
gegen die Pfaffen öfter vortreffliche Pfeile vom Bogen
fliegen und blieb diesen Herren auf ihre Nörgeleien nie
die Antwort schuldig.[1]

So war einmal z. B. von einer russischen Anordnung
die Rede, und Humboldt nannte, indem er davon sprach,
mehrmals den Minister des Kultus; „Sie irren", rief ihm
der sehr ultramontan gesinnte König Friedrich Wilhelm IV. zu, „Sie verwechseln hier zwei verschiedene
Minister, hier handelte nicht der Minister des Kultus, sondern der Minister der Aufklärung, der ist ein anderer als
der Minister des Kultus!" Humboldt, ohne sich stören
zu lassen, nahm die Berichtigung an, indem er seiner Rede

---

[1] Briefe von Alexander von Humboldt an Varnhagen v. Ense. Aus
den Jahren 1827 bis 1858. Dritte Auflage, Leipzig: F. A. Brockhaus 1860.
S. 170.

eiligst einschaltete — „also nicht der Minister des Kultus, sondern des Gegentheils" — und dann in gewohnter Weise weitersprach.

Das folgende Stück ist noch schöner. Der bekannte Kreuzzeitungsheld General Leopold von Gerlach, der sein Necken nicht lassen konnte, unterstand sich, einen Angriff auf Humboldt zu versuchen, und sagte zu ihm: „Ew. Excellenz gehen jetzt wohl recht oft in die Kirche?" Er hoffte ihn damit in Verlegenheit zu setzen. „Das Jetzt ist sehr freundlich von Ihnen," erwiderte der grosse Gelehrte sogleich, „Sie wollen mir dadurch den Weg anzeigen, auf dem ich meine Carrière machen könnte." Der frömmelnde Schäker verstummte wie todtgeschlagen!

Noch schärfer schildert eine spätere Stelle vom 26. December 1845 die Angriffe, denen Humboldt ausgesetzt war. Varnhagen schreibt:[2] „Humboldt besucht mich, und bleibt über eine Stunde. Merkwürdige Mittheilungen. Er versichert mich, ohne sein Hofverhältniss würde er hier (in Berlin) nicht leben können, er **würde ausgewiesen werden, so sehr hassten ihn die Ultra's und Pietisten, es sei unglaublich, wie sehr man täglich den König gegen ihn einzunehmen suche; in den andern deutschen Ländern würde man ihn ebenso wenig dulden, sobald er den Schutz und Schimmer seiner Stellung nicht mehr habe.**"

Als nun der herrliche Mann das wunderbarste Buch der Neuzeit, den „Kosmos," herausgab, da fielen die Pietisten und Mucker von hüben und drüben mit einer wahrhaft berserkerhaften Wuth über ihn her. Die absurdesten und dümmsten Beschuldigungen wurden gegen ihn erhoben. Ein gewisser Dr. Cross machte sich im Westminster Rewiew das Vergnügen, den „Kosmos" des Atheismus zu denunziren, obgleich darin überall von der „Schöpfung" und dem „Geschaffenen" die Rede ist![3] In der

---

[2] A. a. O.

[3] A. a. O. S. 183; vgl. auch die französische Uebersetzung des Kosmos, wo Humboldt sich über diesen Punkt auf's Deutlichste ausspricht.

Rhein- und Mosel-Zeitung No. 122 vom 29. Mai 1845 ward
Humboldt des Voltairianismus, Läugnens aller Offenbarung, Complotts mit Marheineke, Bruno Bauer, Feuer-
bach, ja des Zuges gegen Luzern schuldig erkannt! Man
hatte dem König gesagt, der „Kosmos" sei unchristlich
und demagogisch u. s. w.!"⁴

Sebastian Brunner, der berüchtigte Redacteur der
„Wiener Kirchenzeitung," hatte aus den „Bildern der Natur," einigen Stellen des „Kosmos," namentlich aus den
Humboldt'schen Ansichten über die verschiedenen elektrischen Erscheinungen und ihre Ursachen herausgefunden,
dass der Stolz des deutschen Volkes ein „Seelenmörder"
sei und nichts von der Schöpfungsgeschichte begreife.
Diese pfäffische Rabulisterei benutzte ein französisches
Journal, die Débats, zu zeigen, bis zu welcher Höhe „die
kirchliche Intoleranz angeschwollen sei." Natürlich hatten
die Débats sich dabei auf keine Polemik eingelassen, sondern lediglich das Faktum sprechen lassen. Nun aber
nahmen der ultramontane Univers und sein famoser Re-
dakteur, Veuillot, den Kampf für die Wiener Kirchenzeitung — nobile par fratrum! — auf, indem sie zunächst
als Folge jener ketzerischen Doktrinen den Verlust der
Gnade und den ewigen Tod bezeichneten, die Verbreiter
solcher falschen Lehren aber, gemäss dem Ausspruch der
frommen Väter und Gelehrten, Seelenvergifter, Meuchler, Mörder nannten. „Je grösser das Wissen Alexander
von Humboldt's ist," schloss der Univers, „je höher
sein Ruf, desto gefährlicher nur sind seine Schriften, und
desto grösser die Zahl der Seelen, die er in die Irre leitet.
Was ist Wissenschaft und Fortschritt im Vergleich mit dem
Seelenheil! Der Satan hat noch mehr Genie als Alexander von Humboldt, aber er ist darum nicht weniger der
Seelenmörder und Vergifter par excellence, das Haupt
und der Lehrer aller Derer, welche die von Gott erhaltene
Kraft gegen diesen missbrauchen, indem sie ihm diese mit

⁴ A. a. O. S. 172.

seinem Blute wieder erkauften Seelen entführen. Alex.
v. Humboldt ist nicht blos einer dieser Menschen,
sondern ganz Europa weiss, dass er unter ihnen als der
Erste glänzt." Alexander v. Humboldt ein Seelenmörder, ein Meuchler, ein Mörder, ein Teufel, und
die Herren Sebastian Brunner und Veuillot — lamm-
fromme Engel, Heilige, Wohlthäter der Menschheit!! Risum
teneatis, amici!

Hierbei zeigt sich die eigenthümliche, sehr merkwürdige Thatsache, dass die Feinde und Gegner des genialen
Naturforschers auch die wüthenden Verfolger der — Juden
und des Judenthums sind! Dieselben Herren Veuillot
und Brunner überschütteten bekanntlich das jüdische Volk
seit einer langen Reihe von Decennien mit der bittersten
Schale ihres Ingrimms. Die Schimpf- und Spottnamen der
beiden sauberen Blätter gegen die Juden würden ein sehr
voluminöses Buch bilden. So sagte z. B. erst vor Kurzem
die Wiener Kirchenzeitung: „Ein Grundzug (der Juden)
ist ihr Hass gegen jede in Europa in Recht und Kraft be-
stehende Nationalität, besonders gegen die deutsche." Ist
wohl jemals mehr Unsinn und Bosheit zusammen ausgeheckt
worden? Fürwahr! „Wär' der Gedank' nicht so verwünscht
gescheut, man wär' versucht, ihn herzlich dumm zu
nennen." . . . .

Als die katholischen und protestantischen Jesui-
ten sahen, dass hämische Verläumdungen und Denun-
ziationen nichts fruchteten und den gesunden Sinn des,
seinen Humboldt wie einen Abgott verehrenden Volkes
nicht verwirren konnten, beschlossen sie ein anderes Kunst-
stückchen auszuführen, d. h. den freisinnigsten Denker der
Neuzeit — zu bekehren. Mehrere solcher Apostel des pie-
tistisch-ultramontanen Christenthums machten sich das kind-
liche Vergnügen, die ein wenig weltliche Seele des Verfassers
des „Kosmos" auf irgend eine Weise „fangen" zu wollen.
Als Curiosa wollen wir folgende zwei Beispiele anführen:
Ein gewisser August Grau — nomen et omen habet —
richtete aus Ohio Montgomery Cunty vom 6. Februar 1852

ungefähr folgendes Schreiben an den weltberühmten „S e e l e n-
mörder":[5] „Ein Herr, der einen grossen Theil der Erde
durchreist hat, der durch die Herausgabe so vieler ausgezeichneter Schriften sich im Felde der Literatur und Wissenschaften ein so dauerndes und glanzreiches Denkmal
errichtet hat, kann nicht anders als mit der grössten Hochachtung von jedem Deutschen genannt werden; wenn die
Namen grosser Krieger, die das Blut ihrer Nebenmenschen
verspritzten auf dem Schlachtfelde, wird vergessen sein, so
wird Ihr Name Jahrhunderte und Jahrtausende lang in den
Annalen der Geschichte glänzen. Aber sonderbar ist es
zu gleicher Zeit, dass die grössten Naturforscher, Philosophen und Astronomen, die den grössten Theil ihrer
Lebenszeit mit neuen Erfindungen und mit der Erforschung
der Naturkräfte zugebracht haben, oft ganz gleichgültig
sind in Beziehung auf ihr seliges oder unseliges
Schicksal in der andern Welt. Göthe, Wieland, Schiller und Kant waren alle ausgezeichnete Charaktere und
glänzende Ideale, und führten mehr oder weniger ein so-
genanntes moralisches Leben, so dass sie sich vielleicht
des Kartenspiels, der Kegelbahn, des Schauspielhauses und
Tanzsaales enthielten, aber ihr Wirkungskreis ging nicht
in die Ewigkeit hinein, und das Schicksal ihrer Nebenmenschen in der andern Welt, ihre Seligkeit lag denselben
nicht am Herzen" (!!). Nachdem der Briefschreiber sich
nun weiter in salbungsvollen Klagen ergeht, dass die
wahre Gottseligkeit so selten sei und auch bei Fürsten
und Oberhofpredigern vermisst werde, sagt er: „Der letzte
König von Preussen und seine wahrhaft königliche Louise
wussten etwas von dem Stande der Wiedergeburt, so wie
auch der letzte König von Schweden (sic!!), der ehemalige
französische Marschall Bernadotte, Fürst von Ponte Corvo.
Ein armer Bauer konnte ihm über die Mittel zum Selig-
werden mehr Licht geben als einer von den ersten Bischöfen
der lutherischen Kirche. Ach, Herr Geheimer Rath, so

---

[5] A. a. O. S. 263 ff.

sehr ich Ihrem guten moralischen Leben, Ihrem hohen Charakter als Staatsmann und Ihren Kenntnissen als Gelehrter völlige Gerechtigkeit angedeihen lasse (Wirklich?!), und mich freuen muss, dass Berlin, ja dass Preussen einen solchen Mann aufzuweisen hat wie Euer Gnaden sind, so würde meine Freude in ein heiliges Frohlocken ausbrechen, wenn ich die Ehre haben sollte, in Ihnen einen warmen Anhänger Dessen zu sehen, der auf Golgatha starb. Ach, ohne Ihn sind wir, Herr Kammerherr, doch bei allen unsern Kenntnissen, bei aller unserer hochgepriesenen Gelehrsamkeit höchst unglücklich." Weiterhin heisst es: „Göthe sagte bei einer gewissen Gelegenheit, dass er während seiner ganzen Lebenszeit noch nicht vier glückliche Wochen erlebt hätte. Das war die Sprache eines grossen Gelehrten. Wenn Christus seine Residenz und seine Wohnung nicht in unserem Herzen aufgeschlagen hat, wer kann anders dort sein, als der — Satan? Einer muss doch dort sein, Einer muss doch den Commandostab führen. (Welch' heller Blödsinn!!) Man kann doch unmöglich zu einer und derselben Zeit zweien Herren dienen! Edler Mann, gnädiger Herr Kammerherr, ich bin von grosser Achtung für Sie und für Ihre erhabenen Verdienste durchdrungen, und liebe und achte Sie. Ich bin nicht werth, Ihnen die Schuhriemen aufzulösen, das ist die wahre Sprache meines Herzens, wenn ich mich gleich mit der Erlernung der Anfangsgründe von siebzehn verschiedenen Sprachen beschäftigt habe, und die Schriften des neuen Testaments noch jetzt in sieben verschiedenen Sprachen lesen kann. Aber von der Wahrheit der christlichen Religion bin ich schon seit einunddreissig Jahren nicht nur fest überzeugt, sondern ich fühle die Einflüsse des heiligen Geistes täglich und beinahe stündlich." Der wunderlichpfiffige Brief ist unterzeichnet: „Eu. Gnaden ergebenster Diener und Bruder in Christo, August Grau." — —

Was dem Bruder Mucker jedoch nicht gelingen wollte, versuchte die fromme Schwester in Christo durchzusetzen. Eine „Unbekannte" wagte es, an Humboldt „Worte

der Macht des Geistes" zu übersenden. „Sie sind ihr gegeben, und der Befehl dazu erlassen, sie wiederzugeben."
Wenn er antwortet, so schrieb die „Unbekannte" in ihrem
wunderbar schwulstigen, „s a u b e r e n" und „w a r m e n" Stil,
so möge er den Brief unter der Chiffre A. W. unten im
Laden links von der Hausthüre Lindenstrasse No. 120 ab-
geben lassen, und dann weiteres vernehmen. Ein Wanderer,
der ausruht, wird geschildert. Der Bruder W i l h e l m erscheint dem Bruder A l e x a n d e r, und mahnt ihn — horri-
bile dictu! —, an das Himmelreich zu denken!! Wie herrlich es da oben, wie nebelhaft es auf der Erde sei! Als
Wahrzeichen erinnert er ihn an „den achtzehnten warmen
Geburtstag," wo sie sich Liebe gelobten, ein Schwur, der
über den Tod hinausreicht, und den er hiermit löst. Ein
schwulstiges Gewäsch, in welchem das Wort „sauber" viel-
mals vorkommt und als wenig angemessen auffällt.

Zur oben angegebenen Adresse bemerkte H u m b o l d t:
„Dort ist das Pensionat von Frau v. Wenkstern und der
Wittwe Poppe." — —

Doch nicht bloss die „glatt Gescheitelten," die Männer
der Kreuzzeitung, die alles Hohe und Hehre begeifern und
jeden freien Forscher verketzern, suchten dem kühnen
Denker durch allerlei Sophismen und Rodomontaden etwas
am Zeuge zu flicken, auch Männer, die sich so gerne als
Erben des grossen wissenschaftlichen Namens unseres
H u m b o l d t geriren, id est, die Häupter des oben genannten krassesten M a t e r i a l i s m u s waren engherzig genug,
den beispiellos fleckenlosen und hochherzigen Charakter
des leutseligsten und aufopferungsfähigsten Mannes der
preussischen Monarchie schnöde zu verdächtigen. Wir
haben das widerwärtige Schauspiel erlebt, dass das ver-
breitetste Blatt des Continents, die „G a r t e n l a u b e," zur
Feier des hundertjährigen Jubiläums des Humanitätspropheten aus der Feder des Grossmoguls des modernen Materialismus, Karl V o g t s, eine Serie von Artikeln über
H u m b o l d t brachte,[6] die dazu angethan waren, die grenzen-

---

[6] Vgl. Heft I, S. 8 ff. und Heft II, S. 23 ff. Jahrg. 1870.

lose Verehrung Humboldt's, die die Welt vor dem Nestor der
Wissenschaft bisher gehegt, in das gründlichste Gegentheil
zu verwandeln. Als wir diese Aufsätze in dem geachtesten
Journale Deutschlands lasen, da beschlich uns eine tiefe
Wehmuth; wir waren verblüfft über die niedrige Gesinnung,
die ein Mann bekundete, vor dem wir zu allen Zeiten —
wenn auch auf einem ganz verschiedenen Standpunkte
stehend — Respekt hatten! .... Wir warteten lange auf
eine Entgegnung von sachkundiger und berufener Feder,
aber — vergebens; erst volle drei Monate später, nachdem
der Eindruck der betreffenden Aufsätze fast gänzlich ver-
löscht war, kam eine Erwiderung in der „Schlesischen
Zeitung."[7] Der Name Humboldt's ist für jeden Deutschen
so theuer, dass an demselben kein Makel haften darf, und
ich glaube, dass es dem geschätzten Leser willkommen sein
dürfte, die Ausstellungen Carl Vogts einerseits und die
Entkräftung der von ihm beigebrachten Argumente andererseits um so eher zu vernehmen, da wir die Verdienste
Alexander von Humboldts um das Judenthum erst
dann in's rechte Licht zu stellen wissen, wenn wir seine
Humanitätsbestrebungen, sein erfolgreiches, frucht-
bares Wirken im Dienste der Freiheit und des Menschenthums kennen lernen und zu würdigen verstehen. —

Eine Viertelmillion Abonnenten und wir wissen nicht
wie viel Millionen Leser berechtigen allerdings ein Blatt,
sich „Weltblatt" zu nennen. Wir räumen diese Thatsache
ein und machen dadurch unwillkürlich Reklame für die
„Gartenlaube." Sie wird uns für dieses Anerkenntniss nicht
einmal danken, denn sie bedarf dessen nicht, indem sie sich
dieses Geschäft selbst besorgt und selten eine Nummer in
die Welt schickt, ohne die Gelegenheit dazu gesucht oder
ungesucht beim Schopf zu nehmen. Das mag Geschäfts-
sache sein, die wir freilich nicht so gut verstehen, als Herr
Ernst Keil. Es mag auch Geschmacksache sein, de

---

[7] Vgl. Jahrg. 1870, No. 119. Wir folgen in vielen Punkten diesem
vortrefflichen Artikel.

gustibus non est disputandum; in Bezug auf das Parfüm aber erinnert es jedenfalls an das allbekannte Sprüchwort. Ueber diesen Gesichtspunkten steht im Bereiche der schönen Literatur das Gefühl; und wenn und weil und obgleich die „Gartenlaube" sich die Geltung eines Weltblattes verschafft hat, das nur Exquisites und Pikantes liefert, so soll sie es doch, meinen wir, nicht für die Welt sein, von der es heisst: „sie liebt das Strahlende zu schwärzen und das Erhabene in den Staub zu ziehen." —

In dieser Zeitschrift nun führt uns Herr Karl Vogt, nach einem ergötzlichen Präuludium, worin wir mit der Staatsorganisation der damals noch preussischen Hauptstadt des „Fürstenthums" Neuenburg und mit einigen ihr zur Zierde gereichenden Persönlichkeiten Bekanntschaft machen, Agassiz vor, und wir lernen einige der Beziehungen kennen, in denen derselbe zu Humboldt stand. Karl Vogt räumt es selber ein, dass jedesmal, wenn die Casse von Agassiz die bedenklichste Ebbe zeigte und keine Aussicht auf andere Hilfe am Horizonte sich sehen liess, ein Angstruf an Humboldt erlassen wurde, der dann mit gewohnter Gutmüthigkeit alle Segel aufsetzte, „um unter irgend einem mehr oder minder plausiblen Grunde seinem Souverän einige harte Thaler zu erpressen." Freilich macht sich der „Affenprofessor" über die so sehnlich erwarteten Briefe lustig, indem er höhnisch erzählt, wie Lupen und Vergrösserungsgläser über die schwer zu entziffernden Schriftzeichen, die „Krakelfüsse" gehalten wurden, wie er über die Arbeit, die das Lesen eines solchen Briefes verursachte, geflucht habe, — aber noch war er ein Freund Humboldts, noch war ihm dessen „Bild" das eines hülfreichen, wohlwollenden Mannes, der für seine Freunde und „Günstlinge" (?) Alles that, was ihm nur irgend möglich war, der jede Gelegenheit benutzte, ihnen nützlich und förderlich zu sein, der mit ängstlicher Pünktlichkeit jeden erhaltenen Brief beantwortete und seiner Antwort stets eine gutmüthige und doch witzige und erheiternde Fassung zu geben verstand, — — da reiste der damals 27jährige

junge Gelehrte, im Spätsommer des Jahres 1844, mit diesem
Bilde und einem Grusse Agassiz' an Humboldt nach Paris,
und hier geschah das phänomenale Ereigniss, wonach der
Letztere sich der allerhöchsten Gunst des Herrn Vogt ver-
scherzte. Wie das wohl gekommen sein mag, darüber
schweigt der diplomatische Affenprofessor und er hat wahrscheinlich zwingende Gründe hierzu; nur beiläufig erwähnt
er, dass zu dem Bilde bald „neue, unerwartete Züge" treten, die es verunzieren, auch kommt der Gruss nicht in
erwarteter Weise an den Mann, so dass man fast in Ver-
suchung kommen kann, zu glauben, es fände zwischen beiden Momenten eine Art von Causalnexus statt, der auf die
Mittheilung, namentlich auf die Darstellung, noch jetzt,
nach 25 Jahren, seinen Einfluss ausgeübt habe.

Bisher war die Schilderung des Gartenlauben-Schreibers,
wenn auch parteiisch gehalten, doch immerhin noch zu ertragen, nun aber beginnt er auf das Andenken des For-
schers beider Welten eine ganze Fluth von Lügen und
Verläumdungen auszuschütten. Indem Herr Vogt die Mitglieder der Pariser Akademie, wie z. B. Brogniard,
Arago, Valenciennes u. A. verhöhnt, ihnen Servilität
u. s. w. vorwirft, behauptet er, dass Humboldt den Letzteren, der ein mittelmässiger Mensch war, aber für ihn gearbeitet, „ins Herz geschlossen hatte," wie „man ihn überhaupt einer gewissen Schwäche für Mittelmässigkeiten be-
schuldigte"; auch galt Valenciennes für einen guten „Trampel,"
was man von seinem an Ruf und Verdienst überlegenen
Gegner Düjardin nicht sagen konnte. Die Akademie der
Wissenschaften war damals in zwei Parteien gespalten: das
Haupt der einen war der oben genannte Alexander Brogniard, „ein altes kleines Männchen," die andere Partei
stand unter der Führung des ebenfalls erwähnten François
Arago. Gingen beide Hand in Hand, so konnte der Can-
didat „auf beiden Ohren schlafen," waren beide Führer
nicht einig, so wurden die hitzigsten Treffen geliefert, und
die Entscheidung lag dann nicht in Paris, sondern in Berlin
bei — Humboldt, der Arago dutzte, mit Brogniard auf

dem vertrautesten Fusse stand und den mit Gay-Lussac, Biot und Chevreuil die intimste Freundschaft verband; und wenn es mit Briefen nicht zu machen war, sich's die Mühe nicht verdriessen liess, nach Paris zu kommen und seinen Mann an Ort und Stelle durchzuarbeiten. Als nun nach dem Tode Savigny's Valenciennes auf einen Sitz in der Akademie reflektirte, da soll Alexander v. Humboldt dem Candidaten Düjardin gegenüber, der — nach Vogt — ein selbstständiger Forscher, scharfer Beobachter, in allen Fächern der Wissenschaft zu Hause, Mikroskopiker ersten Ranges war, seinem unfähigen Günstling den Sitz unter den vierzig Unsterblichen durch Intriguen erschlichen haben. Die Brogniardisten waren schon für Valenciennes; unter seinen Widersachern stand Blainville obenan, „er wüthete in dem Garten herum wie ein angeschossener Eber und schwor, dass er niemals die Akademie betreten werde, wenn sie einem solchen Nilpferd, wie Valenciennes, die Thore öffnete." Nun war der Name Humboldts in Aller Munde, Valenciennes colportirte täglich einen Haufen von Briefen — im Pflanzengarten, in der Sorbonne, dem Collège de Françe, dem Institut, fragte man nicht mehr: „Wie geht es?" sondern: „Haben Sie auch einen Brief von Humboldt erhalten?" A. de Jüssieu, der beim Grusse stets schon die Antwort: „Bien — et vous?" anticipirte, ehe man noch gefragt hatte: „Comment vous portez-vous?" hatte jetzt seinen Gruss geändert; er lüftete seinen Hut im Vorbeigehen und sagte: „Moi aussi!" (Ich auch) — als Antwort auf die präsumirte Frage wegen eines Briefes. „Natürlich wurde auch Humboldt," sagt Herr Vogt, „selbst hin und her besprochen, und ich muss gestehen, nicht in vortheilhaftester Weise, weder von Freunden, noch von Feinden!".......

Der Herr Affenprofessor hat die Eigenthümlichkeit, die Beleidigungen gegen die Manen des edlen Todten, die er in höchsteigener Person ausstösst, einem Dritten, den er redend einführt, in die Schuhe zu schieben.

„Unsere Aktien stehen nicht gut," lässt er einen An-

hänger des Valenciennes' zum anderen sagen. „Leider,"
antwortete dieser, „aber wenn sich der alte Intriguant
von Berlin gehörig in's Zeug legt, bringen wir ihn doch
durch!"

„Meinen Sie?" fragte Jener.

„Das glaube ich — er hat Fäden in der Hand, von
denen Sie keine Ahnung haben, und wenn's nöthig ist, setzt
er Himmel und Hölle in Bewegung und ruht nicht eher,
bis er reüssirt hat!" —

Humboldt sollte persönlich erscheinen, und Vogt, der
begierig ist, ihn kennen zu lernen, sagte zu Lemercier,
dass er auf seine Bekanntschaft gespannt wäre. „Dann
werden Sie das böseste Maul von Frankreich und
Navarra kennen lernen," antwortete Jener, indem er die
Augenbrauen in die Höhe zog.

„Streichen Sie so leicht die Flagge, lieber Freund?"
fragte Vogt lachend.

„Vor dem zehnmal," antwortete Lemercier, über die
Brille hinüberschielend, „der hat in Südamerika die
Giftschlangen studirt und viel von ihnen gelernt.
Gegen den sind wir Beide nur kleine Kinder, voll
Unschuld, Tugend und Naivetät."

Es wollte nicht ziehen mit Valenciennes, erzählt der
ehemalige Frankfurter Reichsdiktator weiter in der berühmten Gartenlaube des Herrn Ernst Keil; Arago stand auf
den Hinterfüssen, Observatorium und Pflanzengarten waren
in offener Fehde gegen einander, Sorbonne, Collège de
France, Polytechnicum und Ecole des Mines schwankten
hin und her, die Einen mehr auf diese, die Anderen auf
jene Seite neigend — da öffnete sich ein Ausblick auf Verständigung. Ein Platz in irgend einer der mathematisch-
physikalischen Sektionen wurde frei — Arago hatte seinen
Candidaten Brogniard ging für dessen Gegner in das Zeug.
Man warf sich in den geheimen Sitzungen fast die Stühle
an den Kopf und bediente sich in den öffentlichen wenigstens anzüglicher Redensarten. Jetzt war die höchste Zeit.
Humboldt riss sich endlich von Berlin los. In ein paar

Tagen hatte er sein Netz gewoben und die akademischen Fliegen gefangen. „Was liegt Euch Astronomen, Mathematikern und Physikern daran," sagte er zu den Anhängern Arago's, „ob ein Esel mehr in der Sektion für Zoologie sitzt? Wollt Ihr mir den Gefallen thun, mir persönlich, für Valenciennes zu stimmen, wenn ich Euch die Stimmen der Coterie Brogniard für Euren Candidaten bringe?" Diesen hielt er dieselben oder ähnliche Reden, und es ging, mein Vogt, nach dem alten Sprichworte: Gieb mir den Rhabarber, so reiche ich Dir die Sennesblätter. (Pass-moi la rhabarbe, je te passerai le séné) — Valenciennes ging durch.

Vogt wünscht nun, Humboldt zu sehen und er erkundigte sich, wie dies geschehen könne.

„Haben Sie eine neue Untersuchung vor, können Sie Etwas vorzeigen, was noch kein Mensch gesehen hat?" fragte man den Gartenlauben-Schreiber.

„Warum?"

„Dann brauchen Sie es nur Valenciennes oder einem andern seiner Freunde zu sagen — er kommt dann selbst Morgen früh zu Ihnen."

„Warum nicht gar!"

„Freilich! Morgen von acht bis elf sind seine Dachstubenstunden. Dä kriegt er in allen Winkeln von Paris herum, klettert in alle Dachstuben des Quartierlatin, wo etwa ein junger Forscher oder einer jener verkommenen Gelehrten haust, die sich mit einer Specialität beschäftigen, **und zieht diesen die Würmer aus der Nase.** Was er ergattert, weiss er dann trefflich zu benutzen — entweder in seinen Schriften, oder noch mehr in seinen Gesprächen. **Mit den Morgens geliehenen Federn prunkt er Abends in den Salons.**"

Welch' herrliches Gedächtniss der Herr Vogt noch nach einem Vierteljahrhundert hat! Wie wortgetreu er die ganze stattgehabte Conversation wiederzugeben vermag! —

Es soll jedoch noch besser kommen! Im weiteren Verlauf des fingirten Gesprächs erzählt Vogt, dass Humboldt ausserordentlich gerne plaudert. „Wenn er einmal den Spuknapf gefasst hat, lässt er ihn nicht wieder los. Niemand kann zu Worte kommen." — „Er ist boshaft wie ein Affe, und Niemand ist von seinen Maliçen sicher." — „Er besucht jeden Abend wenigstens fünf Salons und erzählt in jedem dieselbe Geschichte mit Varianten. Sobald er die Dame des Hauses begrüsst und seinen Platz am Kamin eingenommen hat, entsteht ehrfurchtsvolle Stille. Die Dame des Hauses fragt unabänderlich: „Nun, Excellenz (oder Herr v. Humboldt, oder lieber Herr v. Humboldt, lieber Herr oder lieber Freund, je nach dem Grade der Bekanntschaft), was bringen Sie uns Neues?" Dann zieht er die Schleussen seiner Beredtsamkeit auf und lässt die Wasser fliessen. Hat er eine halbe Stunde lang gesprochen, so steht er auf, macht eine Verbeugung, zieht allenfalls noch den Einen oder den andern in die Fensterbrüstung, um ihm etwas in's Ohr zu plauschen, und huscht dann geräuschlos aus der Thür. Unten erwartet ihm sein Wagen, der ihn in einen andern Salon bringt, wo sich dieselbe Scene wiederholt, und so sofort mit Grazie in infinitum!"......

Vogt ging sehr früh. Die Damen im Hause hatten sich kaum im Salon installirt mit einigen Getreuen und einigen Frühgästen, die in gleicher Absicht gekommen waren. Der Physiker Babinet schlief in einer Fensterecke. Das war seine Specialität. Wenn er in der Akademie sein ungeheures Cachenez abgewickelt hatte, struwelte er sich mit beiden Händen das Haar unter einander, legte sich auf beide Ellenbogen und schlief, bisweilen mit lautem Schnarchen.

Also, wie gesagt, Vogt lässt Babinet in einer Fensterecke schlafen. In einer geschlossenen Nebenstube hörte man eine halblaute Stimme, dann ein allgemeines Gelächter. „Nach einiger Zeit ging die Thüre auf und ein Strom von

Akademikern und Naturforschern quoll heraus, in ihrer
Mitte zwei kleine Männer mit weissen Haaren, Brogniard,
eine der zierlichsten Gestalten, die man sehen konnte,
lebendig wie Quecksilber bis in sein höchstes Alter, neben
ihm Humboldt, von weit massiverem Typus, in gebeugter
Haltung. Ehe ich Diesen und Jenen begrüsst und dem
Hausherrn auf einige freundliche Worte geantwortet hatte,
war Humboldt an das Kamin geglitten, nicht ohne
im Vorbeigehen Babinet auf die Schulter geklopft
zu haben, und der Kreis war geschlossen. Humboldt
erzählte, ich weiss nicht mehr was, irgend eine
Tagesgeschichte, eine Stadtneuigkeit."

Vogt stellt sich dem grossen Naturforscher vor, über-
bringt ihm den Gruss von Agassiz und überreicht seine
Karte. Humboldt verspricht zu schreiben und geleitet
den Affendoktor mit den Worten: „Auf Wiedersehen!"
hinaus.

Babinet, der Schläfer, erklärt ihn für den „immer denselben Farçeur." Vogt schliesst mit den Worten: Als ich
in das Vorzimmer trat, um nach Hause zu gehen, gab mir
der Diener meine Karte.

„Sie haben sie wohl verloren?" sagte er; „ich fand sie
vorhin am Boden."

Das Kabel war abgeschnitten. — — —

Mit Recht fragt die „Schlesische Zeitung": Was hat
Vogt mit dieser Erzählung gewollt? Die Einleitung erklärt
uns das einigermassen. Humboldt und immer wieder
Humboldt, Humboldt über die ganze Welt, es giebt nur
Einen Humboldt und keine Götter neben ihm; das war
das Feldgeschrei der civilisirten Menschheit im vorigen
Jahre, eine Begeisterung, ein Götzendienst, eine Vergöt-
terung in Reden und Schriften, in Vereinen und Feierlichkeiten und Stiftungen, eine Tollheit, über der man vergass,
dass hinter den Bergen auch Menschen wohnen. Das muss
doch einmal ein Ende nehmen. Chr. Ritter von Schla-
gintweit-Sakünlünski konnte allerdings schon in diesem
Sinne gewirkt haben, als er den Heros der Wissenschaft,

in der „Kölnischen Zeitung", bis in sein Schlafgemach,
seine Garderobe, seine Speise- und Gesellschafts- und Stu-
dierzimmer, kurz überallhin verfolgte, wo man nicht bloss
den grossen Mann, sondern den gewöhnlichen Menschen
von Fleisch und Bein zu sehen bekommt. Aber das Mittel
war nicht wirksam genug. Die Menschheit befand sich in
Humboldtsfuror; erhitzten Leuten, es giebt keine bessere
Kur, giesst man Wasser über den Kopf und hat man kein
reines, nun dann nimmt man schmutziges. — Diese im Ge-
wande anmuthiger Harmlosigkeit auftretende Causerie Carl
Vogts nimmt es sich nicht übel, allerlei schmutzige Wäsche
vor den Augen von so vielen Millionen Lesern auszupacken,
welche die Wissenschaft als etwas Göttliches und ihre
Träger als gottbegnadigte Menschen ansehen; sie bewirthet
ihr Publikum mit einer Sorte von Medisançe, die sonst
nur „unter guten Freunden" oder beim Kaffée und Strick-
strumpf zu Hause ist; sie wendet das Mikroskop an, nicht
um der Natur ein Geheimniss abzulauschen, sondern um
den Leuten den Geschmack zu verderben und ihnen zu
sagen: Seht her, was für Infusorien und Pilze die Gegenstände Eurer Bewunderung und Verehrung verunstalten!

Was ist denn, um auf den Grund zu gehen, der Sinn
und Kern dieses gewaltigen Humboldtscultus gewesen?
Haben die vielen Millionen von Menschen, welche sich daran
betheiligten, der Person Humboldts ihre Dehors bringen
wollen, oder der Sache, nämlich der Wissenschaft, als deren
voll- und allgemein giltigster Repräsentant er gegolten hat
und noch gilt? Sind die Männer, die vor, mit und nach ihm
auf dem Felde der Wissenschaft gearbeitet haben und
arbeiten, durch das Licht, dass von Humboldt strahlte,
in Schatten gestellt worden? Hat dieser Humboldt, der
geflissentlich und consequent allen äusseren Glanz, der ihm
in reichstem Maasse offen lag, verschmähend, sein segens-
reiches langes Leben nur der Wissenschaft leben wollte,
hat dieser Humboldt, fragen wir jeden Unbefangenen
den Ehrgeiz gehabt, für den Diktator im Reiche der Wissenschaft gelten zu wollen? oder hat er nicht vielmehr die

Wissenschaft zur Diktatur des Lebens zu machen bestrebt?
— Der universelle Standpunkt, den er mit unbestrittener
Eminenz eingenommen hat, gab ihm nicht blos das Recht,
sondern legte ihm die Pflicht auf, die einzelnen Theile, wo
er sie fand, zusammenzutragen und aus ihnen das Ganze
des Baues zu fügen. Wir wissen Alle, in welcher edeln,
bescheidenen und allezeit dienstbereiten Art dies geschah;
— erst Carl Vogt findet es für gut, uns durch seinen Pariser
Freund, man verzeihe uns die Trivialität, einen Floh in's
Ohr setzen zu lassen und uns glauben zu machen, der be-
wunderte Mann sei ein literarischer Narziss, ein gecken-
hafter Charlatan gewesen, der sich darauf verstanden habe,
dem litherarischen Federvieh die Federn auszuraufen, sich
damit zu schmücken und in den Salons damit Furore zu
machen. Wissenschaftliche Irrthümer nachweisen ist nothwendig und nützlich und steht über allen Rücksichten.
Dahin gehören die „neuen, unerwarteten Züge" nicht, mit
denen Vogt die Photographie Humboldts zu vervollständigen denkt. Sind sie auch wahr? Credat Judaeus
Apella! Ist die Quelle unbestritten lauter? **Es
riecht daraus etwas wie der Schwefelwasserstoff der Scheel-
sucht.** Wie denn, wenn die Franzosen, Mitglieder der
grande nation, nur dem „alten Intriguanten aus Berlin"
Eins anhängen gewollt, dem pauvre Allemand, der so un-
verschämt war, ihr und der ganzen Welt grösstes wissen-
schaftliches Institut zu beeinflussen?!

Bis dahin können wir sagen, dass Carl Vogt nur relata
referirt, vielleicht nur um etwas Pikantes für die Gartenlaube zu erzählen; die Schwächen und Blössen grosser
Männer, wahr oder erfunden, sind für die grosse Menge
immer interessant; wir könnten glauben, dass kein anderer
Zweck vorlag. — Aber nun, in den letzten Zeilen der „Begegnung" kommt die Begegnung. Sie ist kurz, aber pathog-
nomisch. Diese verhängnissvolle Karte ist der Ko-
bold des Ganzen; vielleicht wenn sie sich nicht in's Spiel
gemischt hätte, wären wir um die ganze Geschichte gekommen. Alexander v. Humboldt hat Carl Vogts Karte

empfangen und verloren — vielleicht aus Unachtsamkeit, oder fallen lassen — etwa aus Gleichgiltigkeit, aus Nichtachtung? — Wer kann das wissen! Genug, „das Kabel war abgeschnitten."

Die Moral der Sache lässt sich mit einigen Sprichwörtern abfertigen. Das Wort noblesse oblige gilt nicht blos für den Geburtsadel, sondern auch für den des Herzens und der Gesinnung und darf in der Republik der Wissenschaft keine untergeordnete Stelle einnehmen. Schon die Courtoisie gebietet, von Abwesenden nichts Böses zu sprechen und heischt: ‚de mortuis nil nisi bene!'

Die „Gartenlaube" aber ersuchen wir, gleichzeitig mit der Schl. Z., es nicht für ungut zu nehmen, wenn wir uns erlauben, den alten Spruch „vestigia terrent" ihr in's Gedächtniss zu rufen und sie an die „Amazonen von damals" zu erinnern. Damals war die preussische Regierung über die „pikante" Geschichte sehr pikirt. Diesmal könnte es vielleicht ein ansehnlicher Theil der Viertelmillion von Abonnenten und der Million von Lesern sein. Wer kann das wissen! — —

Wie Recht hatte doch Varnhagen v. Ense, als er in seinem Tagebuche über die Herren à la Carl Vogt und Genossen am 24. November 1851 bemerkte: Die Kleinen und Mittelmässigen, die wohl fühlen, dass sie gegen einen Grossen Nichts sind, vereinigen sich gegen Humboldt neidisch und gehässig, und glauben dadurch etwas zu sein. Einer kommt lächelnd zum Anderen, vertraut ihm die Abneigung, die er empfindet, die Schwächen und Mängel, die er entdeckt hat, der Andre nimmt das freundlich auf, antwortet in gleicher Weise, sie drücken sich vergnügt die Hände und sind verbundene Freunde gegen den Helden. Humboldts Schwächen sind bekannt, er thut nichts geheim, aber seine Grösse bleibt unangetastet. Die Grösse seines Geistes, wie die nicht minder seines Herzens! — —

Gegen die Denunziation des Hauptes der deutschen materialistischen Schule könnte man unzählige Gegenbeweise anführen; wir wollen jedoch blos Ein Beispiel namhaft machen; wir entlehnen es der ersten Ausgabe von des berühmten Liebig's „Organischer Chemie", welche er Humboldt widmete. 'Die Worte des grossen Chemikers dürften wohl mindestens so glaubhaft sein, wie die des Affenprofessors.

„Zu Ende der Sitzüng vom 22. März 1824", erzählt Liebig, „in der ich der Pariser Akademie meine erste chemische Arbeit vorlegte, mit dem Zusammenpacken meiner Präparate beschäftigt, näherte sich mir aus der Reihe der Mitglieder der Akademie ein Mann und knüpfte mit mir eine Unterhaltung an; mit der gewinnendsten Freundlichkeit wusste er den Gegenstand meiner Studien und alle meine Beschäftigungen und Pläne von mir zu erfahren; wir trennten uns, ohne dass ich, aus Unerfahrenheit und Scheu, zu fragen wagte: wessen Güte an mir theilgenommen habe.

„Diese Unterhaltung ist der Grundstein meiner Zukunft gewesen, ich hatte den für meine wissenschaftlichen Zwecke mächtigsten und liebevollsten Gönner und Freund gewonnen.

„Sie waren Tags zuvor von einer Reise aus Italien zurückgekommen; Niemand war von Ihrer Anwesenheit unterrichtet.

„Unbekannt, ohne Empfehlungen in einer Stadt, wo der Zusammenfluss so vieler Menschen aus allen Theilen der Erde das grösste Hinderniss ist, das einer persönlichen Berührung mit den dortigen ausgezeichneten und berühmten Naturforschern und Gelehrten sich entgegenstellt, wäre ich, wie so viele Andere, in dem grossen Haufen unbemerkt geblieben und vielleicht untergegangen. Diese Gefahr war völlig abgewendet.

„Von diesem Tage an waren mir alle Thüren, alle Institute und Laboratorien geöffnet; das lebhafte Interesse, welches Sie mir zu Theil werden liessen, gewann mir die Liebe und Freundschaft meiner mir ewig theuren Lehrer Gay-Lussac, Dulong und Thénard. Ihr Vertrauen

bahnte mir den Weg zu einem Wirkungskreise, den seit
sechzehn Jahren ich unablässig bemüht war auszufüllen.
„Wie Viele kenne ich, welche gleich mir die
Erreichung ihrer wissenschaftlichen Zwecke Ihrem
Schutze und Wohlwollen verdanken! Der Chemiker,
Botaniker, Physiker, der Orientalist, der Reisende nach Persien und Indien, der Künstler,
Alle erfreuten sich gleicher Rechte, gleichen
Schutzes; vor Ihnen war kein Unterschied der
Nationen, der Länder. Was die Wissenschaften in
dieser besonderen Beziehung Ihnen schuldig sind,
ist nicht zur Kunde der Welt gekommen, allein es
ist in unserer Aller Herzen zu lesen.“[8] — —
Dass übrigens die Pariser Gelehrten über den Charakter, den Conversationston u. s. w. des weltberühmten Mannes nicht so unerhört niederträchtig dachten und sprachen,
wie es der Gartenlauben-Schreiber der Menschheit weis
machen will, auch hierfür könnten wir eine ganze Masse
kräftiger Dementi's beibringen; wir genügen uns mit folgender Erzählung aus H. W. Dove's „Gedächtnissrede auf
Alexander von Humboldt“:[9] Wer Paris verlässt, ist
dort bald vergessen, Humboldt nicht. Bei der ersten In-
dustrieausstellung in Paris sagte ein französischer Gelehrter zu Dove: „Sie haben bei dem Einzuge der Königin
von England gesehen, wie wir Könige empfangen. Sagen
Sie Herrn v. Humboldt, er möge noch einmal nach Paris
kommen, und die Welt wird sehen, wie wir den König der
Wissenschaften zu ehren verst(hen!“

Humboldt war kein seichter Schwätzer und Phrasen-
held, wie dies der Herr Affenprofessor verkündigt; den
Zauber seiner französischen und deutschen Conversation
wird keiner vergessen, dem die Gelegenheit wurde, ihn
kennen zu lernen. Ein Attaché bei der französischen Ge-

---

[8] Vgl. hierüber besonders die folgenden zwei Kapitel: „Alexander v. Humboldt's Beziehungen zu Juden“ und „A. v. Humboldt's Beziehungen zu Jüdinnen.“

[9] Berlin, Dümmler's Verlagsbuchhandlung, 1869. S. 9 ff.

sandtschaft in St. Petersburg kam plötzlich zurück nach
Paris, nur auf 14 Tage. Warum? fragte man ihn. Um
zu plaudern, war die Antwort. Aber eben um der Unterhaltung diesen Reiz zu bewahren, darf auf keinen Gegenstand tief eingegangen werden. Auch dem ernstesten
Gespräch wird geistreicher Spott beigemischt. Geht man
darauf ein, so darf man auf die höchste Anerkennung
rechnen, die mit beifälligem Lächeln in den Worten sich
ausspricht: „Ah, que vous êtes méchant!" Diese
ehrende Anerkennung des brillanten Humboldt'schen
Esprit's hat Herr Vogt so schamlos karrikirt!

Welche Verehrung man selbst in den vertrautesten
Freundeskreisen für Humboldt hegte, beweist folgende
lebendige Schilderung jener Tage. „Wenn er eintrat",
heisst es daselbst, „da erhob sich ein allgemeiner Jubelruf
sämmtlicher Anwesenden; dann, sobald sie wieder Platz genommen, benutzte die Wirthin das Vorrecht der Hausfrau
und warf dem Walfisch der Gelehrsamkeit irgend ein Fässchen zum Spielen hin, und alle Ohren standen offen. Es
brauchte aber in jenem Fässchen nicht etwa nur Wissenschaft verpackt und aufbewahrt, es durfte auch die erste
beste Welt- und Stadtneuigkeit, vielleicht gar ein Skan-
dälchen darin enthalten sein, der Riese spielte dennoch
damit, und wusste es dermassen zu wenden und zu drehen,
dass er ihm gewiss eine Seite abgewann, wo Scharfsinn,
Witz, Ironie, Erfahrung, Gedächtniss, Universalität und
endlich ein klein Bischen Bosheit mit schelmischer Bon-
hommie versetzt sich zeigen konnte."

Es ist aber eine ganz falsche Vorstellung, wenn man
meint, Humboldt allein habe diesen Ton angeschlagen;
an dem Bestreben, auch die streng-wissenschaftlichen Fragen in heiterer Weise darzustellen, betheiligten sich Alle;
es war dies der Ton der damaligen Berliner Gesellschaft
in den Tagen eines wenig entwickelten öffentlichen Lebens.
Wenn Humboldt so von seiner Reise nach dem Altai
sagte: „Die Gegend, die ich durchwandert, ist eine Hasen-
heide von Berlin bis zur Chinesischen Mauer", versicherte

in ähnlicher Weise Chamisso, den Botaniker heraus-
kehrend, er sammle nur trocknes Heu. Noch pikanter
drückte sich ein anderer berühmter Reisender aus. Auf
die Frage: „Welcher wissenschaftliche Zweck führt Sie
nach Berlin? Denn sonst kommen Sie ja nicht", erwiderte er: „Ich reise auf hohle Köpfe." „Da werden wir
also diesmal das Vergnügen haben, Sie längere Zeit in
Berlin.zu behalten", hiess es weiter. „Nein", sagte er, „ich
muss fort; der emberras de richesse erdrückt mich"...

Damit wir nun auch die Ursache des Hasses, womit
die klerikale und feudale Partei in Europa das Andenken des edlen Dahingeschiedenen anschwärzt, kennen lernen, wollen wir die liberalen politischen, religiösen
und humanitären Ansichten Humboldts in Kürze
darzulegen suchen; und dies umsomehr, weil sie uns auch
den Schlüssel zu seinen immensen Verdiensten um das Judenthum in die Hand geben. Mögen diese goldenen Aussprüche aus den Briefen an Varnhagen, Bunsen und
seinen Schriften hier chronologisch, ohne jeglichen
Commentar, folgen. In seinem Briefwechsel mit Varnhagen sagt Alexander v. Humboldt:

Am 9. Juli 1830.[10] „— — Seit vierzig Jahren sehe ich
in Paris die Gewalthaber wechseln, immer fallen sie durch
eigne Untüchtigkeit, immer treten neue Versprechungen an
die Stelle, aber sie erfüllen sich nicht, und derselbe Gang
des Verderbens beginnt auf's Neue. Ich habe die meisten
der Männer des Tages gekannt, zum Theil vertraut, es
waren ausgezeichnete, wohlmeinende darunter, aber sie
hielten nicht aus, bald waren sie nicht besser als
ihre Vorgänger, oft wurden sie noch grössere Schufte.
Keine Regierung hat bis jetzt dem Volke Wort
gehalten, keine ihre Selbstsucht dem Gemeinwohl untergeordnet. So lange dies nicht geschieht,
wird keine Macht in Frankreich dauernd bestehen.
Die Nation ist noch immer betrogen worden, und
sie wird wieder betrogen. Dann wird sie auch wie-

---

[10] Vgl. auch das Kapitel: „A. v. Humboldt's Beziehungen zu Juden." S. 104 ff.

der den Lug und Trug strafen, denn dazu ist sie
reif und stark genug."

Am 24. April 1837. „— — Ich zeige Ihnen die Liste
aller hinterlassenen Werke meines verewigten Bruders, die
ich mühsam angefertigt, — — ich arbeite mit Pietät an
den Einrichtungen zu dieser Ausgabe, damit ich be-
ruhigt vor der Vollendung hinsterben kann."

Am 3. April 1838. „— — Ich habe für Cotta's neue
Quartals-Zeitschrift zwei Aufsätze geschrieben, — — er
schickt mir dafür (es sind vier gedruckte Bogen) einen
Wechsel auf Frege zu fünfzig Friedrichsd'or, das sind
über zwölf Friedrichsd'or der Bogen. Ich habe (so sehr
ich Geld brauche) Lust, die Hälfte zurückzugeben
— aber indem ich den Entschluss ausführe, fällt mir ein,
mich vorher zu erkundigen, was man wohl jetzt als Maximum des Honorars für Journal-Aufsätze betrachten darf,
ob sechs, acht oder zehn Friedrichsd'or Sitte ist; dann
schicke ich weniger zurück. Es kann mir wichtig werden
für die Folge."

Am 3. Juni 1839. „„Das Vaterland retten, sagt Gentzen's
erster Mensch, heisst den Preussischen Adel wieder in
seine Rechte einsetzen, ihn unbesteuert lassen, damit er,
nach einer kurzen Negoziazion, dem Monarchen sein don
gratuit frei darbringen könne. Dazu muss der Mensch
unaufhörlich an den Boden gefesselt bleiben." Wie die
Montmorency's der Uckermark sich müssen gefreut
haben, was nutzlos in ihren armen Seelen lag, in
so schulgerechte Dogmen gegossen, in so gebil-
deter Sprache von einem talentollen Schriftsteller
ausgedrückt zu sehen! An Raum und Zeit ist dieser Kastengeist nicht gebunden. Gespensterartig
wird erst sich drohend einst wieder zeigen, wenn
ich nicht mehr sein werde! Ich frage mich oft, ob
unter den Bekreuzten, die (wie die homerischen
Helden) ausgestreckt im Wollmarkte auf ihren
Säcken der Ruhe pflegen, Adam Müller nicht wieder Unterschriften sammeln könnte? Benjamin Con-

staut hat diesen unbeweglichen Erbtheil der Gesinnung sehr hübsch in der Parabel des Schiff-
bruchs ausgedrückt: „Grand Dieu, je ne suis pas
assez indiscret pour Vous prier de nous sauver
tous. Sauvez-moi tout seul." („Grosser Gott, ich bin
nicht so unbescheiden, Dich zu bitten, uns Alle zu retten,
rette mich ganz allein.")

Am 27. Oktober 1840. „Der Ladenbergischen Admini-
stration macht es wenigstens Ehre, dass ich sie dahin hatte
bringen können, Dahlmann sehr lobend förmlich für die
Universität Breslau, wo eine Vakanz war, vorzuschlagen.
Ich habe pflichtmässig Wege eröffnet, die Ausführung ist
nicht in meinen Händen. So wie ich von Potsdam zurück-
komme, werde ich Minister Eichhorn bedrängen, die Angelegenheit der Gebrüder Grimm, eine echt deutsche,
vaterländische Angelegenheit, unmittelbar und ganz
officiell zu betreiben."

Am 3. December 1841: „Es ist für mich eine trübe,
schwere Abendluft."

Am 21. März 1842. „Ihre christliche Glaubenslehre
behalte ich noch, der ich mich ehemals schon in Potsdam
an dem Straussischen Heiland sehr ergötzt: man lernt daraus nicht blos, was er nicht glaubt und was nicht minder
neu ist, als vielmehr, was alles von den schwarzen Männern geglaubt und gelehrt worden ist, die der
Menschheit jetzt wieder neue Bande anzulegen
verstehen, ja die Rüstung ihrer ehemaligen Feinde
anlegen. — — Nicht der Spinozistische Unfall, nur dieser Missbrauch der edelsten geistigen Kräfte zum
Dienste einengender Lehren finstrer Jahrhunderte,
ist mir ordentlich schmerzlich."

Am 6. April 1842. „Nach dem so übermüthig veröffentlichten Inquisitionsurtheile des Bruno Bauer darf ich
Ihren Strauss wohl nicht länger bewahren. — — Die Me-
thodik darin ist vortrefflich, auch lernt man die ganze
Glaubensgeschichte der Zeit kennen, in der man gelebt,
besonders die pfäffische List, mit der, nach Schleier-

macher'schen Weise, man sich äusserlich zu allen
Formen der christlichen Mythen bekennt, sich An-
dersdenkenden aneignet, den „Kelch getrunken" in
Begleitung von Hofequipagen verscharren lässt,[11]
während jeglicher Mythe eine sogenannte philosophische Erklärung untergeschoben wird. — —
Der konstitutionelle Roi des Landes[12] hat gestern, vor vierzig Menschen, wieder an seinem Tische gesagt: Die Göt-
tinger Professoren hätten in einer Adresse ihm von ihrem
Patriotismus gesprochen, „Professoren haben gar kein Vaterland; Professoren, Huren (der Deutlichkeit wegen setzte
er hinzu des putaines) und Tänzerinnen kann man überall
für Geld haben, sie gehen dahin, wo man ihnen einige
Groschen mehr bietet." Welche Schande, das einen
deutschen Fürsten zu nennen!"

Am 24. Juni 1842. „Ein Donnerwetter in Form einer
Cabinetsordre, in den Zeitungen, mit einigen Proben des
Censur-Unsinnes, wäre erspriesslicher als das unmögliche
Pressgesetz, und ein Grossinquisitor zur Begründung der
Pressfreiheit. — — Wie Glasköpfe, Pfauenfedern und Bän-
der (Orden) den Menschen aufregen . . . . ."

Am 3. April 1843. „— — Wie viel erheischten wir
damals in solcher Ungerechtigkeitslaune, wenn jetzt, im
Vergleich mit der Elendigkeit, die uns umgiebt, die in
Wien Versammelten als grosse Staatsmänner sich in der
Erinnerung darstellen. Dafür haben wir Hofphilosophen,
Missionsministerinnen, Hoftheologen und Ueberraschungs-
prediger . . . . ." —

Am 26. Juni 1843. „Jch habe „aus einem Fenster" zu
der Jugend einige Worte über die geistigen Bande gesprochen, welche gleichzeitig und ohne durch räumliche
Entfernung gemindert zu werden, das Verständniss freier
Gefühle, dauernder Hoffnung in Allem belebt, was die Fortschritte der Menschen ehrt."

Am 27. August 1843. „— — Zum Harren habe ich

---

[11] Schleiermacher.
[12] König Ernst August von Hannover.

wenig Zeit mehr, da ich nun schon dreiundfunfzig Jahre harre. . . . Die Deutschen werden noch manches Buch über die Freiheit schreiben."

Am 6. September 1844. „— — Als Parry auf dem Eise mit vielen Samojeden-Hunden nach dem Pole wollte, wurden Schlitten und Hunde immer vorwärts getrieben. Wie aber die Sonne durch die Nebel brach und die Polhöhe bestimmt werden konnte, fand man, dass, ohne es zu wissen, man mehrere Grade rückwärts gekommen war. Eine bewegliche, gegen Süden durch die Meeresströmung fortgerissene Eisbank war der Boden, auf dem man vorwärts eilte. Die Minister sind der bewegliche, eisige Boden. Ist die Strömung die dogmatisirende Missions-Philosophie?"

Am 13. September 1844. „Ich muss nach Sanssouci auf einige Tage, wo ich leider! meinen 75jährigen Geburtstag erlebe. Ich sage bloss leider! weil ich 1789 glaubte, die Welt würde einige Fragen mehr gelöst haben. Ich habe Vieles gesehen, aber nach meinen Forderungen doch nur wenig. — — Wie grossartig antiscytisch hat sich die Breslauer Universität benommen! Wie erfinderisch wird der Mensch durch politischen Zwang, lauter Strickleiter, Löcher-Scharrer, Verkleidungen, um an die freie Luft zu kommen, und wenn sie die freie Luft haben, werden sie echt deutsch darüber grübeln, ob ihnen besser sei? Dann wird es sein, wie bei dem Prinzen: Dites-moi, si je m'amuse."

Am 15. Januar 1845. „— — Eine grosse Freude ist es mir, wenn mein keckes Auftreten für Prutz ihm endlich nützlich geworden ist. Das ist das elend Wenige, das ich in meiner Lage erlange: ich sterbe aber mit den Gewissens-Glauben, bis an meinen Tod keinen der mir Gleichgesinntem verlassen zu haben."

Am 29. März 1846 (an König Friedrich Wilhelm IV.). „Sich fürchten vor jeder begeisternden Kraft, heisst dem Staatenleben die nährende, erhaltende Kraft nehmen. — — Alles Wirken und Handeln wird gehemmt, wenn durch Verdächtigung man sich der besten Kräfte beraubt.

Am 27. Februar 1847. „Ich bin nur strenge mit den Mächtigen.“

Am 31. Oktober 1849 (Rede an die Stadtverordneten zu Potsdam). „Sie haben, Ihrer würdig, neben der Sorgfalt für das materielle Wohl, von höheren Ansichten geleitet, Ihre Theilnahme und Achtung für die Bestrebungen dargethan, die mit den Fortschritten des Wissens, der Volkserziehung und der allgemeinen Bildung der Menschen zusammenhängen. Als der Lohn für einen Theil dieser Bestrebungen, denen mein ganzes, langes, vielbewegtes Leben gewidmet gewesen ist; nehme ich mit Stolz Ihre ehrenvolle Gabe (den Ehrenbürgerbrief von Potsam) an.“

Am 2. Juli 1850. „Die Weltzustände gleichen der Wasserbouteille, die d'Alembert schüttelte, damit ein Gewebe verschiedeneckiger Blasen entstand. Er sagte dann, um das hydraulische Wissen, in dem er doch selbst so gross war, zu verspotten: „Calculez-moi cela!“ Es wird manche der Blasen zerplatzen, ehe man diplomatisch ihre transitorische Form berechnet.“

Am 5. Februar 1852. „Meine Meinung ist von jeher gewesen, dass die wildeste Republik den geistigen Fortschritten der Menschheit und dem Bewusstsein ihrer Ehrenrechte nicht so viel und so langdauernd schaden kann, als le régime de mon oncle, le despotisme éclairé, dogmatique, milleux, der, welcher alle Künste der Civilisation anwendet, um den Willen und die Laune eines Einzigen herrschen zu lassen. Lesen Sie, um den Abscheu vor solcher Erniedrigung, die wie eine Pest sich zu verbreiten droht, zú vermehren, im heutigen Journal des Débats die Gründe, welche eine Empfehlungsliste der Wählbaren laut dem Constitutionelle nothwendig macht.“

Am 13. März 1853. „Und in welchem Zustande verlasse ich die Welt, der ich 1789 erlebte und mitfühlte — aber Jahrhunderte sind Sekunden in dem grosssen Entwickelungs-Prozess der fortschreitenden Mensch-

heit. Die ansteigende Curve hat aber kleine Ein-
biegungen, und es ist gar unbequem, sich in solchem Theile des Niederganges zu befinden."

Am 9. Juli 1854. „Ich glaube nie in meinem Leben
mit Herrn Senfft von Pilsach gesprochen zu haben; ich
könnte ihm auf der Strasse oder in Gesellschaft begegnen
und würde ihn nicht erkennen. Bei dem Allen kann ich
wohl bei dem König mit ihm gespeist haben. Nachdem, was ich
von ihm gehört, fühle ich mich nicht zu ihm hingeneigt."

Am 10. Juli 1854. „Das „Drama" der Kreuzzeitung hat wie Alles, was aus dieser schlechten und
an Geistesarmuth kranken Partei kommt, das Ge-
präge feiger Bosheit!"[13]

Am 29. Juli 1854. „In Spanien ruft der tugendhafte
„Aufstand" wie der tugendhafte Johanniter-Orden am Wil-
helmsplatze: „Es lebe die Keuschheit!" — viva el pudor
(Isabella), viva moralidad (die uneigennützige Christine), —
aber sollten Sie, theurer Freund, es für möglich halten,
dass der Herr Kultusminister, freilich bisher vergebens,
auch ruft, viva el pudor! Er hat ganz officiellement beim
König angetragen, dass die unbehoseten Gruppen von der
Brücke auf Königlichen Befehl wieder weggenommen und
im Zeughause inkarzerirt werden sollen, ohne Furcht vor
der Presse, da das neue Frankfurter Presszwang-Bundes-
gesetz doch nur den genialen, im Münchener Krystallpalaste
noch fehlenden Berliner Hunde-Maulkörben gleicht, die
uns Literaten nur das Beissen, nicht aber das Bellen
verwehrt. Wie viel ist nicht schon an diesen Hunde-Maulkörben gekünstelt worden! Der dritte Ruf: vive la liber-
tad! ist in der Halbinsel doch durchgedrungen, trotz allen
vornehmen Ableugnens."

Am 31. Juli 1854. „In den vereinigten Staaten ist aller-

---

[13] Noch im 83. Jahre zeigte Humboldt einem besuchenden Freunde
ein Chamelion mit der Bemerkung: das sei das einzige Thier, welches das
eine seiner Augen nach oben, das andere nach unten richten könne; nur
unsere Pfaffen könnten das noch, mit dem einem Auge nach dem Himmel,
mit dem andern auf die Vortheile und Güter dieser Welt gerichtet. —

dings viel Liebe für mich erwacht, aber das Ganze gewährt mir dort den traurigen Anblick, dass die Freiheit nur ein Mechanismus im Elemente der Nützlichkeit ist, wenig dort veredelnd, das Geistige und Gemüthliche anregend, was doch der Zweck der politischen Freiheit sein soll. Daher Gleichgültigkeit gegen Sklaverei. Aber die V. St. sind ein Cartesianischer Wirbel, Alles fortreissend, langweilig nivellirend."

Am 26. April 1855. „Die Saturnalien des Despotismus und der Schmeicheleien, das freche Fest der Vergessenheit, als gäbe es keine Geschichte von 1813 und 14, ist nun ausgespielt, unter dem freien Inselvolke, eine Art Affenkomödie. Es giebt nur einen Trost, der mich aufrichtet, dass aus dem Allen entstehen wird, was beide Theile gar nicht beabsichtigen. Das ist le principe, das uns Alle überlebt."

Am 24. September 1856. „Es ist Ihnen doch nicht entgangen der Brief des Nudelkönigs an Louis Philipp in der Spener'schen Zeitung. Non v'a bisogno — ganz wie Rochov-Seiffart (in seiner ersten Manier) an die Elbinger — „Es ist gar nicht nöthig, dass mein Volk denke; ich denke für dasselbe; das Volk, das mich so oft verrathen hat, beugt sich unter meiner Gewalt."

Am 21. November 1856. „Und die schändliche Partei, die fünfzigpfündige Negerkinder verkauft, Ehrenstöcke vertheilt, wie der russische Kaiser Ehrendegen und Gräfe'sche Ehren-Nasen, — die erweist, dass alle weisse Arbeiter auch besser Sklaven als Freie wären, — hat gesiegt. Welche Unthat!"

Am 30. November 1856. „— — In den belgischen Kammern wird über mich als einen abzusetzenden Materialisten und Republikaner diskutirt. — — Ueber das, was die Menschen geglaubt und nicht geglaubt haben, pflegt man gewöhnlich erst nach dem Tode (wenn man officiell von Sydow begraben und besprochen worden ist) zu streiten."

Am 7. Februar 1857. „Wie gegen Russland wird man sich gegen Preussen für Waterloo rächen."

Am 11. Januar 1858. „Livingstone's Nachrichten interessirten mich besonders wegen seiner Ansicht über die **Kulturfähigkeit des Negerstammes** zu einer Zeit, wo unter dem Vorwand freier Arbeit Frankreich auf einer und Nordamerika auf der andern Seite das Sklaveneinfangen in Afrika auf das schmachvollste begünstigen." — —

In den herrlichen Demantkranz dieser Humanitätsprinzipien wollen wir noch folgende Gedankenblumen aus **Alexander v. Humboldt's** Briefen an **Bunsen**[14] fügen.

Am 1. Juli 1830. „Das grosse Uebel des Zeitalters und das Charakteristische seiner trägen Schwäche ist, dass man bei so grossen Elementen der Welterneuerung sich in schlammartiger Ruhe wähnt. — — **Die Minister leben als Mumien fort, ein Stilleben!**"

Am 22. März 1835. „**Einem Deutschen steht es war-**lich[15] nicht an, das edle Bestreben, das Beobachtete zu verknüpfen, das Empirische durch **Ideen** zu beherrschen, mit Verachtung zu behandeln. — — Von dem rein metaphysischen Studium durch schwächere Anlagen und frühe Beschäftigung mit dem empirischen Wuste getrennt, war mein Zweck: in den stehenden trüben **Urschlamm** des hiesigen Lebens ein geistiges Prinzip, ein befruchtendes, bildendes, veredelndes zu bringen, das **Interesse** von der schaalsten, ärmsten Frivolität ab auf etwas Höheres, Ernsteres hinzuziehen."

Am 24. Mai 1836. „Hier ist Alles grau und dunkel und ungeniessbar für mich. **Dass man mit dem Alter nicht kälter werden kann für das Höhere des Na-tional-Lebens!** Alles ist öde um mich her, so öde, dass man nicht begreifen kann, warum ich trauere."

Am 18. September 1839. „— — Welche Zustände, die jener „Alpenwirthschaft"! Reizung durch schamlose Unvorsicht in Dingen, die das Heiligste berühren, und deshalb

---

[14] „Briefe von **Alexander v. Humboldt** an Chr. **Carl Josias Freiherr von Bunsen.** Leipzig: F. A. Brockhaus, 1869."

[15] Selbstverständlich reproducire ich die **ursprüngliche Humboldt'-**sche Schreibweise.

am tiefsten kränken, dann evangelische Geistliche an der
Spitze einer fanatischen Schaar, ein Kreuzzug in der Mitte
des 19. Jahrhunderts. . . . . . . In der Entfesselung der
Leidenschaften glaubt man dort neuen Gestaltungen des
Völkerlebens beizuwohnen, — und doch ist es unter reli-
giösen Vorwänden doch nur ein und dasselbe jämmerliche
Schauspiel, an dem die Menschheit krankt, der Streit
zwischen Horn- und Klauenmännern, zwischen den
Montmorency's des Havellandes und der volks-
thümlichen Gesinnung."

Am 17. September 1842. „Der edle und geistig kräf-
tige Monarch ist von kleinen Geistern umgeben, die der
Zeit unkundig, rückgingen, wie die ptolomäischen Epicy-
kliken Alles zu entmuthigen streben. Sie haben es fast
schon dahin gebracht, dass von Memel bis Saar-
brücken das Gefühl sich aufdrängt, als sei die
Nation weit erleuchteter als die Regierung. Da
der wissenschaftliche Verkehr in Deutschland von so grosser
Wichtigkeit ist, so muss es doppelt betrübend sein, dass
der Kultusminister alle unsere Hoffnungen getäuscht hat,
Leidenschaftlichkeit, Unvorsicht und gänzlicher Mangel an
wissenschaftlicher Bildung haben ihn das schwierige Problem lösen lassen, sich in der kürzesten Zeit aller Universitäten und den gediegensten Männern, deren europäischer
Ruf ihm unbekannt ist, unangenehm zu machen."

Am Mittwoch (ohne Monatsdatum) 1845: „— — Ich
habe die Schwachheit, zu wollen, dass Die, deren Talent
ich früh erkannt und verehrt habe, etwas Grosses hervorbringen. Dadurch hält man sich gegenseitig in der Welt
und trägt dazu bei, die Achtung vor geistigen Bestrebungen wie ein heiliges Feuer zu nähren und
zu bewahren."

Am 28. Juli 1847. „In dem Judengesetze[16] hat uns
das Kultus-Ministerium eben gelehrt, dass Juden nicht einmal extraordinaire Professoren der Geschichte, der heid-

---

[16] Vgl. weiter unten. S. 55 u. ff.

Kohut, A. v. Humboldt. II. Aufl.   3

nischen und griechischen Mythologie, und der orientalischen
Sprachen sein können. So Eichhorn und Brüggemann! Es
ist ein trauriger Zustand, wenn ein ganzes Volk
in seiner geistigen Bildung hoch über der des
Ministeriums steht.— —Die Eroberungen der republikani-
schen Amerikaner missfallen mir höchlichst. Ich wünsche
ihnen alles Unglück in dem tropischen Mexiko. Je leur
abandonne le Nord, wo sie dann ihr verruchtes Skla-
venwesen verbreiten werden."
    Am 8. Juni 1858. „Ich gehöre nicht zu Denen, die
verzagen, wenn sie die freien Instutionen erlangt, die wir
Beide, Sie und ich, immer herangewünscht. Möge man
von oben herab lebhaft fühlen, dass die Macht, die
jetzigen anarchischen Zustände zu beseitigen, nur
in der Nationalversammlung, so unintelligent und
unerfahren sie auch ist, gefunden werden könne!"
    Am 29. Juli 1848. „Cimmerisch wird in der Politik
nur das, was man sich scheut klar aufzufassen oder nur
halb will. — —Die Jugend ist eine uralte, in Revolutions-
zeiten etwas unbequeme, sich immer erneuernde Institution,
die sich nicht supprimiren lässt. Dazu ist sie eine geheime
Gesellschaft, die sich unter einander versteht von der Newa
zum Tajo, vormals das Publikum genannt."
    Am 22. September 1848. „Möchte ich doch in meinem
schönen Vaterlande noch eine Zeit froherer Aussicht erleben, eine Regierung, die eine konstitutionelle Ge-
setzesform und die Einheit Deutschlands, bei der
von dem partiellen Volksleben soviel wie möglich gerettet
wird, ernsthaft wolle. Jetzt aber haben wieder ganz den
höchsten Einfluss Rauch und der Hofmarschall Massow,
über märkische Edelmannsansichten sich nie erhebend!"
    Am 2. November 1849. „Das Benehmen der deutschen
Regierungen, die frech Versprechungen brechen, die sie
eben eingegangen, unterirdisch ehrloser wühlen als je die
Bluthrothen gethan, ja sich nach Unruhen sehnen, um österreichische Truppen aus Voralberg oder Böhmen zu erlan-

gen, schneidet scheinbar alle Hoffnungen der Verständigung ab. Wenn aber in unserm Ministerium, in dem keine leitende, consequent staatsmännische Idee auftaucht, sich Abneigung zur andringenden Reaktion erhält, wenn man nach konstitutionellen Formen die Kammern funktioniren lässt und nicht der rohen materiellen Macht Alles traut, so müssen die mit Blut befleckten Zeitungen des Süd-Ostens und der kühn dort ausgesprochene Absolutismus doch zuletzt das deutsche Volk und die Regierungen durch die Macht der Meinung Preussen zuführen. Was den drohenden alten Bund ohne Volkshaus betrifft, wie ihn hier unter dem Banner der Kreuzzeitung (des . . . . . . Angebers) eine sich religiös dünkende Partei heranwünscht, so sage ich mit Radovitz „man müsse sein Haupt in Schaam verhüllen." . . . Bei dem Ministerium ist keine Ahndung des Gedankens, dass es für die öffentliche Stimmung nicht gleichgültig sei, wenn 500 Künstler darben, und verloren geht, woran man früher aus geistigem Interesse gearbeitet. . . . . Die Gerlachs kommen näher: Hannibal ante portas. Aber der edle König hält fest an seinen Verheissungen für Deutschland, wenn ich nicht heisse Wünsche und Hoffnungen verwechsele."

Am 14. November 1849. „Neben Holstein und allen Meerumflossenen, für die wir die Grobheiten von Jochmus und Pfordten einernten, haben wir jetzt ein zweites Hautübel, Mecklenburg, das albernste aller deutschen Junkerländer. In einem Zeitpunkte, wo wir unsere Stellung nur durch den Contrast mit der Oesterreichischen Zwingherrschaft erhalten und erweitern können, wo man den deutschen Parlamentswahlen zustimmt, ist jeder Rückschritt doppelt gefahrvoll. Der phantastische Grossherzog von Strelitz nennt den edlen, jungen Grossherzog von Schwerin einen rothen Demagogen. Er hatte seit dem 18. März keinen Fuss in das verruchte Land setzen wollen. Seit drei Tagen haust er auf dem historischen Hügel.[17] . . ."

---

[17] Sanssouci.

3*

Am 15. März 1851. „Hier wird Alles enger und enger.
Vier Monate bettelt man bei den Ministern, um einem
grossen, von Gauss bewunderten mathematischen Talente
(Eisenstein) 500 Thaler wieder zu schaffen, von denen
man dem Dürftigen 200 wieder gestrichen: ich setze
mich gern jeder Humiliation aus, aber ich bettle
vergebens. Der König ist wie immer vom edelsten Gemüthe und Wollen, geistig begabt wie Keiner, das Erhabene und Schöne fühlend in Kunstwerken wie in menschlichen Grossthaten recht ferner Geschichten, — aber die
nahe Vergangenheit und die nüchtern erkältende Gegenwart haben ihn verstimmt, ihm das Vertrauen genommen
zu der Menschheit, zu der Reinheit jedes lebendigen Auf-
strebens der Nationalgefühle. . . .“

Am 28. December 1851. „Zwei Begebenheiten, der
eidbrüchige Gewaltstreich in Frankreich und Palmerston's Rücktritt, haben beide, besonders die erstere,
den unglücklichsten Einfluss in Deutschland auf
die frechste Ermuthigung der Partheien, welche
selbst die Morgenröthe der Universalität des Despotismus anbeten, Einheit der Maasregeln zur Gedan-
ken- und Press-Unfreiheit von der Newa bis Neapel,
von Neapel bis zur Seine träumen, und den Augenblick nicht erwarten können, wo alle Kammern geschlossen werden können. Im Entzücken über den
Staatsstreich und die hoffnungsvollen Deportationen nach
Cayenne schrie der sogenannte junge Niebuhr, die In-
carnation der Kreuzzeitung, aus, „da Er nun aber alle
Macht hat, warum spricht Er denn von neuen Kammern?“
Das Entzücken über Palmerston's Austritt, der in Berlin,
Petersburg, Wien, Neapel, Athen nur Revolutionair und
Demagoge genannt wird, beutet man nach denselben Hoffnungen aus, ja man kennt das edle treue Land, in dem
Sie leben, so wenig, dass man jetzt die unmöglichsten poli-
zeilichen Anforderungen an das englische Ministerium
machen zu können wähnt!!! — — Die „Politik der Gegenwart“ herrscht auf dem Continent und wird bit-

tere Täuschungen hervorrufen! — — Der König
nimmt sehr verfassungsmässig immer den (als Mitglied der
Akademie), welcher mit den meisten Stimmen der Akademie
vorgeschlagen worden. **Ich enthalte mich alles Einflusses.**
— — Kein phisisches, kein scheinbares Gelingen
kann das Unwahre wahr, das Unrechte recht machen.
Man zwingt die Flüsse nicht gegen das Gesetz der
Schwere sich zu bewegen."

Am 27. März 1852. „Möge der byzantinische Despotismus des Elisée bald wieder bezeugen, dass
das, was die Weltgeschichte aller Jahrhunderte
lehrt, das Einschreiten der Nemesis, der Triumph
des Rechts und der Wahrheit nicht ausbleibt! [18]
Leider muss ich, der 82jährige Jugendgreis, wie Benjamin
Constant sagen: je n'ignore pas que les principes survivront,
mais moi je ne sui pas le principe. Ich schliesse dieses
traurige Kapitel, indem ich an den letzten Ausspruch
unseres Diplomaten am Bundestage (Bismarck-Schön-
hausen) erinnere „die grossen Städte muss der Gut-
gesinnte vom Erdboden verschwinden lassen." In
Gruner's Proklamation zum Landsturm 1814 hiess es dagegen, „grosse Städte werden der Regel nach nicht verbrannt." — —

Wäre es nicht möglich, dass Sie sich beim König, verehrter Freund, der unglücklichen Wittwe des Prof. Franz
und ihrer 6 Kinder annehmen? An ihm haben wir einen
der grössten Hellenisten unserer Zeit verloren. Davon
weiss aber der Kultus-Minister Herr v. Raumer keine
Silbe. Er folgt nur eisiger Eingeschränktheit und
seinem politischen Hasse!!! Alle meine früheren mit
Boekh gemeinschaftlich gethanen Schritte beim Kultus-
Minister sind ohne Erfolg geblieben, und 6 unglückliche
Kinder eines vielbegabten Mannes sollen ohne Erziehungs-
gelder der äussersten Noth hingegeben bleiben! Ein Pri-
vatschreiben von Ihnen an den König wird von grosser

---

[18] Ist Gottlob am 2. September 1870 zu Sedan glorreich in Erfüllung
gegangen!

Wirkung sein; ich werde meine schriftliche Eingabe zur
Unterstützung eines neuen Gesuchs der Wittwe, von dem
sie Ihnen eine Abschrift beilegt, vorsichtig nicht früher
abgehen lassen, als ¡bis ich oder die Wittwe durch Ihre
Gewogenheit benachrichtigt werden kann, dass Sie einen
Schritt beim König bereits haben thun können. Der König
hat nie Groll im Herzen und fürchtet, selbst den Verdacht
davon zu erregen. Ich habe es gleich bei dem so unerwarteten Tode unseres Freundes dahin gebracht, dass der
König ein ausserordentliches Geschenk von 200 Thlr. machte.
Rettung ist aber nur von bestimmten Erziehungsgeldern zu
erwarten."

Am 1. Januar 1853. „Am 2. December, als der Despotisme intelligent die Menschheit rettete, wurde auch ·er (der
Herzog v. Luynes) vom angehenden Schah in einen Cel-
lular - Gefangenen - Wagen gesperrt. Welche Ironie des
Schicksals, das Zusammentreffen des Todes Wellington's
und die Erneuerung desselben Systems, für dessen einge-
bildeten Sturz so viel Menschenblut ganz vergeblich ge-
flossen ist!! — — die Furcht, die er (Palmerston) erregt
(Quelle. des dynastischen Hasses), ist heilsam in dem allgemeinen Mousson oder vielmehr dem tödtlichen Smum
der über Europa wehenden Reaktion!"

Am 31. März 1853. „Das freche moskowitische Auftreten in Constantinopel ist mir, wie so vieles Andere, ein
Gräuel."

Am 20. Februar 1854. „Nach Holstein, Bronzell und
Olmütz, nach den erduldeten Frechheiten von Schwarzen-
berg, ist es Zeit, dass die Ehre des Staats wieder gehoben
werde. Diese Hebung kann ich mir aber, bei einer Grossmacht, nur im Mitwirken zur Erreichung eines gemeinschaftlichen Zweckes denken, des Strafgerichtes wider
die russische Insolenz. Ein blosses Versprechen, dieselben Wünsche zu hegen, wie die zwei Westmächte, Russland nicht zu begünstigen, sich bewaffnet neutral zu halten,
sich erst in gewissen Fällen zu entscheiden, kann mich
nicht befriedigen. Dazu der Katzenjammer der reak-

tionairen beiden Kammern, und Herr v. Raumer als Kultus-Minister! — — Das hoffährtige Benehmen Russlands hat den Kaiser Napoleon, der sich eines sehr gescheuten Ministers der auswärtigen Angelegenheiten zu erfreuen hat, in die Lage gesetzt, eine glänzende diplomatisch-politische Rolle zu spielen, sich sogar durch den Schein der Moderation bei dem englischen Volke, nach der ersten leidenschaftlichen Unbill der Confiskation von Geld und Recht, eine kleine Reputation von Sittlichkeit zu verschaffen. Dieser moralische Nimbus der Consequenz und Klugheit vermehrt Ansichten und Einfluss, täuscht auch die kleinen Staaten, die sich freier glauben, wenn sie einmal Parthei und Schutzherrschaft wechseln. Nun aber sage ich mir: materiellen jetzigen Gewinn hat Kaiser Napoleon bei dem Allen fast gar nicht zu erwarten. Er sucht also wohl zu diesem auf einem langen Umwege zu gelangen? Ich habe König Karl X. sagen hören, Saarlouis ist pour Vous une bicoque; pour moi la moindre acquisition de territoire et une nécessité. Das eigentliche Ziel bleibt, wie mir scheint, das südliche Belgien an Frankreich, Brabant und Antwerpen an Holland bei dem Glauben, dass dies (dem Wiener Congress gemäss) ohne Krieg mit England möglich wäre."

Am 30. December 1854. „Wir gehen in unserer politischen Isolirtheit in schauderhaftem Dunkel dem Frühjahr entgegen. Usedom ist von vortrefflicher Gesinnung und deshalb von der Kreuzzeitung verleumdet. Alea jacta. Die Zeit, in der man konnte gehört werden, ist längst vorüber."

Am 19. August 1855. „Ich nehme in dankbarer Demuth, was mir die Vorsehung gespendet, ich murre nicht. — — Der Raumer'sche Gletscher tritt nicht eine Spanne zurück, unbekümmert um Preussens geistigen Ruhm."

Am 28. September 1855. „Nach dem Leben geschildert führen Sie uns vor die Augen die Consistorialbeamtenkirche, unsere Hofprediger, welche Despotismus

als Gesetzlichkeit, Knechtschaft als Freiheit darstellen, die göttliche Vernunft gottlos und das
Gewissen Empörung nennen, und die lutherani-
schen Nacheiferer in Mecklenburg und Preussen,
die die Schlüsselgewalt fordern, Sie haben nur
den Abscheu ausgesprochen, den der Vortrag des
sophistischen, thalmudistischen,[19] am Hofe ange-
beteten Oberkirchenraths Stahl über lutherische
Intoleranz gemacht hat! Sie haben gebrandtmarkt
die Verfolgungen des „geistig beschränkten" Nicolaus, die von Oesterreich, Toskana und Mecklenburg, wo die in den hiesigen Kammern mehrmals
von Ministeriellen erbetene Prügelphilosophie
herrscht! — — Ich habe gestern drei Stunden als
Urwähler gesessen. Sollten Sie glauben, dass Stahl's
Freund, der Staatsrath und Professor Keller, in meinem
Bezirk ganz naiv forderte, die Wahlmänner müssten versprechen, immer mit dem jetzt bestehenden Ministerium
zu votiren und immer für den Frieden, d. h. für Russischen
Einfluss? Man hat ihn ausgelacht, und in meiner Umgegend
haben überall die Liberalen gesiegt. Bei dem Wenigen,
das uns geblieben, macht die Gleichheit, die sich in den
Urwahlen ausspricht, doch einen erfreulichen, wohlthätigen
Eindruck. In den bewegten Jahren 1849—50 gehörte ich
zum freien Handwerkerverein, gestern wählte ich mit 60
Postillonen, weil ich der Post gegenüber wohne. Es ist
doch nicht gleichgültig, dass einige Mal im Leben
die Menschen der arbeitenden, sogenannten niederen Klassen das Gefühl haben, so viel Recht zu
haben, als die Aristokratie, als Keller und der Orientalist Stahl, der gerne Sie und mich verbrennen möchte.
So lange solche Institutionen wie die der Urwahlen
bleiben (ich würde sogar die unmittelbare Wahl
der Volksrepräsentanten vorziehen), ist nicht Alles
verloren. Es hängt dann Alles von dem Volksgeiste

---

[19] Stahl war ein getaufter Jude.

ab, solche Fôrmen nutzbar zu machen. Die Formen
können ohne Erschütterung nutzbar werden und
zum Wiedergewinn des Temporär - Verlorenen
führen."

Am 12. December 1856. „Ein an den Höfen zahm ge-
wordener Waldmensch vom Orinoco hat nach seiner Zäh-
mung nicht das Mitgefühl für das viele Schändliche, Ver-
nunftwidrige, die Menschheit Verdummende, was in beiden
Continenten geschieht. — — Thatsachen sind ihrer
Natur nach grob, weil man sie nicht leugnen kann.
Sie sind grob und darum unbequem, wie Ihr „Gott
in der Geschichte."[20] — — Wie belebend war wieder
Arndt's Aufsatz in der Kölner Zeitung gegen die mecklen-
burgische Prügelphilosophie und die Folgen des
Lehens von Bauern, Südkarolinische Tendenzen,
die im Herrenhause unter den Montmorencys von
Pommern und der Uckermark sehr wuchern.— — —
Wenn der Mensch mit empfänglichen Gemüthe, in jugend-
lich vermessener Hoffnung, den Sinn der Natur zu errathen,
Gottes erhabenes Reich[21] forschend und ahndungsvoll
durchwandert; so fühlt er sich angeregt in jeglicher Zone
zu einem geistigen Genuss höherer Art:[22] sei es, dass er
aufrichtet den Blick zu den ewigen Lichtern der Himmelsräume, oder dass er ihn niedersenkt auf das stille Treiben
der Kräfte in den Zellen organischer Pflanzengewebe.
Diese Eindrücke, eben weil sie so mächtig sind, wirken ver-
einzelt. Wird nun nach einem langen und vielbewegten

---

[20] Der Name eines trefflichen Buches von Bunsen.

[21] Wie wir sehen, erwähnt Humboldt öfter den Namen Gottes und
die Vorsehung; es kann also nichts thörichter und — verlogener sein, als
den grossen Naturforscher zum Atheisten stempeln zu wollen.

[22] Dieser geistige Genuss war bei Humboldt um so intensiver, als er
bei allen seinen Forschungen vom Geiste echtester Menschenliebe beseelt war
und die Naturforschung nicht als den Resonanzboden der Eitelkeit und
Ruhmsucht betrachtete; so hat er z. B., wie bekannt, sich ganz besonders
darum mit Versuchen über die unterirdischen Gasarten beschäftigt, um die
armen Grubenarbeiter vor deren gefährlicher Wirkung zu schützen und zu
sichern. Unus pro multis! —

Leben, durch Alter und Abnahme physischer Kräfte, Ruhe
geboten; so vermehrt und bereichert den Gehalt des Ein-
gesammelten die Aneinanderreihung der selbstgewonnenen
Resultate, wie ihre mühevolle Vergleichung mit dem, was
frühere Forscher in ihren Schriften niedergelegt haben.
Es bemächtigt sich der Geist des Stoffes, und strebt die
angehäufte Masse empirischer Erfahrung wenigstens theilweise einer Vernunfterkenntniss zu unterwerfen. Das nächste
Ziel ist dann in dem Naturganzen das Gesetzliche aufzufinden. Vor dem wissenschaftlichen Bemühen nach dem
Verstehen der Natur schwinden allmälig, doch meist erst
spät, die langgepflegten Träume symbolisirender Mythen.
— — Der König hat bis zuletzt sehr edel Kuno Fischer
gegen den von Hengtenberg aufgehetzten Cultus-Mini-
ster in Schutz genommen. Man hat durch Säumniss und
bösen Ministerium-Willen den trefflichen Philosophen so
verloren, wie Dirichlet und Curtius. So hat das kleine
Jena wieder die Ehre von Deutschland gerettet. Es ist
ein grosser Verlust für Berlin, dem er angehören muss,
wenn es hier einst? besser wird. Unsere philosophische
Fakultät wird seine und ihre Ehre zu retten streben." — — —
Um das erhabene Bild des edelsten Freiheitsapos-
tels und Humanitätspropheten zu vervollständigen,
müssen wir noch die prächtigsten, goldenen Worte Alexander von Humboldts aus seiner beiden verbreitetsten
Meisterwerken „Kosmos" und „Ansichten der Natur" hier
zum Schlusse reproduciren:
Kosmos I, 4. „Wie seit Jahrhunderten das Menschengeschlecht dahin gearbeitet hat, in dem ewig wiederkehren-
den Wechsel der Weltgestaltungen das Beharrliche des
Gesetzes aufzufinden und so allmälig durch die Macht der
Intelligenz den weiten Erdkreis zu erobern, lehrt die Geschichte Den, welcher den uralten Stamm unseres Wissens
durch die tiefen Schichten der Vorzeit bis zu seinen Wurzeln zu verfolgen weiss. Diese Vorzeit befragen, heisst
dem geheimnissvollen Gange der Ideen nachspüren, auf
welchem dasselbe Bild, das früh dem innern Sinne als ein

harmonisch geordnetes Ganze, Kosmos, vorschwebt, sich zuletzt wie das Ergebniss langer, mühevoll gesammelter Erfahrungen darstellt."

Kosmos I, 6. „Wo in der Ebene, einförmig, gesellige Pflanzen den Boden bedecken, und auf grenzenloser Ferne das Auge ruht, wo des Meeres Wellen die Ufer sanft bespülen, und durch Alven und grünenden Seetang ihren Weg bezeichnen, überall durchdringt uns das Gefühl der freien Natur, ein dumpfes Ahnen ihres Bestehens nach ewigen Gesetzen. In solchen Anregungen ruht eine geheimnissvolle Kraft; sie sind erheiternd und lindernd, stärken und erfrischen den ermüdeten Geist, besänftigen oft das Gemüth, wenn es schmerzlich in seinen Tiefen erschüttert und vom wilden Drange der Leidenschaft bewegt ist. Was ihnen Ernstes und Feierliches beiwohnt, entspringt aus dem fast bewusstlosen Gefühl höherer Ordnung und innerer Gesetzmässigkeit der Natur; aus dem Eindruck ewig wiederkehrender Gebilde wo in dem Beson dersten des Organismus das Allgemeine sich spiegelt, aus dem Contraste zwischen dem sinnlich Unendlichen und der eigenen Beschränktheit, der wir zu entfliehen streben. In jedem Erdstriche, überall wo die wechselnden Gestalten des Thier- und Pflanzenlebens sich darbieten, auf jeder Stufe intellektueller Bildung sind den Menschen diese Wohlthaten gewährt."

Kosmos I, 32. „Weltbeschreibung und Weltgeschichte stehen auf derselben Stufe der Empirie; aber eine denkende Behandlung beider, eine sinnvolle Anordnung von Naturerscheinungen und von historischen Begebenheiten durchdringen tief mit dem Glauben an eine alte innere Nothwendigkeit, die alles Treiben materieller und geistiger Kräfte, in sich ewig erneuernden, nur periodisch erweiterten oder verengten Kreisen beherrscht. Sie führen (und diese Nothwendigkeit ist das Wesen der Natur selbst in beiden Sphären ihres Seins, der materiellen und der geistigen) zur Klarheit und Einfachheit der Ansichten, zu Auf-

findung von Sätzen, die in der Erfahrungswissenschaft als
das letzte Ziel menschlicher Forschung erscheinen."
Kosmos I, 35, 36. „Gleichmässige [Würdigung aller
Theile des Naturstudiums ist vorzüglich ein Bedürfniss der
gegenwärtigen Zeit, wo der materielle Reichthum und der
wachsende Wohlstand der Nationen in einer sorgfältigeren
Benutzung von Naturprodukten und Naturkräften gegrün
det sind . . . . . die Vorliebe für Belebung des Gewerbe-
fleisses und für die Theile des Naturwissens, welche unmittelbar darauf einwirken (ein charakteristisches Merkmal
unseres Zeitalters), kann weder den Forschungen im Gebiete
der Philosophie, der Alterthumskunde und der Geschichte
nachtheilig werden, noch den allbelebenden Hauch der
Phantasie den edlen Werken bildender Künste entziehen.
Wo, unter dem Schutze weiser Gesetze und freier
Institutionen, alle Blüthen der Cultur sich kräftig
entfalten, da wird im friedlichen Wettkampfe kein
Bestreben des Geistes dem anderen verderblich."
Kosmos I, 331. „Wer, zu geistiger Selbstthätigkeit
erweckt, sich gern eine eigne Welt im Innern baut, den
erfüllt der Schauplatz des freien, offenen Meeres mit dem
erhabenen Bilde des Unendlichen. Sein Auge fesselt
vorzugsweise der ferne Horizont, wo unbestimmt wie im
Dufte Wasser und Luft an einander grenzen, in den die
Gestirne hinabsteigen und sich erneuern vor dem Schiffen-
den. Zu dem ewigen Spiel dieses Wechsels mischt sich,
wie überall bei der menschlichen Freude, ein Hauch weh-
müthiger Sehnsucht" —
Kosmos I, 378—385. „Durch (mannigfaltige) Beziehungen gehört das dunkle und viel bestrittene Problem von
der Möglichkeit gemeinsamer Abstammung (des Menschengeschlechts) in den Ideenkreis, welchen die physische Weltbeschreibung umfasst. Es soll die Untersuchung dieses
Problems, wenn ich mich so ausdrücken darf, durch ein
edleres und rein menschliches Interesse das letzte Ziel
meiner Arbeit bezeichnen. Das unermessene Reich
der Sprachen, in deren verschiedenartigem Organismus sich

die Geschichte der Völker ahndungsvoll abspiegeln, steht am nächsten dem Gebiet der Stammverwandtschaft. Die wichtigsten Fragen der Bildungsgeschichte der Menschheit knüpfen sich an die Ideen von Abstammung, Gemeinschaft der Sprache, Unwandelbarkeit in einer ursprünglichen Richtung des Geistes und des Gemüthes.

„So lange man nur bei den Extremen in der Variation der Farbe und der Gestaltung verweilte, und sich der Lebhaftigkeit der sinnlichen Eindrücke hingab, konnte man allerdings geneigt werden, die Raçen, nicht blosse Abarten, sondern als ursprünglich verschiedene Menschenstämme zu betrachten. Die Festigkeit gewisser Typen mitten unter der feindlichsten Einwirkung äusserer, besonders klimatischer, Potenzen schien eine solche Annahme zu begünstigen; so kurz auch die Zeiträume sind, aus denen historische Kunde zu uns gelangt ist. Kräftiger aber sprechen, auch meiner Ansicht nach, für die Einheit des Menschengeschlechts die vielen Mittelstufen der Hautfarbe und des Schädelbaues, welchen die raschen Fortschritte der Länderkenntniss uns in neueren Zeiten dargeboten haben; die Analogie der Abartung in anderen wilden und zahmen Thierklassen; die sicheren Erfahrungen, welche über die Grenzen fruchtbarer Bastard-Erzeugung haben gasammelt werden können. Der grössere Theil der Contraste, die man damals hatte zu finden geglaubt, ist durch die fleissige Arbeit Tiedemanns über das Hirn der Neger und aer Europäer, durch die anatomischen Untersuchungen Vroliks und Webers über die Gestalt des Beckens hinweggeräumt.

„„Die Menschenraçen sind Formen einer einzigen Art", sagt Johannes Müller, „welche sich fruchtbar paaren und durch Zeugung fortpflanzen, sie sind nicht Arten eines Genus: wären sie das letztere, so würden ihre Bastarde unter sich unfruchtbar sein." Die Gliederung der Menschheit ist nur eine Gliederung der Abarten, die man mit dem, freilich etwas unbestimmten Worte Raçen bezeichnet.

„Die Sprachen als geistige Schöpfungen der Menschheit, als tief in ihre geistige Entwickelung verschlungen, haben, indem sie eine nationelle Form loffenbaren, eine hohe Wichtigkeit für die zu erkennende Aehnlichkeit oder Verschiedenheit der Racen. Sie haben diese Wichtigkeit, weil Gemeinschaft der Abstammung in das Labyrinth führt, in welchem die Verknüpfung des physischen (körperlichen) Anlagen mit der geistigen Kraft in tausendfältig verschiedener Gestaltung sich darstellt. Die glänzenden Fortschritte, welche das philosophische Sprachstudium im deutschen Vaterlande seit noch nicht einem halben Jahrhunderte gemacht hat, erleichtern die Untersuchung über den nationellen Charakter der Sprachen: über das, was die Abstammung scheint herbeigeführt zu haben.

„Indem wir die Einheit des Menschengeschlechts behaupten, widerstreben wir auch jeder unerfreuⲓichen Annahme von höheren und niederen Menschenraçen. Es giebt bildsamere, höher gebildete, durch geistige Cultur veredelte, aber keine edleren Volksstämme. Alle sind gleichmässig zur Freiheit bestimmt, welche in roheren Zuständen dem Einzelnen, in dem Staatenleben bei dem Genus politischer Institutionen der Gesammtheit als Berechtigung zukommt."

Kosmos II, 18. „Dem Menschen unbewusst, gesellt sich früh, was die umgebende, mehr oder minder anregende Natur in der Seele abspiegelt, zu dem, was tief und fern in den ursprünglichen Anlagen, in den inneren geistigen Kräften gewurzelt ist."

Kosmos II., 98. „Vollkommenes Gedeihen und Frei‑ heit sind unzertrennliche Ideen auch in der Natur."

Kosmos II, 218. „Das Erringen der römischen Weltherrschaft ist allerdings ein Werk gewesen der Grösse des römischen Charakters, einer lang bewährten Sittenstrenge, einer ausschliesslichen, mit hohem Selbstgefühl gepaarten Vaterlandsliebe. Nachdem aber die Weltherrschaft errungen war, fanden sich jene herrlichen Eigenschaften allmälig geschwächt und umgewandelt. Mit dem Nationalgeiste erlosch die volksthümliche Beweglichkeit der Einzelnen. Es

verschwanden Oeffentlichkeit und Bewahrung der
Individualität der Menschen, die zwei Haupt-
stützen freier Verfassungen ..... Das Christenthum
wurde Staats-Religion, als das römische Reich bereits tief
erschüttert und die Milde der neuen Lehre durch den dog-
matischen Zwist der Parteien in ihren wohlthätigen Wirkun-
gen gestört war. Auch begann schon damals der „lästige
Kampf des Wissens und des Glaubens", welcher unter
mancherlei Gestaltung, der Forschung hinderlich,
durch alle Jahrhunderte fortgesetzt ward."
   Kosmos II., 241, 242. „Religiöse Verfolgung war
im Islam wie überall, auch unter christlichen Völ-
kern, mehr Wirkung eines schrankenlosen, dog-
tisirenden Despotismus, als Wirkung der ursprünglichen Glaubenslehre, der religiösen Anschauung
der Nation."
   Kosmos II, 268. „Was in jedem einzelnen Zeitpunkte
des Völkerlebens einen wichtigen Fortschritt der Intelligenz bezeichnet, hat seine tiefen Wurzeln in der Reihe
vorhergehender Jahrhunderte. Es liegt nicht in der Be-
stimmung des menschlichen Geschlechts, eine Ver-
finsterung zu erleiden, die gleichmässig das ganze
Geschlecht ergriffe. Ein erhaltendes Princip nährt
den ewigen Lebensprozess der fortschreitenden
Vernunft."
   Kosmos II, 281. „Eine grossartige physische Weltanschauung bedarf nicht blos der reichen Fülle der Beobachtungen, als Substrats der Verallgemeinerung der Ideen;
sie bedarf auch der vorbereitenden Kräftigung der
Gemüther, um in den ewigen Kämpfen zwischen
Wissen und Glauben nicht vor den drohenden Gestalten zurückzuschrecken, die bis in die neuere Zeit
an den Eingängen zu gewissen Regionen der Erfahrungswissenschaft auftreten und diese Eingänge
zu versperren trachten."
   Kosmos II, 337. „Schwache Geister glauben in jeder
Epoche wohlgefällig, dass die Menschheit auf den Kulmi-

nationspunkt intellektueller Fortschritte gelangt sei; sie vergessen, dass durch die innige Verkettung aller Naturerscheinungen, in dem Maasse, als man vorschreitet, das zu durchlaufende Feld eine grössere Ausdehnung gewinnt, dass es von einem Gesichtskreise begrenzt ist, der unaufhörlich vor dem Forscher zurückweicht." — — „Wie in allen irdischen Dingen, ist auch hier des Glückes Glanz mit tiefem Weh verschwistert gewesen. Die Fortschritte des Wissens wurden durch alle Gewaltthätigkeiten und Gräuel erkauft, welche die s. g. civilisirenden Eroberer über den Erdball verbreiten."

Ansichten der Natur I, 252. „Was den Charakter einer Landschaft bezeichnet; Umriss der Gebirge, die in duftiger Ferne den Horizont begrenzen: das Dunkel der Tannenwälder; der Waldstrom, welcher tobend zwischen überhengende Klippen hinstürzt: Alles steht in altem, geheimnissvollem Verkehr mit dem gemüthlichen Leben der Menschen. Auf diesem Verkehr beruht der edlere Theil des Genusses, den die Natur gewährt."

Ansichten der Natur I, 253. „Die Erinnerung an ein fernes, reich begabtes Land, der Anblick eines freien, kraftvollen Pflanzenwuchses erfrischt und stärkt das Gemüth; wie von der Gegenwart bedrängt, der emporstrebende Geist sich gern des Jugendalters der Menschheit und ihrer einfachen Grösse erfreut."

Ansichten der Natur. I, 286. „Es sterben dahin die Geschlechter der Menschen. Es verhallt die rühmliche Kunde der Völker. Doch wenn jede Blüthe des Geistes welkt, wenn im Sturm der Zeiten die Werke schaffender Kunst zerstieben, so entspriesst ewig-neues Leben aus dem Schoosse der Erde. Rastlos entfaltet ihre Knospen die zeugende Natur: unbekümmert, ob der frevelnde Mensch (ein nie versöhntes Geschlecht) die reifende Frucht zertritt."[23] — — —

---

[23] Wir haben nur denjenigen Demantschatz aus Alexander v. Humboldts Werken und Briefen zu einem Kranze geflochten, worin sich dessen

Ansichten der Natur. I, 337.²⁴ „Alles verkündigt
eine Welt thätiger, organischer Kräfte. In jedem Strauche,
in der gespaltenen Rinde des Baumes, in der von Hautflüglern
bewohnten, aufgelockerten Erde regt sich hörbar das Leben.
Es ist wie eine der vielen Stimmen der Natur, vernehmbar
dem frommen, empfänglichen Gemüthe des Menschen."

Ansichten der Natur. II, 19. „Wer fühlt sich nicht anders gestimmt in dem dunklen Schatten der Buchen, auf Hügeln,
die mit einzeln stehenden Tannen bekränzt sind; oder auf
der Grasflur, wo der Wind im zitternden Laube der Birke
säuselt? Melancholische, ernst erhebende, oder fröhliche
Bilder rufen diese vaterländischen Pflanzengestaltungen in
uns hervor." — — „Die Richtung der Kultur, Volkscha-
rakter, düstere oder heitere Stimmung der Menschheit
hängen grösstentheils von klimatischen Verhältnissen ab.
Wie mächtig hat der griechische Himmel auf seine Bewohner gewirkt! Wie sind nicht in dem schönen und
glücklichen Erdstriche zwischen dem Euphrath, dem Halys
und dem ägäischen Meere die sich ansiedelnden Völker früh zur
sittlichen Anmuth und zu zarteren Gefühlen erwacht! Und
haben nicht, als Europa in neue Barbarei versank und
religiöse Begeisterung plötzlich den heiligen Orient öffnete,
unsere Voreltern aus jenen mildern Thälern von Neuem mil-
dere Sitten heimgebracht? Die Dichtwerke der Griechen und

Humanitätsbestrebungen am hellsten wiederspiegeln. Wollten wir
alle die grossen Ideen des modernen Aristoteles hier wiedergeben, wir
müssten ein ziemlich voluminöses Buch schreiben.

> Wohl aus dem Schatze, dem unermesslichen,
> Aus dem Vermächtniss des Unvergesslichen
> Bieten wir Dir, Leser nur
> Echter Perlen kleine Schnur.

* * *

> Stürze Dich selber hinab in die mächtige
> Tiefe des Meeres, und reichere, prächtige
> Reihen sich in mildem Glanz
> Rings um Dich zum Strahlenkranz!

²⁴ Vgl. auch das Kapitel: „Alexander v. Humboldt und die Bibel."

die rauheren Gesänge der nordischen Urvölker verdankten
grösstentheils ihren eigenthümlichen Charakter der Gestalt
der Pflanzen und der Thiere, den Gebirgsthälern, die den
Dichter umgaben, und der Luft, die ihn umwehte."
Ansichten der Natur II, 40. „Im kalten Norden,
in der öden Heide, kann der einsame Mensch sich aneig-
nen, was in den fernsten Erdstrichen erforscht wird, und
so in seinem Innern eine Welt sich schaffen, welche das
Werk seines Geistes, frei und unvergänglich wie
dieser, ist."

Solch' herrliche Humanitätsprinzipien verkündete und
bethätigte der Mann, der ein Liebling der ultramontan-
reaktionären Monarchen Friedrich Wilhelm III. und Friedrich Wilhelm IV. war! Mit solch' grossartiger Welt- und
Menschenanschauung ausgerüstet, betrat er die Geistes-
arena, um den zu seinen Zeiten heftig entbrannten Kampf
um die Judenemancipation zum völligen Austrage zu
bringen.

Unter den vielen Wohlthaten Alexander von Humboldts, die er der socialen und politischen Stellung der
Juden erwiesen, wollen wir blos die folgenden zwei Thatsachen, weil sie einen Wendepunkt in der Geschichte der
Judenemancipation bilden, hervorheben. Erstens: Humboldts Streben, genialen jüdischen Gelehrten einen Sitz in
der Berliner Akademie zu verschaffen, und zweitens: sein
Bemühen, die preussische Verfassung zur Verbesserung der
Lage der Juden einer gründlichen Revision zu unterziehen.

Die Art und Weise, wie Humboldt bei diesen seinen Bestrebungen verfuhr, ist höchst interessant und verdient besonders hervorgehoben zu werden. Als die Berliner Akademie
der Wissenschaften den berühmten jüdischen Mathematiker Dr. P. Riess[25], auf Vorschlag Humboldts, zu
ihrem Mitgliede aufnehmen wollte, da benachrichtigte Dieser
den König voraus von dem Vorhaben der gelehrten Körper-

---

[25] Vgl. das Kapitel: „A. v. Humboldts Beziehungen zu Juden." S. 97.

schaft. Der König erwiderte, er würde die Wahl ohne alles Bedenken bestätigen. „Ich hoffe doch nicht", fügte er hinzu, „dass Ihr Bruder die Dummheit begangen, und in die Statuten gesetzt, es dürfe kein Jude in der Akademie sein?" Der Minister Eichhorn wusste, dass der König kein Bedenken habe, ihm selbst aber war die Sache unangenehm, und er glaubte sie auch Thiele'n, Rochow'n, Stollbergen und Anderen missfällig, daher liess er das Gesuch der Akademie um die Königliche Bestätigung erst sechs Wochen liegen, und schrieb dann an die Akademie, ob sie auch gewusst habe, dass Riess ein Jude sei? Die Akademie war über diese Anfrage sehr aufgebracht, und antwortete einstimmig, sie halte sich an ihre Statuten, habe nach diesen gewählt und weise daher die Frage des Ministers als eine ungehörige zurück, ohne sie zu beantworten. Diese Grobheit steckte Eichhorn ein und liess nun das Bestätigungsversuch an den König abgehen, der es auch sogleich bewilligte. Der König schien einige Unzufriedenheit zu empfinden, als er inne ward, dass er gewährte, was Friedrich der Grosse versagt hatte, nämlich die Zulassung eines Juden zur Akademie; Friedrich hatte die Wahl Moses Mendelssohns nicht bestätigt, man glaubt, aus Rücksicht für Katharina, Kaiserin von Russland, welche Mitglied der Akademie war, und von der man nicht gewiss war, ob ihr solche Genossenschaft auch recht sein würde; aber durch die Vorstellungen Alexander von Humboldts gab er endlich nach und unterzeichnete die Bestätigungsurkunde.

Und wahrlich! es war keine kleine Aufgabe, den romantisch-reaktionären Monarchen Friedrich Wilhelm IV. zu diesem Entschlusse zu bewegen! Wie in allen Dingen, so war besonders in Sachen der Judenemancipation Friedrich der Grosse das Vorbild des Königs. Und wie nun der „aufgeklärte", „erleuchtete" Freund Voltaire's, der genialste König des 18. Jahrhunderts, der Erfinder des Satzes: Jeder kann nach seiner eigenen Façon selig werden, über die Juden dachte und dieselben behandelte, darüber haben wir mehrere recht ergötzliche Beispiele. So duldete

4*

er — um nur einige eklatante Fälle anzuführen — niemals,
dass ein Jude sich irgend ein Gut erkaufte. Als der Schutz-
jude Meyer Benjamin in Magdeburg um Bewilligung der
Rechte dortiger christlicher Kaufleute bat, da replizirte Fr.
eigenhändig: „Der Jude soll sich sofort aus Magdeburg
Paquen oder der Commandant wird Ihm herausschmeissen."
— Die mit dem Generalschutzprivilegium versehenen Kaufleute Itzig und Benjamin baten, sie bei den ihnen ver-
liehenen christlichen Rechten zu schützen. Fr. replizirte
(:1777:): „Was wegen ihres Handels ist, behalten sie. Aber
das sie ganze Fölkerschaften von Juden zu Breslau an-
bringen und ein ganzes Jerusalem daraus machen wollen,
das kann nicht seindt." —

Eine Kabinetsordre Friedrichs lautet folgendermassen:
An den Präs. Philippi.

„Rath, Besonders Lieber Getreuer. Aus Eurem Schreiben vom gestrigen dato habe ich mit Misfallen ersehen,
dass hier polnische Juden hereinkommen, die man mit schle-
sischer Leinwand hausiren gehen lässt. Was das vor
Eselein seindt! Wenn Kaufleute hier wären, die alle
die Schlesische Leinwand nach allen den Sorten, die hier
gebraucht werden, aufkaufen, und Niederlagen davon anlegen, so würden die Kaufleute das profitiren, wovon die
Juden jetzt leben. Es bleibt daher bei meiner Ordre
vom 21. d. und müssen die Juden nicht weiter hausiren
gehen, worauf Ihr stricte zu achten habet. —
Berlin, den 27. Dec. 1780." —

Als Westpreussen in Besitz genommen wurde, wurden
die armen Juden, wie die Zigeuner und Landstreicher,
verfolgt, und 4000 über die Grenze gewiesen. Auf dem
platten Lande wurden sie gar nicht geduldet, sondern nur
in den akzisbaren Städten. —

Die Grundsätze, welche Fr. d. Gr. durch das „revidirte
Generalprivilegium und Reglement vor die Judenschaft im
Königreich Preussen", vom 17. April 1750, für die Juden

aufstellte, kann man, wie Preuss richtig bemerkt, in folgenden Worten zusammenfassen: „Der König wollte die
Zahl der Juden nicht vermehrt wissen: die ordentlichen
Schutzjuden durften ihren Schutz nur auf ein Kind vererben,
die ausserordentlichen erhielten ihn nur auf Lebenszeit;
jene auch nur, wenn das Kind 1000 Thaler baar besass.
Fremde Juden hatten nur bei einem Vermögen von 10,000
Thalern Hoffnung, aus besonderer Gnade Aufnahme im
Lande zu finden. Nichtkaufleute, die nicht zur Bedienung
der Gemeinde gehörten, hiessen ausserordentliche Schutzjuden, und durften sich, gleich den Knechten und Mägden,
nicht verheirathen. Ländliche Grundstücke durfte kein Jude
besitzen." —

Am 29. October 1757 erliess Friedrich abermals eine
Verordnung, nach welcher ein neues Schutzprivilegium an
einen Juden nur gegen eine neubegründete Fabrik ertheilt
werden sollte. Der König machte eigenhändig eine Rand-
bemerkung: „Es sollen keine Juden Privilegien kriegen, es
sei, dass sie neue Fabriken anlegen, sonsten bleibt immer
dieselbe Zahl Familien." —

Am 9. Mai 1769 befahl Friedrich, dass jeder Jude für sein
Schutzprivilegium (auch derjenige, welcher nach oben das Recht
daran hatt) für 300 Thaler Porzellan, (welches die Berliner
königl, Fabrik noch sehr schlecht lieferte), ein Drittheil vom
feinen, ein Drittheil vom mittlern, und ein Drittheil vom geringsten nehmen und in die Fremde verkaufen sollte!! —

Als die inländischen Juden 1746 vom Leibzoll befreit zu werden baten, da replizirte Friedrich: „dass, da die
Schutzjuden die Geleitsfreiheit nur in derjenigen Provinz,
worauf sie den Schutzbrief haben, bishero genossen, in allen
Provinzen aber, worinnen sie gereiset, den Leibzoll bishero
jedesmal haben entrichten müssen, es also bei dieser Ob-
servanz schlechterdings sein Verbleiben haben solle."

1764 erliess Fr. eine Kabinetsordre an das General-
direktorium, worin er sagt: „Wir haben aus Eurem Bericht
ersehen, dass die Juden sich beigehen lassen, Kühe zu
pachten. Wir lassen Euch bei dieser Gelegenheit wissen,

dass Uns dies missfällt, und Wir wollen, dass diese Pacht-
ungen landwirthschaftlicher Gegenstände von Seiten der
Juden aufhören, und ihnen nicht ferner erlaubt werden,
allermassen denen Juden der Schutz hauptsächlich deshalb
erstattet wird, um Handel, Commerce, Manufakturen, Fabriken und dergleichen zu betreiben, andern als christlichen
Leuten aber die landwirthschaftlichen Sachen zu ihrer Be-
arbeitung nicht überlassen werden und mithin jedes in
seinem Fache bleiben muss." — —

Friedrich Wilhelm IV. hatte nicht übel Lust, seinem
erlauchten Ahnherrn — wenigstens in diesem Punkte —
nachzuahmen. Alexander von Humboldt nannte seinen
königlichen Freund den Mann des bestens Herzens, aber
allen Einflüsterungen zugänglich.[26] So soll u. A. schon
eine Verordnung fertig gewesen sein, welche den Juden
chritliche Namen zu führen verbot und soll der König von
deren Ausführung zumeist durch einen, ihm anonym zu-
gegangenen Brief abgehalten worden sein, der mit grosser
Gründlichkeit darlegte, dass alle Staaten, welche Juden-
verfolgung geübt, in Verfall gekommen wären.[27] Und gerade in dem Jahre 1842, als Alexander von Humboldt
für Dr. Riess einen Sitz in der Berliner Akademie errang,
war der König besonders geneigt, sich in das Netz seiner
reaktionären Rathgeber locken zu lassen. „Der König hat
nichts aufgegeben von seinem bisherigen Vorhaben", so be-
klagte sich Humboldt in einem Gespräche mit Varnhagen,[28] „und kann jeden Augenblick neue Versuche darin
machen, in Betreff der Juden, der Sonntagsfeier, der englischen Bischofsweihe u. s. w. — — — Kunst und Phantasie auf dem Throne, fanatische Gaukelei umher, und heuch-

---

[26] Vgl. die treffliche Schrift von Isidor Kaim: Ein Jahrhundert der Judenemancipation und ihre christlichen Vertheidiger. Leipzig, Albert Fritsch.
1869. S. 47 ff.

[27] Vgl. über diese Zeitverhältnisse, u. a. die Schrift des genannten
Autors: „Ein Wort über die Rechtsverhältnisse der Juden im preussischen
Staate."

[28] „Briefe von Alexander von Humboldt an Varnhagen v. Ense", 3. Auflage, Leipzig, F. A. Brockhaus, 1860. S. 124,

lerischer Missbrauch in Spielerei!" Humboldt kannte die
Gemüthsbeschaffenheit seines launenhaften Königs, und es
ist daher sehr natürlich, dass er die Erlangung der königlichen Bestätigung als einen bedeutenden Geistessieg
feierte. In diesem Sinne schrieb er auch an seinen intim-
sten Freund Varnhagen, unter dem 7. April 1842, hocherfreut:[29] „Ich bin heute nicht nach Potsdam gegangen, um
die Wahl in pleno des talentvollen jüdischen Physikers
Riess zu betreiben. Sie ist für die Akademie sehr ehren-
voll ausgefallen, nur drei schwarze Kugeln." — —

In ähnlicher, überaus liberaler Weise war Alexander
von Humboldt in Bezug auf die Verfassungsfrage der
preussischen Juden thätig. Friedrich Wilhelm IV. befasste
sich gleich unmittelbar nach seiner Thronbesteigung mit
der s. g. Judenfrage und fand in seinem Kultusminister
Eichhorn das geignetste Werkzeug zur Unterdrückung
aller, den Juden zukommenden und verbrieften Rechte.
Volle sechs Jahre hindurch bemühte sich Eichhorn das
unheilvolle Gesetz für die Juden im Herzogthum Posen,
das im Jahre 1833 erschienen ist, allen Juden der preussischen Monarchie aufzuoktroyiren. Welch' unseligen Druck
dieses Gesetz auf die Juden Posens ausübte, können wir
aus der merkwürdigen Thatsache ersehen, dass selbst die
königlichen Regierungen zu Posen und Bromberg, erstere
am 21. August 1842, letzte am 25. Juli 1843, also nach
zehnjähriger Erfahrung, dem Ministerium erklärt haben:
dass das in Rede stehende Gesetz sehr nachtheilig auf die
Juden gewirkt habe, und dass die Aufhebung desselben zu
wünschen sei.[30] Als nun im Jahre 1842 die ersten Vor-
berathungen des Ministeriums der geistlichen Angelegenheiten mit nur drei Männern jüdischen Glaubensbekenntnisses
begannen, da ging ein Schrei der Entrüstung durch die
freisinnige europäische Presse. Wie begründet diese Be-

---

[29] A. a. O. S. 119.
[30] „Preussens erster Reichstag", von Wöniger, B. 8, S. 353, 434
und „offenes Sendschreiben an das hohe Herrenhaus und Haus der Abge-
ordneten", von Dr. M. Pinner (Berlin, 1870.)

fürchtungen waren, können wir alsbald ersehen, wenn wir einige §§. dieses Gesetzes, die später die Grundlage des preussischen Judengesetzes vom 23. Juli hier ausmachten, hier anführen. Während das Edikt vom 11. März 1812, §. 8 und 9 lautet: „Sie (die Juden) können daher akademische Lehr- und Schul- auch Gemeindeämter, zu welchem sie sich geschickt gemacht haben, verwalten. In wiefern die Juden zu andern öffentlichen Staatsämtern zugelassen werden können, behalten Wir uns vor, in Folge der Zeit gesetzlich zu bestimmen", schreibt das neue Gesetz in §. 2 vor: „Zu einem unmittelbaren oder mittelbaren Staatsamte, sowie zu einem Communalamte kann ein Jude nur dann zugelassen werden, wenn mit einem solchen Amte die Ausübung einer richterlichen, polizeilichen, oder exekutiven Gewalt nicht verbunden ist. Ausserdem bleiben die Juden allgemein von der Leitung und Beaufsichtigung christlicher Kultus- und Unterrichtungsangelegenheiten angeschlossen. An Universitäten können Juden, soweit die Statuten nicht entgegenstehen, als Privatdocenten, ausserordentliche und ordentliche Professoren der medizinischen und sprachwissenschaftlichen Lehrfächer zugelassen werden. Von allen übrigen Lehrfächern an Universitäten, so wie von dem akademischen Senat und den Aemtern eines Dekans, Prorektors und Rektors bleiben sie ausgeschlossen. In Kunst-, Gewerbe- Handels- und Navigationsschulen können Juden als Lehrer zugelassen werden. Ausserdem bleibt die Anstellung der Juden als Lehrer auf jüdische Unterrichtsanstalten beschränkt." —

§. 71: „Zur Niederlassung ausländischer Juden bedarf es vor Ertheilung der Naturalisationsurkunde der Genehmigung des Ministers des Innern. (Während bei Christen Letztere nicht nöthig ist, sondern die Naturalisation von der Provinzialregierung erfolgt).

„Ausländische Juden dürfen ohne gleiche Genehmigung weder als Rabbiner und Synagogendiener, noch als Gewerksgehilfen, Gesellen, Lehrlinge oder Dienstboten angenommen werden. Die Ueberschreitung dieses Verbots zieht

gegen die Inländer und die fremden Juden, gegen Letztere,
sofern sie sich bereits länger als 6 Wochen in den dies-
seitigen Staaten aufgehalten haben, eine fiskalische Geld-
strafe von 20 bis 300 Thalern, oder verhältnissmässige Ge-
fängnisstrafe nach sich. Fremden Juden ist der Eintritt
in das Land zur Durchreise oder zum Betrieb erlaubter
Handelsgeschäfte nach näherem Inhalt der darüber bestehenden oder künftig zu erlassenden politischen Vor-
schriften gestattet. In Betreff der Handwerksgesellen be-
wendet es jedoch bei den Bestimmungen der Ordre vom
14 Oktober 1838 und der mit auswärtigen Staaten besonders geschlossenen Verträge." — —

Wie wir schon aus den hier angeführten Beispielen
ersehen, wurden durch dieses Judengesetz der Art. 4 und
der Art. 12 der preussischen Verfassung, wonach „alle
Preussen vor den Gesetze gleich sind", und „der
Genuss der bürgerlichen und staatsbürgerlichen
Rechte von dem religiösen Bekenntniss unabhängig ist", thatsächlich aufgehoben.

Der Stimmung, die dieses auch in jüngster Zeit vielfach angefeindete Judengesetz s. Z. hervorrief, giebt am
Besten ein Artikel der „Königsberger Zeitung" vom 23. März
des Jahres 1842 Ausdruck. Wenn wir nicht irren — heisst
es daselbst — sehen wir hier denselben Geist, der uns die
Phantome einer Adels-Reunion, die Erneuerung von Zünf-
ten und Innungen und manche anderen Dinge aus einer
längst vergrabenen Zeit vorführte. Das Judenthum soll in
seiner früheren hässlichen Gestalt hergestellt, es soll auf
die Satzungen des Talmud und in die düstern, engen,
schmutzigen Judengässchen verwiesen werden. Das Band,
das den Christen und Juden jetzt schon zusammenhält, soll
zerrissen, die aufkeimende Bruderliebe in den Hass der
Feindschaft verwandelt werden. Ist das christlich gehandelt? Ist das Liebe, wenn wir Den von uns stossen, der in
Gemeinschaft mit uns treten möchte? Ist das die ernste,
vorurtheilsfreie Gesinnung, die dem Gesetzschreiber seine
Aussprüche vorschreiben sollte? Liegt Bildung besonderer

Corporationen der Juden, historische Entwickelung derselben, abgesondert vom Staate, Beschränkung ihrer Besitz-
fähigkeit und ihrer Militärpflicht im Interesse .der unter
und mit uns lebenden Juden? Das Festhalten veralteter
unzureichender Formen in ihrer feindlichen Absonderung
— heisst dies die historische Entwickelung fortsetzen? Ist
denn das Entziehen schon gewährter Rechte der Weg, auf
dem man das Judenthum dem Christenthume und der Ge-
sammtbildung unserer Zeit zuzuführen gedenkt? — — Man
will die jüdische Nationalität in ihrer Absonderheit bewahren: aber die Juden selbst wissen weder etwas von dieser Nationalität, noch wollen sie etwas davon wissen. Der
deutsche Jude will nichts anders als ein Deutscher
sein, und ist es seiner Sprache, Gesinnung und
Bildung nach; er kennt kein anderes Vaterland,
als das Deutsche; was geht uns daher an, ob seine Vorfahren einst in Jerusalem wohnten? Leben doch genug
Abkömmlinge von Franzosen, Engländern und Polen unter
uns, die wir ohne solche ängstliche Controle ihrer Stamm-
bäume mit Recht für unsere Landsleute halten! Wir Preussen
dürften· uns aber alsdann vor Allen nicht als Eingeborne
ansehn, da wir wissen, dass unsere Voreltern ebenfalls Ein-
gewanderte sind. Spricht man ferner von Bewahrung der
jüdischen Religion, so werden die Juden dies zwar als
Zeichen edler Duldsamkeit dem Staate hoch anrechnen,
aber doch sich nicht des Lächelns erwehren können, dass
der Staat gerade die Sache ihnen ungeschmälert bewahren
will, um derentwillen er sie absondern, ja vielleicht ausson-
dern zu müssen glaubt. Sind die Juden in Folge ihrer
religiösen Ansichten wirklich schlechte Staatsbürger, so
hebe man jede bürgerliche Gemeinschaft mit ihnen auf:
dieses Recht hat der Staat. Allein die Erfahrung lehrt
uns das Gegentheil; Niemand kann den Juden sittlichen
Ernst und was man bürgerliche Tugend nennt absprechen,
und wir hörten noch nicht, dass Frankreich, Belgien, Holland und Hessen es jemals bereut haben, ihnen alle Rechte
des Staatsbürgerthums eingeräumt zu haben. Wenn

überdies der Staat nichts anderes als die bestmögliche Entwickelung der menschlichen Kräfte bezweckt, so ist nicht
einzusehen, warum der Jude nicht ebenso wie der Christ
seinen Anforderungen genügen, seinen Zwecken entsprechen
soll. Der Staat in seiner Abstraktion kennt keinen Unterschied der Religion, und der Ausdruck: christlicher
Staat, wenn er etwas anderes als vollkommener Staat
sagen soll, ist eine leere Formel. Dass daher auch die
preussischen Juden keine besonderen Rechte und damit
versehenen Korporationen verlangen, versteht sich von selbst.
Sie erkennen das in unserem Staate geltende Gesetzbuch
in allen seinen Theilen an, und unterwerfen sich ihm willig;
ja sie halten die Beobachtung unserer Gesetze für ein
ihnen gewährtes, ihre ganze bürgerliche Stellung bedingen-
des Recht. — — Will man endlich, um das Gewissen der
Juden zu schonen, ihnen den Militairdienst erlassen, so
warte man doch, bis sie selber im Namen ihres Gewissens
darum bitten. Unseres Wissens hat weder ihre religiöse
Ueberzeugung, noch ihr Ritual sie verhindert, tapferen Antheil an den Schlachten des letzten Krieges zu nehmen.

In jeder Hinsicht müssen wir dem Votum beistimmen,
welches schon im Jahre 1812 bei Berathung des Edikts vom
11. März desselben Jahres Hardenberg abgab: Ich kann,
sagt er, kein Gesetz über Juden billigen, das mehr als vier
Worte enthält: „Gleiche Rechte, gleiche Pflichten!" —

Als Alexander von Humboldt von dem drohenden
Entwurfe Kunde erhielt, war er überaus entrüstet und er
entschloss sich, wenigstens seinerseits gegen solch' mittel-
alterliche Verordnungen öffentlich aufzutreten. Er richtete
daher folgenden Brief an Einen der Ersten Räthe des Königs, den Grafen Stolberg:[31]

„Ich habe, theuerster Graf! mit einem Schmerze, dessen
Motive und Richtung Sie mit mir theilen, die Anlage (Journ.
des Débats vom 10. März 1842), die gestern angekommen,
gelesen. Ich hoffe, dass Vieles sehr falsch und hämisch

---

[31] Preussens erster Reichstag von Wöniger. B. 8, S. 353 und 434.

abgefasst ist, wäre es nicht, so halte ich die beabsichtigten
Neuerungen nach meiner innigsten Ueberzeugung für höchst
aufregend, mit allen Grundsätzen der Staatsklugheit strei-
tend, zu den bösartigsten Interpretationen der Motive ver-
anlassend, Rechte raubend, die durch ein menschlicheres
Gesetz des Vaters bereits erworben sind und der Milde
unseres jetzigen Monarchen entgegen. Es ist eine gefahrvolle Anmassung der schwachen Menschheit,
die alten Gesetze Gottes auslegen zu wollen. Die
Geschichte finsterer Jahrhunderte lehrt, zu welchen
Abwegen solche Deutungen den Muth geben. Die
Besorgniss, mir zu schaden, muss Sie nicht abhalten, von diesen Zeilen Gebrauch zu machen; man
muss vor allen Dingen den Muth haben, seine Meinung zu sagen.“

Diesen herrlichen Brief sandte Humboldt gleichzeitig
abschriftlich an Einen der bedeutendsten Juden Berlins
mit den Worten: „Sie sehen, mein Theurer, dass meine
etwas gestüme Vertheidigung des ewig bedrängten Volkes
nicht ganz erfolglos bleiben wird. Man wird etwas scheu
werden, und damit ist geholfen, wie durch des edlen Stolberg Mitwirkung.“

Und an Varnhagen schrieb er unter dem 16. März 1842[32]:
„Im letzten gekommenen Journal des Débats steht ein
scharfer, sehr guter Artikel über das scheussliche Judengesetz, das man androht, und über welches ich bereits sehr
eindringende Worte habe hören lassen.

„Es sollte in dem Eingang des Gesetzes von dem
„Wunder Gottes, die jüdische Nation zu erhalten“ geredet
werden. Ich habe darauf geantwortet: Das Gesetz ist
mit allen Prinzipien einer einigenden Staatsklugheit strei-
tend, — es sei eine gefahrvolle Anmassung der schwachen
Menschheit, die uralten Dekrete Gottes auslegen zu wollen;
die Geschichte finstrer Jahrhunderte lehre, zu welchen Abwegen solche Deutungen Muth geben.“ — — —

---

[32] Briefe von Alex. v. Humboldt an Varnhagen v. Ense, S. 109 ff.

Seitdem Humboldt so hochherzig für die Judenemancipation gekämpft, ist den preussischen Juden die
Sonne der Gleichberechtigung fast in ihrer ganzen Pracht-
fülle aufgegangen, ein neuer, blühender Freiheitsmorgen
ist am Horizonte des preussischen Judenthums aufgestie-
gen, — — aber es ist uns, als waltete der Genius Humboldt's in der liberaleren Gesetzgebung, als wehte der
frische Hauch der Humanität noch aus dem Grabe des
grossen Todten, als wäre es sein Geist, der uns den Trost
und die Hoffnung zuflüsterte:

Nun, armes Herz, vergiss die Qual,
Nun muss 'sich Alles, Alles wenden. — —

Alexander von Humboldt's Beziehungen zu Juden.

II.

Es ist für den unparteiischen Kulturhistoriker, oder
richtiger ausgedrückt, für den Physiologen des Charakters einigermassen eine Beruhigung, wenn er die Wahr-
nehmung macht, dass das märkische Land- und Kraut-
junkerthum, das seit einer Reihe von Decennien mit einer
Fruchtbarkeit sonder Gleichen Judenfeinde aller Gattun-
gen hervorgebracht, auch Einen Mann in seinem Schoosse
gezeitigt, welcher die „noblen Passionen" der Kreuzzeitungs-
helden gründlich verachtete und für das Judenthum —
den tausendjährigen Prügeljungen der Menschheit — eine
Liebe an den Tag legte, für die wir ihm zum unaussprech-
lichen Danke verpflichtet sind. Ja, Alexander von Humboldt war aus einem ganz anderen Holze geschnitzt, als
die märkischen Junker à la Senfft-Pilsach, Kleist-Retzow,
Thadden-Triglaff und Consorten, die in den Wäldern der
Uckermark auf wilde Ebern jagen und in den Herren-
häusern der preussischen Monarchie auf Juden lauern!
Er war, wie wir bereits gezeigt haben, nicht nur kein
Judenfeind, sondern vielmehr ein warmer, treuer, auf-
richtiger Freund und Verehrer der Söhne Israels. Hof-
fentlich wird es daher für den geschätzten Leser dieser
Blätter von Interesse sein, einige, besonders hervorstechende
Berührungspunkte des modernen Aristoteles mit berühmten
Juden kennen zu lernen; denn auch in diesen Beziehungen

zeigt sich recht deutlich die humane, liebevolle, ich möchte
fast sagen, sonnige Gesinnung des grossen Mannes. Wir
wollen auch bei dieser Untersuchung ab ovo usque ad mala,
d. h. chronologisch und genetisch verfahren.

Im Vordergrunde der Freunde und Lehrer Aexander
von Humboldt's steht Moses Mendelssohn. Dieser
bedeutendste Popularphilosoph des vorigen Jahrhunderts
und einflussreichste Reformator des Judenthums gehört
zwar auch zu Denen, auf welche die pietistisch-feudale
deutsche Presse, wie z. B. „Zeidler'sche Correspondenz“,
„Kreuzzeitung“ u. s. w. nicht gut zu sprechen ist[38] — aber
dieser Umstand kann uns nicht abhalten, es nicht auszusprechen, dass gerade Mendelssohn und sein Freundes-
und Schülerkreis es waren, welche die Keime der Humanität, der Menschenliebe und des Liberalismus in das für
alles Hohe und Edle empfängliche Herz A. v. Humboldt's
gestreut haben. Der „jüdische Sokrates“ übte auf die
strebenden Geister, die in der zweiten Hälfte des 18. Jahrhunderts in Berlin sich geltend machten, eine ganz ausserordentliche Wirkung aus. Er war gleichsam der Magnet,
der die verschiedensten Talente an sich zog und sein Salon,
den er eröffnete, war der Sammel- und Brennpunkt fast
aller Berühmtheiten der norddeutschen Metropole. Seine
gewinnende, Alles bezaubernde Persönlichkeit, sein philosophischer Geist, die Zuvorkommenheit und Aufopferungs-
fähigkeit gegen Jedermann, die seine Hilfe oder seinen
Rath beanspruchte — dies waren Eigenschaften, die ihm
alle Herzen im Sturme erobern und seine geistige Herrschaft begründen halfen. Wie gewaltig seine Individualität
besonders auf jüngere Leute influirte, darüber sprechen unzählige Schriften des vorigen Saekulums. Wir können es
uns nicht versagen, aus dem Wuste der einschlägigen Literatur Ein Zeugniss herauszugreifen und zwar Einen Satz aus
den „Denkwürdigkeiten zur Beförderung des Edlen und

---

[38] Vgl. hierüber meine Artikel u. A. in der (Prager) „Gegenwart“, v. J.
No. 15 und im (Pesther) „Izraelita Közlöny“, d. J. No. 31, 33.

Schönen" von C. P. Moritz. Dieser verkehrte als junger
Mann sehr oft in Mendelssohn's Hause und sagt von
ihm: „In seiner Gegenwart war Einem wohl, man fühlte
schon durch seinen Anblick sich gehoben und ermuntert,
und nie ist vielleicht Einer ungebessert von ihm gegangen. — — Gutmüthigkeit mit Verstand verknüpft schätzte
er über Alles und er war im Lobe derjenigen Personen
unerschöpflich, bei Denen er die Eigenschaften antraf.
— — Wenn zuweilend von auffallend guten Handlungen die
Rede war, die man durch lieblose Urtheile verunglimpfen
und ihnen unedle Motive unterlegen wollte, da war er sehr
lebhaft in der Vertheidigung solcher guten Handlungen
gegen dergleichen Beschuldigungen. Sagte man, dass sie
durch Ehrsucht veranlasst wären, so erwiderte er, dass
eben dies schon Vortreffliches sei, in guten Handlungen
Ehre zu suchen; kurz, er ging in Absicht lieber im Zutrauen als im Mistrauen gegen menschliche Tugend und
Güte des Herzens zu weit." In diesen Kreis traten nun
die beiden Humboldt's.[34] Ihre eigentlichen Lehrer selber
waren aus der Reihe der Freunde Mendelssohns:[35] in
diesen Kreis war ganz und gar ihr Leben und ihre Bildung
mitten hineingestellt. Sie verkehrten mit den Freunden
ihrer Lehrer, mit Männern, wie Biester, Friedländer,
Herz, Rammler, Moritz, Teller u. s. w. Und wie beschaffen immer der Geist war, der diese Männer beherrschte:
er hatte das Gute, dass er ein bindender und tragender
Geist war. Man fühlte sich in der Gemeinschaft eines
Strebens, von dessen Berechtigung und Werth man uner-
schütterlich, ja enthusiastisch überzeugt war. Solche Ueberzeugung, die gleichsam in geschlossenen Gliedern ging,
hatte etwas Imponirendes. Ein junger Mann von Verstand
konnte nicht anders als sich wohl fühlen in einem Cirkel,

---

[34] Die Erziehung der ersten Knaben- und Jünglingsjahre der Brüder Humboldt war so gleichmässig, dass wir auch ihre Berührungen
mit einzelnen Juden nicht von einander trennen können.

[35] Vgl. hierüber Gustav Schlesier's Lebensgeschichte Humboldt's, besonders aber das vortreffliche Werk von R. Haym: „Wilhelm v. Humboldt
Lebensbild und Charakteristik", (Berlin, 1856), S. 10.

der sich überdies durch ein jugendliches Leben, durch
geistige Regsamkeit, durch Ungezwungenheit, durch wahr-
hafte Liberalität auszeichnete. Ein philosophisch-literarischer
Club, in welchem wissenschaftliche Abhandlungen einge-
liefert und kritisirt wurden, Lesegesellschaften, in denen
die neuesten Erscheinungen der Tagesliteratur vorgetragen
wurden, vereinigten die Freunde. An letzteren wenigstens
betheiligten sich auch die beiden jungen Humboldt's und
bald schlossen sich Beide an Einzelne jener Männer enger
an. Sie wurden insbesondere mit Biester und David
Friedländer verbunden. Sie waren, als sie Berlin ver-
liessen, Biesterianer und Engelianer, Apostel der „Berliner Monatsschrift", erfüllt mit den Tendenzen der
Berliner Aufklärung. Hier trug auch Mendelssohn,
vor der Drucklegung seiner „Morgenstunden",[37] Einzelnes
aus denselben vor; und noch zwei Jahre vor seinem Hinscheiden sagte der grosse Fürst der Wissenschaften von
den „Morgenstunden": „ich habe die Morgenstunden selbst
bei Mendelssohn gehört."[38] Noch am 12. November 1855[39]
schrieb er an den gelehrten Rabbiner Marco Mortara
in Mantua[40]: Da ich seit meiner frühesten Jugend die

---

[37] Die „Morgenstunden" — nebst „Phädon" das beste Werk Mendelssohns — erschienen Anfangs Oktober 1785.
[38] Vgl. das (leider zu flüchtige) Buch Kayserlings: „Mos. Mendelssohn.
sein Leben und seine Werke." S. 426.
[39] Kayserling a. a. O. hat falsch 1853, wie überhaupt dieser Herr
sehr oberflächlich und, was durchaus nicht zu verzeihen ist, — plagiato-
risch arbeitet. Das Quellen nachschreiben ist eine bequeme Sache: was
Wunder daher, wenn Herr Kayserling so viele Schnitzer begeht!
[40] Abgedruckt in dem „Compendio della religione israelitica da Marco
Mortara Rabbi maggiore degli Israeliti di Mantova"; Vgl. noch ferner
Steinschneider: „Hebräische Bibliographie" (Berlin, 1859) II, S. 38
Das Schreiben lautet wörtlich:
„Ayant eu l'honneur dès ma première jeunesse d'être lié en Allemagne
avec des hommes éminents, qui dans la philosophie et les mathématiques
ont brillé parmi vos correligionnaires, un de nos plus grands anciens litt era-
teurs, l'ami de Lessing, Moyse Mendelssohn, ayant exercé de l'influence sur
l'éducation dont nous avon joui, mon frère et moi dans des temps antedélu-
viens, je voi avec un plaisir bien vif, combien dans toutes les parties de
l'Europae l'amour des lettres et des études sérieuses très variées dans leur

Ehre hatte, in Deutschland mit hervorragenden Männern
unter ihren Glaubensgenossen, welche in Philosophie und
Mathematik geglänzt haben, verbunden zu sein, und . da
Einer unserer grössten und ältesten Schriftsteller,
der Freund Lessings, Moses Mendelssohn, auf die
Erziehung, welche ich und mein Bruder in der vorsündfluthlichen Zeit genossen, Einfluss ausgeübt
hat, sehe ich mit sehr lebhaftem Vergnügen, wie sich in
allen Theilen Europas die Liebe zur Wissenschaft und zu
ernsten Studien mannigfaltiger Art unter den Juden bahn-
brechen, inmitten der Hindernisse, welche das traurige Erbe
vergangener Jahrhunderte und der religiösen Intoleranz
des Mittelalters sind.[41] —

Wie wir weiter unten (in dem Abschnitte: A. v. Humboldt
und die Bibel) S. 169. Anmerkung 119 zeigen werden, verdankte Humboldt auch die Kenntniss der Bibel, besonders
der herrlichen Pentateuch-, Psalmen- und Koheleth-über-
setzung Moses Mendelssohns, die er auch auf verschiedenen Stellen seiner Werke mehrmals dankend zu citiren
pflegt. —

objet se font jour au milieu des obstacles, qui sont le triste héritage des
siècles antérieurs; de l' intolérance religieuse de moyen âge. Agréez je vous
prie Monsieur le Grand-Rabin l'expression de ma haute consideration.
„Berlin, 12. Nov. 1855.
„Votre trés humble et trés obéissant serviteur
„Le Baron Alex. de Humboldt."
[41] Dieser letzte Passus erinnert auffallend an einen, weiter unten S. 175 ff.,
in dem Kapitel: „Alex. v. Humboldt und die Bibel" mitgetheilten Brief an Dr.
Emil Löw. Wir können hier die Bemerkung nicht unterdrücken, dass fast
alle an Juden gerichteten Zuschriften A. v. Humboldts einen ermuthigen-
den und trostspendenden Inhalt haben; die Ursache hiervon ist, wie
mich dünkt, als fühlte gleichsam der geniale Geist das tausendjährige Unrecht, dass das Christenthum gegen die Juden geübt, auf seiner Brust
lasten und als wollte er, wenigstens seinerseits, ein Scherflein zur Lin-
derung dieses Weh's beitragen. Für ihn war die vollständige Judenemancipation identisch mit der Gewährung einer vollständigen politischen
Freiheit. Aber enttäuscht und verbittert über die trostlosen religiösen Zustände in Preussen schrieb er noch als Greis die wehmuthsvollen Worte an
Varnhagen v. Ense:
„Seit 1789 habe ich auf das Anbrechen einer neuen Zeit gewartet, aber
nun kann ich nicht mehr warten. Ich muss fort!" — —

Einen nicht geringeren Einfluss wie auf seinen Bruder Alexander übte Mendelssohn auch auf Wilhelm aus. Unter Mendelssohn'scher Einwirkung entstand auch — um nur Ein Beispiel anzuführen — jenes schöne Sonnet, das mit tief-jüdischem Herzen gedichtet und empfunden ist, nämlich:

Die Jungfrau Israels.

Mit Stolz ich auf die Nachbarvölker blicke,
Weil uns der Herr zu seinem auserwählet,
Und Judas Flammenschwert mit Kraft gestählet,
Zu bändigen der Heiden freche Tücke.

Die Blume reiner Frömmigkeit ich pflücke,
Und uns kein Segen der Verheissung fehlet;
Drum Davids heil'ger Harfe laut vermählet
Zum Dank empor ich meine Stimme schicke.

Wenn auch zerstört sind Zions Tempelmauern,
Und wir, zerstreut in allen Ländern, trauern,
Doch edler Stolz in unsrem Busen glühet.

Denn bis zur Weltzerstörung Zorngerichte,
Doch in der völkerwägenden Geschichte
Rein, unvermischet unser Zwölfstamm blühet. — —

Vor Kurzem hat die „Kölnische Zeitung" einige noch ungedruckte Briefe Alex. v. Humboldts aus den Jahren 1788—90, die an den im Jahre 1837 in Züllichau, in der Provinz Brandenburg, verstorbenen Superintendenten Wegener gerichtet sind und die ein unschätzbares Material zur Kenntniss der Jünglingsjahre A. v. Humboldts und seines Bruders darbieten, veröffentlicht. Einem dieser Briefe, d. d. Berlin, 12. December 1788 (Kölnische Zeitung, Samstag, 4. September, 1869), entnehmen wir folgende, das Verhältniss der beiden Humboldts zu Mendelssohn charakterisirende Stelle: „— — Auf der Rückreise von Aachen war er (Wilhelm von Humboldt) 5 Tage in Düsseldorf bei Jacobi, der ihn, ohngeachtet dass er ein Berliner ist, so liebgewonnen, dass er ihn nicht fortlassen wollte. Mein Bruder hat darüber und über Jacobi's Streit mit Mendelssohn einen interessanten Brief an Herz" [42] geschrieben, der mit einem anderen an

---

[42] Dr. Marcus Herz. Vgl. das folgende Kapitel. S. 133 ff.

Biester über Stark hier von Hand zu Hand geht.
Ich wollte, ich könnte sie Dir beide schikken.[43]
„Mein Bruder schreibt, nie habe er die Philosophie in
solchem Wohlstande gesehen, als bei Jacobi, nie einen
Mann gesehen, der so ex professo metaphysizirt, als Jacobi.
Den ganzen Tag wird über Substanz, Zeit und Raum ge-
sprochen. Mein Bruder behauptet, man thue Jacobi viel
Unrecht. Man habe ihn nicht gehörig verstanden. Sein
Glaube, worauf er dringt, sei anders, als man denke. —
— —„ Die spinozitische Fehde, die Jacobi damals gegen
Mendelssohn heraufbeschworen und die dem Letzteren
das Leben gekostet,“ beschäftigte, wie wir sehen, auch die
beiden Humboldts sehr lebhaft. — —

Vor vier Jahren hat Herr Dr. Julius Löwenberg
in Berlin („Jahrbuch für Israeliten“, Jahrgang 1865—66)
eine Reihe von Briefen der Brüder Humboldt an David
Friedländer veröffentlicht, die uns einen Einblick in das
Freundschaftsverhältniss des weltberühmten Brüderpaares
mit dem treuesten und eifrigsten Schüler und Anhänger
Mendelssohns gewähren. Herr Löwenberg sagt mit Recht:
mehr als irgend ein anderes, bisher bekannt geworde-
nes Dokument sind diese Briefe des dioscuräischen Brüderpaares Bekenntnisse der Dankbarkeit für die Belehrung
und Bildung, die sie in jüngeren Jahren von jüdischen
Freunden empfangen hatten. Sie sind Beweise dafür, dass
auch ihr späterer freundschaftlicher Verkehr nicht auf
blossen geschäftlichen Verhältnissen allein beruhte, dass
vielmehr gegenseitig das theilnahmvollste, edelste Interesse
an allen Erlebnissen und geistigen Bestrebungen, an allen
wissenschaftlichen Arbeiten gehegt und gepflegt wurde.
Und wie sie der Ausdruck der Verehrung und Zuneigung
sind, die Wilhelm und Alex. von Humboldt während

---

[43] Wir schreiben nach der authentischen Handschrift Humboldts.

[44] Vgl. über diese berühmte Affaire den sehr gediegenen Aufsatz von
Gymnasiallehrer Dr. Bernhard Suphan: „Zu Jacobi's Fehde über den
Spinozismus“, im II. B. IV. Heft, S. 478 ff. der „Zeitschrift für deutsche
Philologie“, herausgegeben von Höpfner und Zacher.

eines langen Lebens, auch in der Sonnenhöhe ihres Welt-
ruhmes, jüdischen Männern und ihren Kindeskindern be-
wahrt und entgegengetragen haben, so sind sie namentlich
auch für uns jüdische Epigonen jener Zeit ein erhebendes
Vermächtniss von ausserordentlichem Werthe.

Bevor wir den, grösstentheils durch den oben genannten
Berliner Forscher mitgetheilten Briefwechsel folgen lassen,
müssen wir über den Adressaten, David Friedländer,
einige Worte vorausschicken.

David Friedländer wurde am 6. December 1750 zu
Königsberg geboren, war also 17 Jahre älter als Wilhelm
und 19 Jahre älter als Alexander v. Humboldt. Grossen
Einfluss auf seine Ausbildung hatte der berühmte Arzt
Marcus Herz, der Gatte der Henriette Herz. In Berlin kam er in Mendelssohns Nähe und dadurch auch in
Berührung mit Teller, Spalding, Engel und anderen
damaligen Notabilitäten. Durch die, von Mendelssohn
angebahnte Reformbewegung hingerissen, war er von einer
wahrhaften Reformmanie besessen und wollte mit dem ganzen
positiven Judenthum ein für alle Mal tabula rasa machen.
Sein grosses Verdienst bleibt es, dass er unseren Glaubens-
brüdern das Bürgerrecht in Preussen auswirkte. Auch als
Schriftsteller war er sehr regsam; wir nennen blos
folgende Bücher: „Reden der Erbauung, gebildeten Israeliten gewidmet" (2 Hefte, Berlin, 1817, 1818); „Moses Mendelssohn, von ihm und über ihn" (Berlin, 1819); „Beitrag
zur Geschichte der Judenverfolgungen im 19. Jahrhundert
durch Schriftsteller", in der Form eines Sendschreibens an
Elise von der Recke, geb. Gräfin Medem, (Berlin 1820) und
die vom Professor Krug herausgegebene Broschüre: „An
die Verehrer, Freunde und Schüler Jerusalems, Spaldings,
Tellers, Herders und Löfflers" (Leipzig, 1823), welche durch
die in Berlin entstandene „Gesellschaft zur Beförderung
des Christenthums unter den Juden" veranlasst worden war.
Der damals in Berlin reichste jüdische Banquier, der bekannte Daniel Itzig, setzte ihn zu seinem Schwiegersohne
ein. Daher ist die Annahme, dass David Friedländer

—. der wahrlich keinen pädagogischen Broderwerb nöthig
hatte! — der Lehrer der Humboldts war, eine irrige;
dies Verhältniss war lediglich durch persönliche, freundschaftliche Zuneigung herbeigeführt und erhalten worden.
Am 1. Oktober 1787 hatten beide Humboldts in Begleitung ihres Hauslehrers, des späteren geh. Staatsraths
Kunth, die Universität Frankfurt a. O. bezogen, wo Friedländer im December die Messe besucht hatte. Auf seine
Abreise beziehen sich die nächsten drei Briefe, die auf
einem Briefbogen geschrieben und von ein und demselben
Datum sind, vom 19. December 1787.

1.

So unerwartet und aus mehr als Einer Ursach schmerzlich mir Ihr schneller Abschied von Frankfurt gewesen ist,
ebenso unerwartet, aber — und das gleichfalls aus mehr
als Einer Ursach —, erfreulich, ist mir Ihr gütiger Brief gewesen. Zwar dürfte ich mit Recht diesen Beweis Ihres
Wohlwollens hoffen; aber wenn ein gewisses Zweifeln bei
einem gewissen Grade der Liebe so natürlich sein soll, warum nicht auch bei einem gewissen Grade der Freundschaft?
Ich will Sie nicht an den Verlust erinnern, den Sie gelit-
ten und den gewiss Ihr Herz tief empfunden hat; aber soll
ich Ihnen auch nicht sagen, wie sehr ich mich freue, Sie
wieder aufgerichtet und so heiter zu sehen? — dass ich
mich dagegen wider dieser allerdings ein wenig verspäte-
ten Antwort nicht entschuldige, das können Sie eher für ein
Zeichen meiner Bescheidenheit, als eines Mangels an gutem
Ton (denn ich bin ja erst 2 Monate in Frankfurt) annehmen. Muss es denn aber doch entschuldigt sein, nun so
bin ich's ja durch die viele Arbeit, die ich habe, genug.
Sagen Sie dies aber Engeln nicht. Seine **Freund-**
schaft vertraute mir schon seit langer Zeit die Oberaufsicht
über die ganze Gelehrsamkeit unseres Landes an, wenn er
nun von dem stupenden Fleiss hört, der auch nicht einmal
zur Antwort auf einen so gütigen Brief in so langer Zeit
ein paar Minuten finden lässt, so wird er nicht mehr wissen,

wozu er mich bestimmen soll, und auf's wenigste einen
Posten für mich schaffen müssen. Lieber sagen Sie ihm so
etwas, das etwa nach dem Gegentheil aussieht. Dann wird
er erkennen, dass ich ihn noch sehr brauche und mir
desto gewisser, wenn ich wieder in Berlin bin, der alte natürliche Freund sein. Um der guten Absicht willen können
Sie schon einmal etwas wider Ihren Charakter thun. Vergessen Sie aber auch nicht, ihm dann desto mehr von meiner
unwandelbaren, dankbaren Liebe gegen ihn zu sagen. So
machen Sie durch eine grosse Wahrheit eine kleine Un-
wahrheit wieder gut.

Die Mysterien und Giebert habe ich erhalten und erstere gelesen. Haben Sie herzlichen Dank dafür. Mein
Urtheil, wenn Ihnen daran liegt, mündlich. Denn jetzt habe
ich nur soviel Platz, dass ich mich Ihnen und Ihres Hauses
freundschaftlichen Andenken empfehlen kann. Den übrigen
hat mein Bruder und Kerr Kunth in Beschlag genommen.

Leben Sie recht wohl, theuerster Freund!

W. Humboldt.

2.

Das jüngste Geschöpf der Familie zu sein, hat einen
Nachtheil für mich, der sich leider bis zu diesem Briefe
äussert. Wäre mir die erste Seite auf diesem Papier zu
Theil geworden, so hätten Sie, mein Bester, wie es in der
unabsehbaren Stufenleiter der Dinge (in der wirklichen
Welt oder nur in den Köpfen der Philosophen?) geht, von
dem Schlechteren zum Besseren fortsteigen können. Aber
mir, als wäre das Fehlerhafte meiner Schreibart nicht auffallend genug, einen traurigen Mittelplatz zu geben, mich
zu einem unseligen Schlagschatten zu gebrauchen, der die
nebenstehenden Gegenstände heben soll, das ist ebenso
unerlaubt, als wenn Sie mir zu meiner satirischen Blumen-
lese Glück wünschen. (Gern wollte ich dergleichen Sammlungen entbehren, würde einem hier der Beitrag nicht von
allen Seiten aufgedrungen.)

Wie unangenehm mir Ihre schnelle Abreise und noch

mehr die traurige Veranlassung dazu gewesen, sage ich Ihnen nicht, da ich von Ihrer Freundschaft hoffen darf, dass Sie mir dergleichen Empfindungen zutrauen. Mit Verlangen sehe ich der künftigen Messe entgegen, weil dann einer meiner wärmsten Wünsche in Erfüllung geht, der Wunsch, Ihnen mündlich zu sagen, wie über Alles schätzbar mir Ihre Liebe und Ihr Andenken ist.

Empfehlen Sie mich Ihrem ganzen Hause und seien Sie versichert, dass der hiesige Aufenthalt, von welcher Seite Sie ihn angreifen mögen, mir nur als ein nothwendiges Uebel erträglich ist.

Ganz der Ihrige

Humboldt der Jüngere.

N. S. Die lyrische Unordnung, welche in diesem Briefe herrscht, schreiben Sie diesmal nicht mir, sondern Herrn Kunth zu, der hinter mir steht und mich zum schnelleren Schreiben ermahnt, ich möchte lieber ein Dummkopf als unordentliches Genie heissen.

Leben Sie nochmals wohl und schliessen Sie mich in das Gebet Rabbi Hillels ein.[45] — —

Kunths' Nachschrift ist ein integrirender Theil dieser Korrespondenz und dürfte nicht ausgelassen werden.

3.

Mit aller Bescheidenheit, womit sich meine Herren Vorgänger, jeder in seiner Art, so viel wissen, haben sie

---

[45] Die letzten Zeilen sind mit jüdischer Kurrentschrift geschrieben, in welcher Henriette Herz beide Brüder unterrichtet hatte; sie schrieben sie vortrefflich und von Beiden sind noch längere Briefe erhalten. Diese Kurrentschrift pflegte namentlich Alexander von Humboldt auch dann zu gebrauchen, wenn er etwas Wichtiges und Geheimnissvolles Einem mitzutheilen hatte und den Wunsch hegte, dass dasselbe kein Anderer lesen möge. So schreibt er z. B. dem oben erwähnten Wegener u. A. (Kölnische Zeitung, Mittwoch, 8. September 1869), dd. Berlin, 27. Februar 1789: „Wer so seinen Posten verwaltet (wie Zöllner, dem kann man ja wohl keine רענקע (Ränke) zur Erlangung desselben verzeihen", u. a. m. Obige Zeilen beziehen sich darauf, das Hillel, ein Zeitgenosse Jesu, in schöner Humanität auch für Heiden und Ungläubige ein gutes Wort hatte. Vergl. auch das Kapitel „Alexander v. Humboldt's Beziehungen zu Jüdinnen." (S. 140. Anmerkung 96.

mir doch einen so kleinen Raum auf diesem Blatt gelassen, dass es mit meiner Zeit und mit der Lust, die ich habe, Ihnen zu schreiben, in einem sehr unrichtigen Verhältniss steht. Dass Sie dabei vielleicht gewonnen, geht mich nichts an. Indess muss ich mich doch schon nach der Decke strecken, und ich bin zufrieden, wenn Sie nicht ganz verkennen, dass das Strecken nicht unverdienstlich ist, da man doch die Freiheit hat, ein zweites Blatt zu nehmen. — Hier haben Sie eine Quittung in forma probatissima für unsern Engel. Hat er jetzt noch Zweifel, nun so zahle ich künftige Messe das Kapital zurück. Für die Zinsen aber müssen Sie sich schon das Vergnügen anrechnen lassen, was Ihnen der lustige Streit gemacht hat. Ich denke, auf die Art sollen sie nicht verlieren. — Der Ueberbringer Dieses ist Herr Albinut, den Sie vielleicht schon hier auf einem Spaziergang kennen gelernt haben. Es ist der Gesellschafter des jungen Grafen Dohna und ist ein herzensbraver Mann. Er benutzt die jetzigen Weihnachtsferien, um Berlin zu sehen. Können Sie dazu beitragen, dass er seinen Zweck erreicht und einen desto angenehmeren Aufenthalt hat, so thun Sie es doch — ich will nicht sagen, weil ich Sie darum bitte, sondern weil er's so sehr verdient. Ein Paar Zeilen, wenn sie auch wieder nur von Engel handeln, können Sie ihm auch wohl an mich zurückgeben. Denn bis zum Wiedersehen ist es leider noch sehr lange hin.

Kunth.

4.

Alexander von Humboldt, „an den jungen Herrn Friedländer, den ältereren."[46]

Berlin, den 10. Juli 1788.

Ihr Herr Vater hatte mir vor wenigen Tagen versprochen, mir die Apostelköpfe von Michel Angelo, zum nachradiren, zu leihen.[47] Da ich soeben vom jungen Mendelssohn erfahre, dass er bereits nach Frankfurt abgereiset ist,· so wende ich mich an Sie, mein Bester, um Sie zu bitten, mir das Kupfer sobald als möglich zu schicken. Der Spinoza von Oeser, den ich bereits kopirt habe, folgt mit dem gehorsamsten Danke zurück. Empfehlen Sie mich Ihrer ehrenswerthen Frau Mutter und Ihrer ganzen übrigen, mir so schätzbaren Familie. Sagen Sie ersterer, dass ich künftigen Montag reise und dass ich mir ein besonderes Vergnügen daraus machen würde, Ihre etwaigen Befehle dahin auszurichten. — Leben Sie wohl, mein Bester!

A. v. Humboldt, der jüngere.

---

[46] Zum Verständniss dieser Adresse diene die genealogische Notiz:

David Friedländer,
geb. in Königsberg 6. Dec. 1750.
gest. in Berlin 25. Dec. 1834.

Benoni,	Moses,
geb. 4. Juni 1773.	geb. 20. August 1774.
gest. 17. Januar 1858.	gest. 24. Februar 1840.

Von seinen Söhnen lebten in Berlin: der älteste als Geh. Ober-Justizrath, der zweite als Geh. Archivrath, der dritte als Direktorial-Assistent im Münzkabinet des königlichen Museums.

Kinderlos.

[47] Al. v. Humboldt war auch in den schönen Künsten schon früh wohlgebildet. Bereits 1780 führt der Katalog der ersten Kunstausstellung der Berliner Akademie unter der Abtheilung Liebhaber auf: „No. 290 Herr v. Humboldt der jüngere: Die Freundschaft weint über der Asche eines Verstorbenen; mit schwarzer Kreide gezeichnet nach Angelika Kaufmann." Von seinen hier erwähnten Radirungen besitzt Herr Dr. J. Löwenberg zwei Köpfe nach Raphael und Rembrandt mit radirten Inschriften: „A. v. Humboldt fecit aqua forti 1788."

5.

Burgörnes, 7. August 1791.[48]

Seit einigen Wochen, lieber Friedländer, bin ich nun
in der Lage, in der ich jetzt für's erste bleiben werde, und
ich eile, Ihnen ein paar Worte, über meine Art zu leben,
zu sagen.

Wie wenig Sie auch mit meinen letzten Schritten, und
besonders mit dem zufrieden waren, der mich von Berlin
und den Geschäften entfernte, so werden Sie doch, darf ich
hoffen, nicht aufhören, an mir und meinen ferneren Schick-
salen einen freundschaftlichen Antheil zu nehmen.

Ich lebe, wie Sie schon aus meinen Plänen wissen, und
aus der Ueberschrift dieses Briefes sehen, auf dem Lande,
an dem schwer auszusprechenden Orte (Burg-ör-nes), und
mein Leben ist so einfach, dass es Ihnen nicht schwer sein
wird, sich ein lebhaftes Bild davon zu entwerfen. Beschäftigung mit den Studien, die mir immer die liebsten waren,
und Unterhaltung mit auswärtigen Freunden, die ich bei
meiner vorigen Lebensart fast ganz hatte vernachlässigen
müssen, wechseln mit Spaziergängen und meinem höchst an-
genehmen häuslichen Umgange ab. So verfliesst ein Tag
nach dem andern, und ein Jeder giebt mir ein stilles, aber
sehr genügendes Glück. Für mich ist der Kreis, in dem
ich jetzt lebe, der angenehmste; es ist der, den ich am
besten auszufüllen vermag, und sollte es nicht wichtiger sein,
seinen Kreis — wie gross oder klein — auszufüllen, als
gerade diesen oder jenen zu haben? fühle ich je mehr Kräfte

---

[48] Angewiedert von der Misère des damaligen preussischen Staatsdiens-
tes, und in dem frischen Glück seiner im Juli 1791 mit Karoline von
Dachröden geschlossenen Verbindung hatte sich Wilhelm v. Humboldt
auf die Güter seiner Gemahlin in Thüringen zurückgezogen, um sich hier
ungestört dem Drange nach allseitiger wissenschaftlicher Durchbildung hin-
geben zu können. Die befreundeten Koryphäen des Weimar-Jenaischen Kreises
waren nahe, und alsbald begannen „die heiteren Tage des ersten Zusammen-
lebens in Jena.“ —
    Der folgende Brief aus Doro's „Denkschriften und Briefe“, IV,
42—44.

als dieser Kreis fordert, nun so findet sich vielleicht auch ein grösserer. Allein schwerlich wird das je der Fall sein. Je mehr man schon thut, desto mehr sieht man zu thun vor sich. Die intensive Grösse ist gerade diejenige, welche man nie erschöpft und dennoch, wie sonderbar, suchen die meisten Menschen immer die extensive, als wären sie mit jener schon fertig. Statt zu fragen, wie viel an dem Zweck, an dem sie sind, noch zu thun ist, eilen sie schon nach dem andern hin. Wie dies, wie mir scheint, den Geist nothwendig zerstreut, so muss er bei seinem Verweilen an Tiefe und Stärke gewinnen, und ich gestehe Ihnen gerne, dass ich für diesen Gewinn allein Sinn habe; doch nun genug davon.

Wie geht es Ihnen, mein theurer Freund? Was macht Ihre vortreffliche Familie? Ihre lieben Söhne? Sagen Sie mir bald ein Wort davon. Wenn ich mich je mehr mit politischen Dingen beschäftigt hätte, so wäre ein Langes und Breites über die Stunden zu schwatzen, die rund um Einen vorgehen. Hätte Jemand vor zwanzig Jahren diese Dinge geweissagt, so hätte man ihn verlacht. Nach dieser Analogie zu schliessen, wer weiss, was noch zu erwarten steht. Dergleichen Erfahrungen, dünkt mich, sollten die Leute doch klug machen, und sie nicht so auf Begebenheiten vertrauen lassen. Wie viel Gutes hat man von Frankreichs Revolution geweissagt? Wie nah ist jetzt wieder Alles dem Untergang. Wie viel von der Aufklärung, die auf Friedrichs Zeitalter folgen würde? Hierauf ersparen Sie mir hoffentlich die Antwort. Die Nutzanwendung hiervon ist wohl die, dass man jede Begebenheit und jedes Zeitalter wie eine nützliche und erbauliche Geschichte ansieht, sich daraus nimmt, was gut und heilsam ist, das Uebrige als Hülse betrachtet, und nur jenen inneren Ideengesetze vertraut.

Verzeihen Sie dies lange Geschwätz, mein Bester. Empfehlen Sie mich den Ihrigen auf's Freundschaftlichste und schreiben Sie mir bald. Es ist ja ein Wort, das Sie in die Wüste sagen. Leben Sie wohl! Ewig Ihr

Wilhelm Humboldt.

6.

Madrid, den 11. April 1799 in Eile.

Mein theurer, verehrungswürdiger Freund! Indem ich
Ihnen meinen innigsten Dank für den, mir durch Herrn
Tanner u. Comp. bei dem Marquis und Staatsrath Yranda
verschafften Credit abstattete, eile ich Ihnen zu melden, dass
ich mir heute bereits die ganze Summe von 20,000 livres
tournois = 30,000 reaux de vaillon habe auszahlen lassen.

Der vortheilhafte Einkauf mexikanischer Anweisungen
(auf die ich 25—39 pr. Cent gewinne) machte diese Zahlung
nothwendig. Unser Freund Kunth wird die Erstattung
schon mit Ihnen verabreden. Yranda ist einer der ausgezeichnetsten Menschen, die ich kenne. Er hat mich ungemein lieb gewonnen und da Anstand, Politik, Ansehen,
Verwandte (die Orelli, Lascassas, Gardoqui . . . .) und unge-
heurer Reichthum ihm Einfluss in beiden Indien verschaffen,
so ist mir seine Freundschaft unendlich wichtig geworden.
Da mir durch die persönliche Gunst beider katholischen
Majestäten die ganze neue Welt eröffnet worden ist, und
man bei so einer Reise nicht vorsichtig genug sein kann,
so habe ich unseren Freund Kunth um einen neuen Kredit von 20,000 livres auf Madrid gebeten. Ich sehe im
Voraus, dass Sie die Last dieses Geschäftes von neuem
übernehmen und empfehle mich deshalb von neuem Ihrer
unerschöpflichen Güte. Der Kredit auf Yranda wäre
mir wieder der liebste.

Ich denke Mitte Mai von hier abzugehen und mich den
2. Junius in Corunna nach der Havanna einzuschiffen.
Mein grosser Apparat von chemischen, physikalischen und
astronomischen Instrumenten begleitet mich. Werfen Sie
einen Blick auf den Welttheil, den ich von Californien an
bis zum Patagonenlande zu durchlaufen (messen und zerlegen) gedenke, welch' ein Genuss in dieser wunderbar
grossen und neuen Natur! So unabhängig, so frohen Sinnes,
so regsamen Gemüthes hat wohl nie ein Mensch sich jener
Zone genähert. Ich werde Pflanzen und Thiere sammeln,

die Wärme, die Elasticität, den magnetischen und elektrischen Gehalt der Atmosphäre untersuchen, sie zerlegen, geographische Längen und Breiten bestimmen, Berge messen — aber dies Alles ist nicht der Zweck meiner Reise.

Mein eigentlicher, einziger Zweck ist das Zusammen- und 'Ineinanderwirken aller Naturkräfte, zu untersuchen, den Einfluss der todten Natur auf die belebte Thier- und Pflanzenschöpfung. Diesem Zwecke gemäss habe ich mich in allen Erfahrungskenntnissen umsehen müssen. Daher die Klagen Derer, welche nicht wissen, was ich treibe, dass ich mich mit zu vielen Dingen zugleich abgebe. Wir haben Botaniker, Mineralogen, aber keine Physiker, wie ihn die sylva sylvarum erheischt. Ich weiss wohl, dass ich meinem grossen Werk „über die Natur" nicht gewachsen bin, aber dieses ewige Treiben in mir (als wären es 10,000 Säue) wird mir durch die stete Richtung nach etwas Grossem und Bleibendem erhalten. Das schreibe ich, weil es mir so wichtig ist, von einem Freunde, wie Sie, verstanden zu werden. Vielleicht begünstigt das Schicksal meine Pläne. Für die gescheiterte Weltumseglung mit Baudin kann ich Ersatz fordern. Machen Sie mein Andenken bei unserem Herz (Mann und Weib), Veits, Biester und Zöllner lebendig und glauben Sie, dass mir in meinem deutschen, ewig theuren, nie fremden Vaterlande wenige Personen so theuer und werth sind als Sie.

Alexander Humboldt.[48]

---

[48] An dieser Stelle verdient eine Notiz erneuert zu werden, die Biester in der „Neuen Berliner Monatsschrift" VI. 192 gegeben hatte. Sie lautet Von Barcellona aus hatte v. Humboldt einem Freunde in Berlin (Kunth) aufgetragen, ihm von hier einen Kreditbrief auf ein solides Haus in Madrid zu schicken, aber ohne irgend eine Vermittelung eines dritten, am allerwenigsten Pariser Banquiers, deren Kredit gerade damals durch die Caisse des comptes courants erschüttert war. — Der Freund wandte sich sofort an ein Berliner Handlungshaus, und erbot sich, im Falle der Name des Herrn v. Humboldt für keine so hinlängliche Bürgschaft erachtet würde, beim Empfang des Kreditbriefes den Belauf der Summa in preussischen Staatspapieren pfandweise zu entrichten, mit dem Vorbehalt, nach einigen Tagen ein anderes Abkommen zur Sicherstellung zu treffen. Wider alles Erwarten

7.

Madrid, 16. December 1799.[49]

Ich bin seit etwa drittehalb Monaten in Spanien, mein
lieber Freund, und fange an, mich ein wenig an diese fremden Sitten, die fast in allen Dingen von den französischen
abweichen, zu gewöhnen. Ich bin sehr beschäftigt, da ich
nur wenige Monate darin zu bleiben und doch den grössten

erfolgte wenige Stunden vor dem Abgang der Post eine ablehnende Antwort.
„Man könne sich auf die Geschäfte nicht eher einlassen, als bis man das
angebotene Pfand geprüft habe." Dann fand sich denn glücklich ein anderes
Mittel in der Gefälligkeit, Pünktlichkeit und Solidität des Hauses Mendels-
sohn u. Friedländer (die Societät von Joseph Mendelssohn und
Benoni Friedländer, die indess nur wenige Jahre bestanden), und wie
es sich von selbst versteht, ohne dass es hier einer Bürgschaft oder eines
Unterpfandes bedurfte. H. v. Humboldt ward sofort über Hamburg bei
einem der ersten Banquiers in Madrid, bei dem Marquis d'Iranda in Firma
Simon d'Arragori akkredirt. Der 75jährige Marquis, der persönlich an den
Geschäften nicht mehr Theil nahm, überhäufte v. Humboldt mit Beweisen von Liebe und Wohlwollen, leistete einen Theil seiner Einrichtungen, besorgte die Wechsel auf Amerika auf das Vortrefflichste, zahlte später noch
verschiedene Anweisungen auf sich und zwar selbst ohne die gewöhnlichste
Geschäftsprovision. W. Humboldt selbst schrieb von ihm am 4. April
1799:
„Le Marquis d'Iranda est un des hommes les plus distingués de l'Eu-
rope. Il m'aine comme un père, et fera tout pour moi."

[49] Im Spätsommer 1799 hatte auch Wilhelm v. Humboldt mit
seiner Familie eine Reise von Paris aus nach Spanien unternommen, von wo
Alex. v. Humboldt im Juni desselben Jahres seine ruhmreiche Reise nach
Amerika angetreten hatte. Ueber Bayonne, St. Jean de Luz, durch die bis-
kayschen Landschaften Guipuzcoa und Alava, längs den Ufern des Ebro,
durch die dürren Hochebenen Kastiliens eilte er nach Madrid, wo die
Bibliotheken, Gemäldesammlungen ihn fast drei Monate anzogen. Von
Madrid gings nach Kadix, dann wieder nordwärts durch das alte Baetika,
über Sevilla, durch die Sierra Morena zu den herrlichen Fluren von Valencia,
den Trümmern von Sagunt, nach Barcelona, dem Montserrat und endlich
durch Katalonien und die Pyrenäen nach Paris, das Ende April wieder erreicht
wurde. — Das herrliche Gedicht „In der Sierra Morena", das klassische
Werk „über die Urbewohner Hispaniens und die baskische Sprache" waren
ausser mehreren Schilderungen, die später in seine gesammelten Werke aufgenommen wurden, die literarische Frucht dieser Reise. Den folgenden Brief
publicirte Dr. Löwenberg in Oppenheim's „deutsche Jahrbücher", VIII.
450, zum ersten Male.

Theil des Landes zu durchreisen gedenke, und das allein hat mich abgehalten, Ihnen früher zu schreiben. Meine jetzige Reise ist zwar ziemlich schnell gewesen, ich habe nirgends lang verweilt und werde es auch nicht, aber es ist mir darum vielleicht nur noch interessanter gewesen, zwei Nationen, die bei erstaunlicher Verschiedenheit doch manche Verwandtschaft durch Abstammung, Sprache und Himmelsstrich besitzen, in den manigfaltigen Abstufungen der Verschiedenheit in den einzelnen Provinzen so schnell hintereinander zu sehen, dass der frühere Eindruck noch völlig frisch war, wenn ich den zweiten empfing; und noch mehr wird dies bei der Reise durch das mittägliche Spanien der Fall sein.

Ungeachtet ·meines kurzen Aufenthaltes in Spanien (denn ich glaube nicht, dass diese Kürze die Ursache davon ist) habe ich die Spanier sehr lieb gewonnen. Man könnte sie vielleicht die Deutschen des Südens nennen; wenigstens ist mir die Mischung mittäglicher Lebhaftigkeit mit nordischer Bedachtsamkeit, Offenheit und selbst Gründlichkeit im Studium und Arbeiten als das am meisten Auffallende ihrem Chárakter erschienen. Freilich aber habe ich auch bis jetzt nur die Kastilianer gesehen, und auf sie muss diese Charakteristik· natürlich mehr passen, als auf den heftigen Andalusier und den verschlagenen Valencianer. Denn auch das ist eine Eigenthümlichkeit Spaniens, die ich wenigstens nicht in Deutschland in gleichem Grade, und gar nicht in Frankreich fand, dass der Nationalcharakter der verschiedenen Provinzen auffallend verschieden ist und dass sie sich unter einander, wenn nicht hassen, doch wenigstens verachten. In jeder Provinz wird dem Fremden mehr oder minder deutlich zu verstehen gegeben, dass er Menschen wie hier nicht leicht in der angrenzenden Provinz finden würde. In einer Stadt in Biscaya redete mich ein ganz unbekannter Mensch auf der Strasse ausdrücklich an, um mich zu fragen, wie mir die Biscayer gefielen, und als ich sie lobte, setzte er hinzu: „in Kastilien werden Sie es nicht so finden"; und im Theater in Madrid, als das

Volk in einem sehr empfindsamen Stück oft lachte, sagte
mir ein Andalusier, der neben mir sass: „Die Barbaren,
wenn Sie das Publikum in meiner Stadt, in Cadix, sähen!"
— und so wird es unstreitig weiter gehen. Die Valencianer scheinen ziemlich allgemein in dem Ruf der Ver-
schlagenheit, des Eigennutzes und selbst des Geizes zu
stehen. Die Ursache davon ist leicht aufzufinden. Die
Valencianer sind die industriösesten unter den Spaniern,
arbeitsam, thätig und erfinderisch in den Mitteln, ihre
Zwecke zu erreichen. Der Kastilianer aber ist im Ganzen
träge, aber vielleicht auch von einem edleren Stolz. Dieser
Gegensatz muss natürlich dieses Urtheil über den Charakter der Valencianer hervorbringen und zum Theil selbst
wahr machen. Auch gehören die Valencianer schon zu
einem anderen Stamme, als die übrigen Spanier. Sie haben
ihre eigene, mit der Tolasanischen sehr übereinkommende
Mundart, und in Valencia haben sich mehr, als sonst
irgendwo, französische Familien angesetzt und Manufakturen angelegt.

Wenn ich indess zwischen Deutschen und Spaniern
eine Aehnlichkeit finde, so denke ich nicht gerade an das
nördliche, schon höher kultivirte Deutschland, sondern mehr
an das mittlere, besonders Franken und Schwaben. Das
Alterthümliche im äusseren Aussehen der Städte, in der
Tracht, den Sitten, was man dort, vorzüglich in den Reichs-
städten, antrifft, das ist ganz und gar noch in Spanien zu
Hause. Der Unterschied, der zwischen beiden Charakteren
noch obwaltet, mag ungefähr derselbe sein, der zwischen
dem deutschen: ehrbar und dem spanischen: honrado ist.
Dies nämlich ist das Beiwort, das der gewöhnliche Kastilianer sich am liebsten giebt, und ich wüsste es durch
keinen deutschen Ausdruck zu übersetzen. Ehrbar is zu
schlicht und zu bürgerlich dafür, denn es führt noch einen
stärkeren Begriff von eigentlichem Ehrgefühl, point d'honneur, mit sich und ist edel genug, auch in der Poesie gebraucht zu werden; und edel drückt bei uns eine feinere
Ausbildung des Gefühls aus, die diesem spanischen Wort

ganz fremd ist. Und ebenso nun, sage ich, wie dieses honrado eine Stufe über unserem ehrbar steht, ebenso ist auch in dem Charakter auch des gewöhnlichen Kastilianers etwas, wenn nicht gerade Höheres, aber doch Lebhafteres, Glänzenderes, als in dem Deutschen der eben bezeichneten Provinzen und Klassen.

Ueberhaupt aber kenne ich kaum eine bessere Vorbereitung zum Studium des Mittelalters, als eine Reise.durch Spanien. In der That glaubt man mit dem Eintritt in Kastilien um 200 Jahre zurückversetzt zu sein. Ich sage dies nicht sowohl zum Tadel Spaniens, nicht als wäre hier noch Alles Dunkelheit und Barbarei (das ist gar nicht der Fall), ich denke dabei vielmehr an andere eher schätzenswerthe Seiten jener entfernteren Jahrhunderte, an eine gewisse Naivetät und Freimüthigkeit, an eine Schlichtheit und Einfachheit des Charakters, wie sie bei uns nicht mehr, oder schöner und edler gefunden wird. Es ist schwer, dies mit einzelnen Beispielen zu belegen, aber ich wünschte, Sie wären nur drei Tage mit mir, und tausend kleinere und grössere Eigenthümlichkeiten in den Sitten würden dies Ihnen bestätigen.

Ein grosser Beleg dazu ist die Art des Umgang unter den verschiedenen Ständen. Dieser Unterschied ist an sich so gross, wie er nur sein kann; die ersten Granden beugen ihre Kniee, so oft sie dem König den Becher zum Trinken reichen, die Granden selbst sehen sich in ihren Herrschaften wie kleine Könige an u. s. f., aber im Umgange verschwindet dieser Unterschied ganz. Die Königin wird wie die Bettelfrau Senora genannt, der König ebenso Senor, und es ist überall eine Gleichheit und Freiheit im Umgange, die nach unseren Sitten leicht Rohheit scheinen könnte und zum Theil auch ist. Im Deutschen, Französischen und Englischen ist die Sprache der feinen Gesellschaft von der einer roheren oder vertrauteren verschieden, und man erkennt leicht einen Fremden, der diese Nuançen nicht immer weiss. In Spanien spricht der Landmann wie der Grande, und, grobe Schimpfwörter ausgenommen, ist kein Unterschied. Nichts ist so gewöhnlich, als in der besten Gesellschaft einen Mann zum anderen, z. B. beim Verwundern über etwas oder bei ähnlichen Vorfällen, sagen zu hören: Aber, Mensch (hombre), wie kann dies sein? und ebenso wird eine Frau kurzweg Frau und ein Mädchen Mädchen genannt.

Noch alterthümlicher ist, was man auch in den grössten Häusern von Equipagen, Ameublements u. s. f. sieht. Immer Pracht, z. B. massiv silberne Kohlenbecken (da man hier fast gar keine Kamine hat), eine Menge schlecht gehaltener Bedienten und fast nirgends geschmackvolle Bequemlichkeit. Mehr als einmal ist es mir vorgekommen, auf einer ganz weissen Kalkwand einen schönen Titian, Guido oder Giordano zu finden, der freilich mehr werth war, als das ganze Ameublement eines französischen oder englischen Hauses. Leider ist, wenigstens in Madrid nicht, die schöne Einfachheit der Sitten, am wenigsten die Tugend der Damen, wie in der Ritterzeit, vielmehr sind die Sitten verderbt und die Rohheit im Umgange beider Geschlechter (und vielmehr gerade und vielleicht nur da) in den höheren Ständen ungeheuer.

Ich habe gerade diese Stände, soviel ich konnte, vermieden. Die sogenannten feinen, gebildeten Spanier, die andere Länder gesehen haben, haben mich nicht am meisten interessirt. Es sind einzelne sehr schätzbare Männer darunter, aber im Ganzen findet man in dieser Klasse auf's Höchste, was man in Frankreich und bei uns täglich siehet, und lernt die spanische Individualität schlecht oder gar nicht kennen, denn die meisten dieser Klasse kennen ihr Vaterland schlecht und achten es noch weniger. Ich bin am liebsten mit der Mittelklasse (zu der denn natürlich auch die meisten Gelehrten gehören) und mit diesem umgegangen, die so erzspanisch sind, dass sie nicht einmal eine andere Sprache geläufig reden. Und in dieser Klasse habe ich viel wahre Aufklärung und viel eigenes Nachdenken gefunden. Nur muss man nie die Schwierigkeit vergessen, die diese Menschen zu überwinden haben, und

6*

Grade der Aufklärung zu unterscheiden wissen, da man nicht Alles auf einmal fordern kann. Dies nicht zu thun, macht, dass die französischen Reisenden gewöhnlich das entgegengesetzte Urtheil fällen.

Die Quelle aller oder doch der meisten Vorurtheile ist natürlich nur die Religion, und da geht nun die Aufklärung sehr mannigfaltige Stufen durch. Einige bestreiten mit wahrem Aufklärer-Eifer vorgebliche Wunder und Heiligenheiten, nicht um überhaupt gegen die Wunder zu reden, sondern um die, die sie für die wahren halten, desto besser zu retten; Andere sind noch, was in Frankreich und Deutschland fast unerhört ist, ausgemachte Jansenisten; Viele sind religiös ohne bigott zu sein u. s. f. Aber zwei, wie es mir scheint, sehr offenbare Symptome einer beginnenden und mehr als beginnenden Aufklärung habe ich sehr allgemein gefunden: Hass gegen den Druck der Inquisition, und eigenes Nachdenken über die Gegenstände der religiösen Tradition. Wie weit nun dieses Vorrücken des Nachdenkens zur Wahrheit ist, hängt natürlich von der Verschiedenheit der Individuen ab.

Die Inquisition verbrennt keinen Ketzer mehr, aber sie thut darum jetzt gleich grossen Schaden, als jemals. Sie hindert die Circulation guter ausländischer Schriften, noch mehr das eigene freimüthige Schreiben und die Verbesserung der Erziehungsanstalten. Zwar fehlt es, trotz ihrem Verbote, nicht an sogar sehr leichten Gelegenheiten, sich ausländische, d. h. französische Bücher zu verschaffen; aber weil es nicht offen und frei geschehen darf, und vor Allem, weil man von seiner eigenen Arbeit keinen öffentlichen Gebrauch machen kann, so bringt dies eine allgemeine Muthlosigkeii oder Indignation hervor, und so arbeiten die meisten Gelehrten nichts oder in Fächern, durch welche die philosophische Kultur nicht gewinnen kann.

Die Erziehungsanstalten sind überaus elend. Glauben Sie, dass es in irgend einer der fünfzehn oder mehr Universitäten, die in Spanien geben mag, nur einen einzigen Professor der Geschichte gäbe? Dass überhaupt Geschichte,

Geographie, Statistik u. s. f. nur irgendwo und irgendwann gelehrt würde? Man lehrt in den untern Schulen schlechterdings nichts als Religion, Lesen, etwas Rechnen und Schreiben (dies letztere aber sehr gut), in den folgenden, die unseren Gymnasien entsprechen, schlecht Lateinisch, auf den Universitäten eine scholastische Metaphysik, Theologie (eigentlich nur Dogmatik, an Bibelerklärung und Kirchengeschichte ist nicht zu denken) und Jurisprudenz. Alles Uebrige (die Medizin ausgenommen, für die besondere Anstalten vorhanden sind) muss Jeder für sich lernen. Dennoch muss er, ohne es ändern zu können, blos mit den Universitätsstudien sechs bis acht Jahre verderben und kann also erst nach dem zwanzigsten Jahre zu lernen anfangen, was bei uns die Kinder wissen. Dennoch habe ich selbst einige wirklich gelehrte Leute gefunden, diese aber verdanken es blos einem eigenen mühseligen Studieren. Was bei dieser Lage der Sache am meisten zurück sein muss, ist, wie Sie selbst sehen, Philosophie und Kenntniss der alten Sprachen. In der Chemie und Mineralogie hat man angefangen seit einigen Jahren, Fortschritte zu machen, die Botanik wird und vielleicht unter allen Wissenschaften am besten betrieben, die übrigen Theile der Naturgeschichte aber so gut als gar nicht. In der Statistik und den Finanzwissenschaften haben seit Cubarras und Kompamanes einzelne Menschen einige Fortschritte gemacht; indess ist die Statistik so zurück, dass z. B. die Bevölkerung Spaniens nur von 1787 mit einiger Gewissheit angegeben werden kann. Am meisten arbeitet man noch für die Geschichte, indess auch das auf welche Weise! Man durchsucht Archive, schreibt Diplome ab, häuft Materialien, allein auf eine Weise, die es dem künftigen Bearbeiter eher erschweren als erleichtern müsste. Beurtheilte man also die wissenschaftliche Fortschritte der Spanier nach den jährlich erscheinenden Büchern, so würde das Urtheil ziemlich ungünstig ausfallen. Aber es ist gewiss, dass man nur Freiheit zu geben brauchte, um auf einmal viele und gute Produkte zu erhalten. Denn wenn jeder Schriftsteller über seinem Werk ist, so ist es der spanische in doppeltem Grade.

Die schöne Literatur hat vielleicht noch das Meiste aufzuweisen, was sich mit den Produkten des Auslands messen kann. Unter den Dichtern habe ich zwei kennen gelernt, deren Umgang und Freundschaft mir in jedem anderen Lande sehr schätzbar sein würde, Menschen von edlem und gefühlvollem Charakter, frei von jeder Art des Vorurtheils und mit wahrem, anspruchslosem Eifer bloss für die Kunst arbeitend. Von dem Einen besitze ich in der That eine sehr gute Composition, eine Ode an das Meer, mit der ich Sie künftig näher bekannt zu machen gedenke. Was aber in der spanischen Dichtkunst auffallend ist, ist der Mangel an Sentimentalität. Nehmen Sie wenige Stellen aus, und alle älteren spanischen Dichter sind voll lodernden Feuers der Phantasie, aber eiskalt für das Herz. Selbst die französischen des sechzehnten Jahrhunderts, die ihnen offenbar an Poesie nachstehen, haben einen grösseren Gehalt für die Empfindung. In den neueren ist etwas mehr, aber auch nur wenig.

Die spanische Nation hat gewiss ausserordentliche Anlagen, einen äusserst geraden und gesunden Verstand. Sie glauben nicht, wie bestimmt und klar auch der gemeine Spanier sich ausdrückt, und wie gut er seine Sprache kennt und wie rein er sie spricht. Es giebt, das einzige Galizien ausgenommen, gar kein Patois in Spanien — und ausserdem eine natürliche Anlage zum Witz, die jedem Fremden auffallend sein muss, weil man sich die Spanier gewöhnlich so gravitätisch und ernst denkt.

Was aber Spanien, auch wenn man vollkommene Freiheit gäbe, sehr schaden würde, ist seine geographische Lage, durch die es vom ganzen übrigen Europa getrennt, nur mit Frankreich verbunden ist. Der Nachtheil des einseitigen Einflusses der französischen Literatur ist offenbar. Zwischen Franzosen und Spaniern kann keine aufrichtige, auf Gefühl und Gleichheit gegründete Gemeinschaft sein. Die Franzosen müssen die Spanier, die sich nicht selbst französirt haben, verachten und thun es redlich. Auch scheinen wirklich alle, die ich in Spanien gesehen habe, da zu sein, um immer zu wiederholen: ah! le mauvais pays que l'Espagne!

In der Art, wie die Franzosen, können die Spanier nie glänzen, in dieser müssen sie ihnen ewig nachstehen. Und übrigens ist die französische Kultur fast, wie ihre Revolution, bloss niederreissend; wo sie selbst in der Philosophie aufbauen wollen, gelingt es nur wenig. Sollte Spanien Fortschritte machen, so wäre es durch gründlichere Gelehrsamkeit, durch freies, aber gründliches Nachdenken, und nur dadurch müsste ein Vorurtheil nach dem andern zerstört, nicht aber alle auf einmal durch den Machtspruch, dass man keine haben müsste, unterdrückt werden, was eigentlich der Schlüssel der allgemeinen französischen Kultur ist. Dazu könnte den Spaniern nur englische und deutsche Literatur helfen, aber selbst die Kenntniss der ersteren ist selten, die letztere ist nur durch französische Uebersetzungen bekannt.

Aber es ist Zeit, liebster Freund, dass ich schliesse, sonst bekommen Sie eine ganze Abhandlung über ein Land, das für Sie nur wenig Interesse haben kann. Denn man muss wirklich durch besondere Absichten höher geführt oder durch den Zufall bergan geschleudert sein, wie ich, um sich gerade für dies Ende Europas zu interessiren. Indess müssen Sie mir verzeihen, mein Lieber, dass ich von dem rede, was mir jetzt beständig durch den Kopf geht, und auch Sie, denke ich, nehmen freundschaftlichen Antheil an dem, womit ich mich beschäftige.

Herzlich, mein theurer Freund, freue ich mich, nun nicht mehr lange von Ihnen und meinen übrigen Freunden in Berlin entfernt zu sein. Es ist gewiss ein recht wahres und offenherziges Geständniss, wenn ich Ihnen sage, dass ich in Frankreich und hier nur gerne gewesen bin, weil ich das Interesse eines beobachtenden Fremden nie verloren habe. Gern werde ich je schwerlich ausser Deutschland sein, ich bin einmal echt deutsch und es giebt wenig

Amalgamation zwischen mir und einem Ausländer. Aber ich glaube mit Grund sagen zu können, dass ich meine Reise für meine individuelle Bildung benutzt habe, und wenn ich, wie nun mein Plan ist, jetzt mich in Berlin und Tegel etablire, so hoffe ich, mich desto nützlicher beschäftigen zu können.

Sie werden schon vor mehreren Monaten, mein Theurer, ein Exemplar meiner Schrift bekommen haben; Sie können vielleicht im fünften Stück der Propyläen einen Aufsatz von mir über die französische tragische Bühne gelesen haben. Hätten Sie einmal einen Augenblick Zeit, so thäten Sie mir einen grossen Gefallen, mir zu sagen, ob diese beiden Dinge Ihren Erwartungen mehr entsprochen haben, als was Sie bisher von mir sahen. Ich glaube zwar, dass wir über manche Punkte, besonders in der grossen Schrift, leicht sehr verschiedener Meinung sein können, aber ich wünschte nur zu wissen, ob Sie mehr Klarheit und Bestimmtheit und mehr Methode des Styls gefunden haben? Sollten Sie mich auch für eine Partei eingenommen glauben, der Sie nicht günstig sind, und sollte ich es wirklich sein, so müssen Sie mich nicht für inkurabel halten. Ich erkenne gleichfalls die Fehler, in die diese verfällt, und es liegt mir ebenso viel oder mehr noch daran, diese zu vermeiden, als mich den Vorzügen, die ich auf dieser Seite zu bemerken glaube, zu nähern. Sogar mag mich reiferes Nachdenken und Vergleichung mehrerer Literaturen noch mehr jetzt zu dieser billigeren Gesinnung geführt haben, als ich sie sonst hatte.

Grüssen Sie, liebster Freund, Alle, die sich meiner erinnern, recht herzlich von mir, besonders Herz, Selle und Zöllner. Dem Ersteren besonders bitte ich Sie, zu sagen, wie sehr ich mich freue, bald wieder ihm näher zu sein. Ich habe neulich seiner Frau geschrieben und werde es nächstens auch ihm selber thun. Wenn Sie mir die Freundschaft erzeigen wollen, mir zu schreiben, so sagen Sie mir doch etwas von Engel. Ich setze voraus, dass Sie in fortdauernder Verbindung mit ihm sind, sagen Sie ihm, wie

ich immer mit gleich herzlicher Dankbarkeit und Liebe
seiner gedenke und wie innig ich mich freuen würde, zu
hören, dass auch er sich noch manchmal meiner erinnert.
Sagen Sie mir auch besonders von seiner Gesundheit und
was seine Augen machen. Ich habe nicht Zeit, heute
Kunth zu schreiben. Entschuldigen Sie mich bei ihm.
Von Alexander habe ich einen neuen Brief von Anfangs
Oktober gehabt. Er war noch in Cumana, hatte aber eine
interessante Reise ins Gebirge gemacht, auf der sein Reise-
gefährte, ein Wundarzt[50], eine Frau aus einem indianischen
Stamm, die im Gebären von den indianischen Geburts-
helfern entsetzlich gemisshandelt worden war, glücklich
accouchirt hat.

Wegen meiner Geldangelegenheiten sage ich Ihnen
durch Herrn Tanner einige Worte. Ich danke Ihnen herzlich für die Mühe, die Sie deshalb haben. Herr Tanner
hat mich überall sehr gut adressirt und besonders bin ich
Ihnen verbunden, dass Sie mich an ein Haus gewiesen
haben, das mitten unter den fürchterlichsten Banquerotten
in Hamburg felsenfest gestanden hat. In Madrid hätte es
mir unangenehm ergehen können. Mallet in Paris hat mich
an ein gutes Haus, Camps & Comp., adressirt, und dies
Haus hat fallirt. Glücklicher Weise hatte ich einen
direkten Kredit von Herrn Tanner an den Marquis Yranda.

Leben Sie jetzt herrlich wohl! Empfehlen Sie mich
Ihrer Frau Gemahlin und Ihren Söhnen und behalten Sie
in liebevollem Andenken Ihren

Wilhelm Humboldt.

8.

Verehrungswürdiger Freund!

Paris, 16. Februar 1805.

Sie zürnen mit Recht, dass ich Ihnen so lange kein
Zeichen des Lebens gegeben habe. In der That muss ich

---

[50] Bonpland.

es am meisten bedauern, dass meine Lage es hinderte,
selbst mit Denen einen fortgesetzten Briefwechsel zu unterhalten, welchen ich, wie Ihnen, so viele Güte und Freundschaft danke. In den ersten Wochen nach meiner Ankunft
in Europa schrieb ich Ihnen oder vielmehr unserem gemeinschaftlichen Freunde Herrn Mendelssohn. Ich hoffe,
dass Ihnen dieser Brief in Händen gekommen ist und ich
wiederhole heute gern, wenn ich schon an die zahlreichen
Beweise Ihrer uneigennützigsten aufopfernden Gewogenheit
für mich gewöhnt bin, die bereitwillige Schnelligkeit, mit
der Sie, selbst unaufgefordert, überall meinen Geldkredit
erhalten haben, ist mir unendlich wichtig gewesen, und Sie
können selbst nicht berechnen, wie nützlich Sie mir gewesen sind. Es ist mir ein unangenehmer Gedanke, Ihnen
dies Alles schuldig zu sein. Er versetzt mich unwillkürlich in jene frühere Epoche meines Lebens, wo es ein
grosser Genuss für mich war, Ihr väterliches Haus besuchen
zu dürfen. Ich hoffe diese Zeit kommt bald wieder und
ich bitte Sie, Ihren vortrefflichen Vater meiner innigsten
und dankbarsten Hochachtung zu versichern.

Mein hiesiges Leben ist so arbeitsam als freudenleer,
seitdem ich auf europäischen Boden zurück bin, ich habe
mehr begonnen, als ich fast zu leisten im Stande bin. Drei
meiner Schriften werden gedruckt, natürlich deutsch und
französisch; ich sage natürlich, denn ich habe mit Erstaunen gehört, dass in Deutschland ein Gerücht geht, ich
lasse mich in's Deutsche übersetzen. Ein solches Gerücht
hat lieblose Quellen. Die spanische Sprache ist jetzt allerdings die, welche ich glaube am korrektesten zu schreiben,
aber ich bin stolz genug auf mein Vaterland, um deutsch
zu schreiben, sollte es noch so holperig sein. Eine grosse
Menge Kupfer ist schon fertig gestochen. Auch ist eine
kleine Schrift über die chemische Zersetzung der Luft,
welche ich mit H. Gay-Lussac gearbeitet, gedruckt. Ich
nenne diese Arbeiten, weil sie Entschuldigungen für mein
langes Stillschweigen sind. Sie werden es wenigstens für
Sie und die Ihrer Freunde sein, welche wünschen, dass der

Mensch arbeite und vollende. Ich reise in nächster Woche nach Rom ab. Ich bin jetzt, da ich die Herausgabe der meisten Schriften selbst anfange und die Kupfer erst dann dem Buchhändler verkaufe, wenn das Manuscript vollendet ist, oft geldbedürftig. Ich glaube, dass ich H. Fould, dessen Güte ich nicht genug preisen kann, bei meiner Abreise wohl an 2000 Thlr. schuldig bleibe. Ich habe unsern gütigen Freund, Herrn Kunth, gebeten, meinen Kredit bis zu meiner Ankunft recht sorgfältig zu unterstützen. Ich wage es, Sie ebenfalls recht gehorsamst zu ersuchen. Ich schmeichle mir, dass vom nächsten Sommer an, Sie seltener mit meinen Bitten belästigt sein sollen, als bisher.

Ich weiss nicht, ob ich Zeit habe, heut an unsern alten Freund H. Mendelssohn zu schreiben. Grüssen Sie ihn herzlich von mir, so wie Madame Herz und alle unsere Freunde.

Ihr

Alexander Humboldt.

Seien Sie so gütig in meinem Namen alle Personen um Nachsicht zu bitten, welche mich mit ihren Briefen beehrt haben. Seit meiner Ankunft in Enropa habe ich fast jede Woche 45—48 Briefe erhalten. Da ich nun gerade jetzt am eifrigsten studiren soll und für mich wichtige neue chemische Arbeiten angefangen habe, so ist es mir unmöglich gewesen, ohne meine Gesundheit ganz zu zerstören, mich durchzuarbeiten.

9.

Frankfurt, den 17. August 1816.

Ich schicke diesen Brief Ihrem Sohne, liebster Freund, damit Sie ihn bei Ihrer Rückkehr von Karlsbad finden mögen. Ich übergebe Ihnen damit den Agamemnon, der lange angekündigt war und endlich erschienen ist. Nehmen Sie ihn mit Güte und zur Erinnerung an die Zeit, die uns ehemals enger mit einander und nicht ohne mannigfaltige

Beziehung auf wissenschaftliche Gegenstände vereinigte, an. Ich schmeichle mir, dass die Chöre Sie interessiren werden. Es sind in diesen des Agamemnon mehr als in denen der übrigen griechischen Trauerspiele tiefe und gehaltvolle Sentenzen. Ich freue mich herzlich, Ihnen bei dieser Veranlassung die Versicherung meiner hochachtungsvollen Freundschaft wieder geben zu können.

W. Humboldt.[51]

Die Antwort Friedländers lautet:

Eu. Exzellenz

gütiges fortwährendes Wohlwollen, dessen ich mich erfreue, hat mich mit einem neuen Werke Ihrer Muse beschenkt, das mir beinahe den Wunsch entlockte, meine irdische Laufbahn mit dem Anfange dieses Jahrhunderts begonnen zu haben. Warum musste ich im Jahre 1750 geboren werden!

„Gern red ich wohl
„Mit Kundigen, doch Unkundigen bleib ich unerkannt,"

so ruft mir der Wächter im Agamemnon laut und warnend zu. Dies darf mich aber nicht abhalten, Eu. Exzellenz mit dem Gefühl der innigsten Dankbarkeit meine Verehrung an den Tag zu legen; zudem ich die belehrende Weisung erhalten: auf den Gesang der Chöre besonders meine Aufmerksamkeit zu richten. Auch bin ich nicht so alt, wie der Greis Barsillai[52] und lausche ich noch auf edle Stimmen gern. Die Vorsehung erhalte Sie noch lange der Welt, den Wissenschaften und Ihrem Sie verehrenden

Charlottenburg, 24. August 1816.

Friedländer.

---

[51] Dieser Brief und die Antwort Friedländers sind abgedruckt in Dr. Imanuel Heinrich Ritter: „Geschichte der jüd. Reformation", II. Th. S. 35.
[52] Anspielung auf 2. Sam. 19, 29.

10.[53]

Tegel, 23. Oktober 1826.

Sie beschäftigten sich, wenigstens ehemals gern, verehrtester Freund, mit alterthümlicher, philosophischer Literatur des Orients, und so werfen Sie vielleicht auch einen Blick auf die anliegende Abhandlung[54], welche den Inhalt eines immer höchst merkwürdigen philosophischen Gedichts, wenigstens in gewissenhafter Treue, darstellt. Nehmen Sie aber auch an diesen indischen Produktionen einiges Interesse, so ist doch mir ein wahres Bedürfniss, mein Andenken bei Ihnen zu erneuern und Ihnen einen, wenn auch schwachen Beweis der herzlichen und aufrichtigen Hochachtung zu geben, von deren ungeschwächter und unveränderlicher Fortdauer ich Sie die Versicherung anzunehmen bitte.

Wilhelm Humboldt.

Ein Jahr später als Goethe geboren, hat David Friedländer denselben um zwei Jahre überlebt. Er starb am 25. December 1834, und so mögen die Condolationen der beiden Humboldts diese Mittheilungen schliessen.

11.

Berlin, 27. December 1834.

Da ich noch immer von einem kleinen Schnupfenfieber, das ich mir durch eine nächtliche Rückkunft von Potsdam zugezogen, gehindert wurde, Ihnen, verehrter, vieljähriger Freund! den Ausdruck meines tiefen, schmerzhaftesten Mitgefühls persönlich darzubringen, so will ich nun, jene Hoffnung für heute aufgebend, nicht länger anstehen, in meinem und meines Bruders Namen diese Zeilen an Sie zu richten.

---

[53] Abgedruckt bei Ritter a. a. O.
[54] Ueber das Sanskrit-Gedicht Bhagavap-Gîtâ, „das heilige Lied", aus dem grossen Epos Mahâbhârata. In den Schriften der Berliner Akademie der Wissenschaften.

In den frühesten, dankbarsten Erinnerungen meiner
Jugend dämmert Ihres edlen, geistreichen Vaters ange-
nehme Persönlichkeit in mir auf. Sein Wohlwollen, dessen
ich in besonders reichem Maasse genoss, erhöhet die Freude
dieser Erinnerung. Der Verewigte gehörte zu Denen, die
wohlthätig auf meine Bildung, auf die Richtung meiner
Ideen und Gefühle gewirkt haben. Er war mit Engel der
Freund unseres Hauses. Kenntniss des Altherthums, Liebe
zur speculativen Philosophie, ein feines und sicheres Gefühl für poetische Schönheit, Fähigkeit durch die hohe
Bildsamkeit unserer vaterländischen Sprache das schwie-
rigste Problem der Uebertragungen aus dem h e i l i g e n
O r i e n t kraftvoll zu lösen — all' diese Gaben der Intelligenz waren bei ihm mit den freiesten Ansichten über die
Weltbegebenheiten, die wir mit ihm verlebt, mit der wärmsten und edelsten Anhänglichkeit an seinen unterdrückten
Volksstamm gepaart.[55] Er hat ein langes, schönes, genuss-
reiches Leben gebracht in dem Kreise seiner Familie, die
seinen geistigen Werth zu schätzen wusste, weil sie durch
ihn und gleichartig gebildet war.

Empfangen Sie in diesem feierlichen Augenblick mit
allem Wohlwollen die erneuerte Versicherung der innigsten
Anhänglichkeit und dankbarsten Freundschaft. Ihr
Sonnabend.

A l e x a n d e r v o n H u m b o l d t.

---

[55] Trotz dieser Worte A l e x a n d e r v o n H u m b o l d t s — gewiss das
glänzendste Zeugniss, das man einem Manne ausstellen kann! — gehört
leider auch D a v i d F r i e d l ä n d e r zu denjenigen Persönlichkeiten, deren
„Charakterbild schwankt in der Geschichte", d. h. unsere Literatur- und Geschichtsforscher schweigen ihn entweder ganz t o d t — oder sie b e s c h i m-
p f e n ihn mit einigen, flüchtig hingeworfenen Phrasen. Keiner ist aber so
unverantwortlich bezüglich der Würdigung D a v i d F r i e d l ä n d e r s verfahren, wie der H i r s c h G r ä t z in Breslau, welcher die Stirne hat, in seinem jüngsten (11.) Bande der „Geschichte der Juden" (Leipzig 1870),
F r i e d l ä n d e r einen Mann zu nennen, „der es mit Allem versucht habe",
einen „Affen Mendelssohn" und dgl. mehr!! Eine o b j e k t i v e Charakteristik des Lebens und der Schriften des immerhin bedeutenden und ein
Menschenalter hindurch höchst segensreich wirkenden Mannes wäre ein sehr
verdienstliches Unternehmen!

12.

Ich hatte den Tod Ihres verehrten Vaters in meiner Zurückgezogenheit erst spät erfahren und war eben im Begriff, Eu. Wohlgeboren meinen aufrichtigen und lebhaften Schmerz darüber zu äussern, als ich Ihren Brief erhielt. Wahrhaft wohlthätig ist mir darin vorzüglich Eu. Wohlgeboren Versicherung gewesen, dass dem edlen Verstorbenen ein sanftes und schmerzloses Hinscheiden zu Theil geworden ist. Er hatte, und allein durch sein Verdienst und Talent, einen ganz eigenen Standpunkt errungen, und wird diesen auch in spätem Andenken gewiss behaupten. Es hat mich ungemein gefreut, dass sich der Verewigte noch bisweilen mit meinem Bruder und mir in Gedanken beschäftigt hat. Uns wird gewiss immer unvergesslich bleiben, wie er bildend auf uns Beide eingewirkt hat. Durch das grosse Wohlwollen, das er uns schon in der frühesten Zeit schenkte, war er aufmunternd und anregend, sowie durch seinen hellen Verstand, seine fast nie unterbrochene Heiterkeit und seine beständige Richtung auf eine innere oder äussere nützliche Thätigkeit unterhaltend und belehrend für uns. Ueber mehrere wichtige Punkte des Lebens und der Gesellschaft führte er uns früh auf die richtigen, damals bei Weitem noch nicht allgemein getheilten Ansichten. Ich kann Eu. Wohlgeboren nicht genug für die Güte danken, mit welcher Sie mir einige Nachrichten von seinen letzten Stunden haben geben wollen. Ich bitte Sie, mir die Fortdauer Ihrer geneigten Gesinnungen zu schenken und gewiss zu sein, dass ich dieselben immer mit gleicher Aufrichtigkeit und Lebhaftigkeit vertrauensvoll erwidern werde. Ich verbleibe mit ausgezeichneter Hochachtung

Eu. Wohlgeboren ergebenster

Tegel, den 2. Januar 1835.

Wilh. Humboldt.[57] — —

---

[56] Nur wenige Monate später, am 8. April d. J., starb Wilhelm von Humboldt.

Ausser diesen freundschaftlichen Beziehungen zu den Koryphäen der deutsch-jüdischen Wissenschaft stand Alexander von Humboldt noch mit anderen, mehr oder weniger berühmten jüdischen Männern theils durch Korrespondenzen, theils durch seine stets bereite Protektion und Aufopferungsfreudigkeit in Verbindung.

Wer sich einmal in irgend einer Angelegenheit an Humboldt wandte, der konnte dessen gewiss sein, dass er ein williges Ohr und stets bereite Hilfe finden werde. Wen der grosse Nestor der Wissenschaft gar seiner Freundschaft würdigte, der konnte sich glücklich schätzen; ein solcher Freundschaftsbund dauerte durchs ganze Leben, nur der Tod löste ihn. Die hervorstechenden Züge seines liebenswürdigen Charakters — berichtet ein Jugendfreund[57] des genialen Geistes — waren ganz unendliche Gutmüthigkeit, wohlwollende und wohlthätige, zuvorkommende, uneigennützige Gefälligkeit, warmes Gefühl für Freundschaft und Natur, Anspruchslosigkeit, Einfachheit und Offenheit in seinem ganzen Wesen, immer lebendige und unterhaltende Mittheilungsgabe, heitere, humoristische, mitunter auch schalkhafte Laune; — diese Züge, die ihm in späteren Jahren dazu halfen, wilde und rohe Menschen, unter denen er sich lange aufhielt, zahm und geneigt zu machen, in der gesitteten Welt aber überall Bewunderung und Antheil zu erregen, diese Züge erwarben ihm schon während seiner Studienzeit in Freiburg allgemeine Liebe und Ergebenheit.

So hatten und haben es sehr viele jüdische Gelehrte Alexander von Humboldt zu verdanken, dass sie ein ergiebiges und lohnendes Feld ihrer Thätigkeit gefunden haben. Wir wollen nur einige Beispiele anführen. Zu einer Zeit, als auf preussischen Universitäten kein Jude als Privatdocent, geschweige denn als ordentlicher Professor zu Vorlesungen zugelassen wurde, weil die Milch der frommen Denkungsart des „christlich-germanischen" Staates in das gährende Drachengift des Judaismus sich

---

[57] Carl Freiesleben.

verwandelt hätte, setzte es Alexander von Humboldt,
wie wir bereits oben gelesen haben, durch, dass der
durch seine mathematischen und naturhistorischen Kenntnisse rühmlichst bekannte Dr. Peter Riesz[58] von der
Berliner Akademie der Wissenschaften trotz seines jüdischen Bekenntnisses zum ordentlichen Mitgliede mit
36 gegen 3 Stimmen aufgenommen und in seiner Würde
vom Könige Friedrich Wilhelm IV. bestätigt wurde. Am
Schlusse seines Amtsschreibens an den Neuaufgenomme-
nen bemerkte Humboldt, „dass dieser Schritt
der Anfang der Sühne sei, welche den preussischen Juden abgetragen würde für das 25jäh-
rige Unrecht, das sie erdulden mussten." Wir
können ihm dieses Verdienst nicht hoch genug anschlagen!
Dies geschah im Jahre 1842. Aber man denke nur 70 Jahre
zurück, wo Moses Mendelssohn zu gleicher Würde von
derselben Akademie erhoben wurde, wie benahm sich damals der grosse Friedrich der Zweite, der stets den Wahl-
spruch im Munde führte: „In meinem Staate kann Jeder
nach seiner Façon selig werden"?[59] — Er strich den jüdischen Philosophen von der Liste der Akademiker, was Diesen zu dem bekannten Ausspruche veranlasste: „Besser,
dass eine Akademie mich zu ihrem Mitgliede vorgeschlagen
und ein König mich gestrichen hat, als wenn ein König
mich vorgeschlagen und die Akademie mich gestrichen
hätte." — —

---

[58] Dr. P. Riesz war der Schwacher des im Jahre 1853 an der Cholera
verstorbenen Majors Meno Burg, des berühmten Verfassers der Schriften:
„Die geometrische Zeichenkunst etc.", Berlin 1822 (2 Theile), „Das architektonische Zeichnen" (Berlin 1830) u. a. m. Vgl. das vor. Capitel S. 50 ff.

[59] Der geistreiche Mathematiker und Satiriker Kästner verherrlichte
Mendelssohn damals durch folgendes Gedicht (gesammelte politische und
prosaische Werke, Berlin 1841, IV, 144):

„Ein neuer Dionys rief von der Seine Strande
Sophistenschwärme her für seinen Unterricht;
Ein Plato lebt in seinem Lande,
Und Diesen kennt er nicht." —

Professor Julius Fürst[60] in Leipzig, neben Leopold
Zunz der grösste jüdische Gelehrte unserer Zeit, hat
ebenfalls dem unendlichen Wohlwollen Humboldts viel
zu verdanken. Fürst wanderte als junggebackener Dr.
philosophiae nach Leipzig, um sein Erstlingswerk: „Lehrbuch des aramäischen Sprachgebäudes" loszuschlagen. Der
greise, 80jährige Herr Tauchnitz, damals Chef des re-
nommirtesten Buchhandlungshauses in Leipzig, hatte es
zuerst abgelehnt; dann aber sich unter der Hand bei dem
Orientalisten Rosenmüller über ihn erkundigt und ihm
endlich 6 Thaler pro Druckbogen offerirt. „Wie selig war
ich damals über dieses wahrhaft schmachvolle Honorar,"
erzählte er vor einigen Monaten einem Freunde;[61] „doch
lange ging das nicht an; ich musste irgend eine Stellung
suchen; als Privatdocent in Leipzig hatte ich kaum, wovon
satt zu werden; da wandte ich mich an Alexander von
Humboldt und bat ihn, für mich eine Anstellung als Sekretair bei der Gesandtschaft in Konstantinopel zu erwirken. Humboldt, der Allen half, wenn er konnte, verschaffte mir eine Audienz bei König Friedrich Wilhelm III.
„Aber um Gottes Willen sagen Sie nicht, dass Sie ein
Jude sind," rief er mir noch nach, als ich erwartungsvoll
zur Audienz fuhr. Der König behandelte mich, wenn auch
in seiner kurzen Weise, doch gnädig genug. Es schien
Alles gut zu gehen. Schon hatte er mir mit einem gewissen Wohlwollen die Entlassung zugewinkt, da, im letzten
Augenblick, wandte er sich scharffixirend noch einmal mir
zu. „Jude?" sagte er finster. „Ja, Majestät." Noch ein
Wink, und ich war entlassen. Aus meiner Anstellung
aber wurde natürlich nichts. Ich kehrte nach Leipzig zurück. Später hat mich Altenstein noch manchmal behel-
ligt. Wie einen Leibeigenen reklamirte er mich zweimal
als preussischen Staatsangehörigen, ich kehrte aber nicht

---

[60] Vgl eine ausführliche Biographie und Charakteristik seiner Schriften
in der „Gegenwart", Jahrgang 1870 Nr. 27 und „Berliner Zeitung des Judenthums" d. J. Nr. 13.
[61] „Posener Zeitung," 28. Januar 1870.

nach Preussen zurück und die sächsische Regierung schützte mich. Ich habe es doch noch zu einem preussischen Orden. gebracht und den verlieh mir Friedrich Wilhelm IV. auf Humboldts Anregung." — —

Heinrich Heine, der Alexander von Humboldt in den Salons der Rahel einigemal gesehen hatte, wandte sich ebenfalls in einer dringenden Angelegenheit an den damals bereits „Urgreis". In der Königlichen Bibliothek zu Berlin befindet sich die sogenannte Radowitz'sche Autographensammlung, mit vielen Briefen und Dokumenten, die namentlich auf das reaktionaire Treiben am Hofe in den vierziger Jahren ein neues, seltsames Licht werfen. Hier befinden sich auch folgende zwei Briefe.

Der Brief Heines und die Antwort Humboldts lauten wie folgt:

Herr Baron!

Das Wohlwollen, womit Sie mich seit Jahren beehren, ermuthigt mich, Sie heute um einen Dienst anzugehen.

Trübselige Familienangelegenheiten rufen mich dieses Frühjahr nach Hamburg, und ich möchte alsdann, die Gelegenheit benutzend, einen Abstecher für einige Tage nach Berlin machen, theils um alte Freunde wiederzusehen, theils auch um die Berliner Aerzte über ein sehr bedenkliches Uebel zu consultiren. Bei einer solchen Reise, deren einziger Zweck Erheiterung und Gesundheit ist, darf ich wahrlich von keiner atra cura beängstigt werden, und ich wende mich an Sie, Herr Baron, mit der Bitte, durch Ihren ‑hohen Einfluss mir durch die resp. Behörden die bestimmte Zusicherung zu erwirken, dass ich von denselben während meiner Reise durch die Königl. Preussischen Staaten, wegen keinerlei Beschuldigungen, welche auf die Vergangenheit Bezug haben, in Anspruch genommen werden soll. Ich weiss sehr gut, dass ein solches Gesuch keineswegs im Einklang steht mit den dortigen administrativen Gebräuchen; aber in einer Zeit, die selbst etwas exceptionell ist, dürfte man sich vielleicht dazu verstehen,

die alte Registratur mit einer Rubrik für exceptionelle
Zeitgenossen zu bereichern.

Empfangen Sie, Herr Baron, im Voraus meinen tief-
gefühlten Dank und betrachten Sie meine Bitte selbst als
einen Beweis der Verehrung, womit ich verharre,

Herr Baron!

Ihr ergebenster und gehorsamster

Heinrich Heine

(46, Faubourg Poissonnière.)

Paris, den 31. Januar 1846.

Alexander von Humboldt erwiderte Folgendes:

Wenn, nach einer so langen Reihe von Jahren, Sie
mir wieder einmal ein Zeichen des Lebens geben, wenn
Sie sich der alten Bewunderung Ihres herrlichen, ein tiefes
Naturgefühl athmenden Buches der Lieder erinnern, so
darf ich nicht besorgen, dass Sie an der Aufrichtigkeit
meines Dankes zweifeln, der Ihrem Vertrauen in einer so
rein menschlichen Angelegenheit gebührt. Noch ¡ehe ich
Ihren Brief vom 11. Januar erhielt, hatte ich durch meinen
geistreichen Freund Dieffenbach Kunde von Ihrem schweren physischen Leiden erhalten. Ihr Wunsch beschränkte
sich auf die Erlaubniss, ohne Gefahr für Ihre persönliche
Sicherheit, Berlin, von Hamburg aus, dieses Frühjahr auf
einige Tage besuchen zu können, zu Ihrer Erholung, um
hiesige Freunde einmal zu sehen und Berliner Aerzte zu
consultiren. Da mir nicht unbekannt sein konnte, dass
in dem, was Sie als alte Registratur bezeichnen, viele
sehr bittere Anklagen gegen Sie liegen, so habe ich gehofft,
Ihren Wünschen am Besten zu entsprechen, wenn ich auf
das zweite Motiv Ihrer Reise den grössten Werth legte.
Ich habe mit Wärme gehandelt und habe mir keine Art
des Vorwurfs zu machen — aber es ist mir gar nicht ge-
glückt. Die Verweigerung ist sogar so bestimmt gewesen,

dass ich, Ihrer persönlichen Ruhe wegen, Sie ja bitten muss, den Preussischen Boden nicht zu berühren. Ich glaube gegen Sie die Pflicht erfüllen zu müssen, Ihnen ganz mit der Offenheit zu schreiben, die Schriftsteller sich gegen einander schuldig sind. Empfangen Sie den Ausdruck meiner ausgezeichnetsten Hochachtung und die innigsten Wünsche für die Wiederherstellung Ihrer so tief erschütterten Gesundheit.

Ihr gehorsamster

A. von Humboldt.

Die Copie des Humboldtschen Briefes, ebenfalls in der Radowitz'schen Sammlung befindlich, ist von Humboldt eigenhändig geschrieben und mit folgenden charakteristischen Anmerkungen versehen:

Meine Antwort eine vorsichtige. Der König, der für die Gedichte unverwüstliche Vorliebe hegt, fand es hart, trotz der schändlichen Spottgedichte auf Preussen, ihn zurückzuweisen, da es menschlicher wäre, ihn den Arzt consultiren zu lassen, es auch bald sichtbar werde, dass hier das Publicum nicht um den alten Mann mit dem Gesichtsschmerz sich bekümmere. Die Polizei wusste dem ihr fremden Zartgefühl zu widerstehen....

Angesichts der hier ausgesprochenen bewundernden Worte Alexander von Humboldts ist es äusserst unwahrscheinlich, was ein Anonymus[62] berichtet, dass Humboldt sich über Heine weniger günstig geäussert hätte: Er sei, während eines zehnjährigen Aufenthalts in Paris, öfter mit Heine in persönliche Berührung gekommen; aber seine Persönlichkeit habe für ihn immer etwas Zurückstossendes gehabt. „Was seine Schriften angeht, so leiden

---

[62] „Briefwechsel und Gespräche Alexander v. Humboldts mit einem jungen Freunde. Aus den Jahren 1848 bis 1856." (Berlin, Verlag von Franz Duncker, 1861) S. 90—91.

sie, bei aller Brillanz des Stils, an einer seltsamen Ge-
brochenheit der Behandlung. Von Moralität kann nun
von vornherein nicht bei ihm die Rede sein; allein man ist
auch niemals sicher über das letzte Stadium seiner Mei-
nungen."!! — —

Auch mit Ferdinand Lassalle[63]), dem berühmtesten
Socialdemokraten unseres Jahrhunderts, kam Alexander
von Humboldt in Berührung. Welche Hochachtung dieser für den Verfasser des „Herakleitos", „Bastiat-Schulze"
u. s. w. hatte, kann man daraus ersehen, dass der berühmte
Naturforscher, Ferdinand Lassalle stets das „Wunderkind"
nannte. Lassalle hielt sich lange Zeit in Düsseldorf, der
Geburtsstadt Heinrich Heine's, auf[64]; er wollte nun nach
Berlin übersiedeln. Allein dieser Wohnungswechsel war
mit einigen Schwierigkeiten verbunden, da Lassalle politisch compromittirt war. Unter Manteuffel's Regiment war
es nämlich feststehende Regel, dass den irgendwie hervorragenden Demokraten des Jahres 1848, wenn sie nicht in's
Regierungslager übergegangen waren, die Niederlassung in
Berlin verwehrt wurde. Diese Strenge dauerte noch fort
bis zu der Zeit, in welcher Herr von Bismarck seinen
Posten als Bundestagsgesandter bereits mit dem Gesandt-
schaftsposten in Petersburg vertauscht hatte. Denn durch
die Fürsprache Bismarck's erhielt Herr v. Unruh die Erlaubniss, seine Stellung in einer Berliner Fabrik zu übernehmen. Was aber Herrn v. Unruh und Anderen nicht
ohne Weiteres gestattet wurde, war auch Lassalle nicht er-

---

[63] Ferdinand Lassalle, geboren am 11. April 1825 zu Breslau, stammte
von streng religiösen jüdischen Aeltern ab. Er wurde in der Religion derselben erzogen und trat selbst im reifen Alter nicht, wie jedoch hin und
wieder behauptet worden ist, zum Christenthume über. Er blieb Zeit seines
Lebens dem Judenthume treu und war, wenn auch bloss dem Namen nach
Jude, doch charaktervoll genug, in die weichen Polstern der christlichen
Aemter, die man durch ein Bischen Taufwasser erlangen kann, sich nicht
zu versenken.

[64] Vgl. „Enthüllungen über das tragische Lebensende Ferdinand Lassalle's. Auf Grund authentischer Belege dargestellt von Bernhard Becker."
(Schleiz, Verlag der C. Hübscher'schen Buchhandlung, 1868), S. 16.

laubt. Doch Dieser wusste durch List und Protektion die
Schwierigkeiten zu überwinden. Nachdem er sich als Fuhr-
mann verkleidet nach Berlin eingeschmuggelt hatte, begab
er sich zu seinem Gönner Alexander von Humboldt
und erhielt durch dessen Fürsprache beim Könige die Erlaubniss zum ungehinderten Aufenthalte in Berlin. Diesen
seinen freundsshaftlichen Beziehungen zu Humboldt hatte
er es auch zumeist zu verdanken, dass er mit Männern wie
Böckh, Förster, Ziegler, Hans von Bülow in Verbindung trat, auch wurde er auf dessen Empfehlung in die
„philosophische Gesellschaft" aufgenommen. Wir wissen
aus den Tageblättern Varnhagen v. Ense's (3. December 1857), dass Humboldt das oben genannte Hauptwerk
Ferdinand Lassalle's: „Die Philosophie Herakleitos des
Dunklen von Ephesos" in drei Nächten genau durchgelesen
hat. Sehr interessant sind die Aeusserungen Humboldt's
über dieses Buch.[65] Schon der äussere Anblick einer so
gewichtigen Arbeit erregte seine Ehrerbietung. Es machte
auf ihn einen eigenen Eindruk, wenn die Stützen und
Geltungen, bei denen er hergekommen, eine nach der anderen fallen, schwinden. Jeder Altgewordene muss dergleichen wahrnehmen 'und ertragen, aber in unserer Zeit
sind die Wandlungen schneller und kräftiger, als in früheren Läuften, und er war besonders empfindlich für sie.
„Selbst wo der Inhalt mir nicht verschlägt" — bemerkte
er —, „wo mir sachlich nichts verloren geht, weil die Gegenstände nicht unmittelbar in meinen Kreis gehören, so ist
mir doch die Erscheinung immer etwas peinlich. So geht
es mir jetzt betreffs Schleiermachers; seine Schrift über
den Herakleitos war bis jetzt das letzte Wort, der Abschluss
über diesen Philosophen, selbst Hegels entgegenstehende
Andeutungen hatten diese Geltung nicht aufheben können,
man ruhte auf ihr wie auf einem weichen Kissen; jetzt
kommt neue Kritik und zieht dasselbe ohne weiteres weg!

---

[65] Vgl. „Briefe v. Alexander v. Humboldt an Varnhagen v.
Ense." (Leipzig, F. A. Brockhaus, 1860), dritte Auflage, S. 385.

Lassalle schiebt zwar ein anderes, grosses und wohlge-
stopftes dafür ein, aber der Wechsel ist unbequem. Und
doch freut mich die nie rastende Geistesarbeit,
der Scharfsinn, die Gelehrsamkeit, der freie und
kühne Fortschritt." —

Humboldt machte sich daher nicht geringe Sorge,
als durch ein Missverständniss der Minister Westphalen
auf die Ausweisung Lassalles bestand. Er schrieb entrüstet an seinen Freund Varnhagen[66] (9. September 1858,
in später Nachtstunde): „Mein böser Freund Lassalle —
Herakleitos der Dunkle — ist trotz aller meiner Verwen-
dungen, trotz der mir gegebenen Verheissungen vom Prinz
von Preussen und Illaire doch verjagt worden. Man gab
Hoffnung, der Dunkle werde in einigen Monaten (nach den
Wahlen) zum noch dunkleren Pythagoras zurückkehren.
Welche Distribution der Gerechtigkeit!" — Aber zum
Glücke beruhte die ganze Ausweisungsaffaire, wie gesagt,
auf einem fatalen Missverständnisse. — —

Humboldt verkehrte sehr häufig in den Salons der
berühmten Juden Marcus Herz, David Veit[67], Gans,
Hitzig und Dr. Michael Sachs. Mit Gans unterhielt
er sich zumeist über politische Sachen. So sagte er[68] nach
der Julirevolution zu Gans, der allzu warme Hoffnungen
von der neuen Regierung hegte: Glauben Sie mir, lieber
Freund, meine Wünsche stimmen mit den Ihren überein,
aber meine Hoffnungen sind schwach. Seit vierzig Jahren
seh' ich in Paris die Gewalthaber wechseln, immer fallen
sie durch eigne Untüchtigkeit, immer treten neue Versprechungen an die Stelle, aber sie erfüllen sich nicht, und
derselbe Gang des Verderbens beginnt auf's Neue. Ich
habe die meisten der Männer des Tages gekannt, zum Theil
vertraut, es waren ausgezeichnete, wohlmeinende darunter,
aber sie hielten nicht aus, bald wurden sie nicht besser

---

[66] A. a. O. S. 399.
[67] Gatte von Henriette Mendelssohn, der Tochter des grossen Philosophen.
[68] Vgl. das vorige Capitel. A. a. O. S. 24.

als ihre Vorgänger, bald wurden sie noch grössere Schufte.
Keine Regierung hat bis jetzt dem Volke Wort gehalten,
keine ihre Selbstsucht dem Gemeinwohl untergeordnet.
So lange dies nicht geschieht, wird keine Macht in Frankreich dauernd bestehen. Die Nation ist noch immer betrogen worden, und sie wird wieder betrogen. Dann wird
sie auch wieder den Lug und Trug strafen, denn dazu ist
sie reif und stark genug.

Wie sind doch diese prophetischen Worte in Erfüllung gegangen!

Humboldt rühmte[69] noch ferner die durch Gans so
trefflich besorgte Herausgabe von Hegels „Philosophie der
Geschichte"; Gans habe es verstanden, meisterhaft den
Charakter der grossen Hegel'schen Individualität· zu erfassen, ein Lob, das der berühmte Rechtslehrer in seinem
vollen Umfange verdient. — —

Für Dr. Michael Sachs, den begabtesten jüdischen
Kanzelredner, den Berlin je besessen, hatte Humboldt
eine sehr grosse Vorliebe. Er stand mit ihm in Briefwechsel und besuchte ihn auch öfter in seiner Wohnung. So
schreibt er einmal an Varnhagen[70], als er auf einen Brief
des Dr. Sachs nicht sofort zu antworten im Stande war
(Potsdam, den 2. October 1845): „Es ist allerdings ein
grosses Unrecht von mir, einem so vortrefflichen Manne,
als dem Verfasser der „religiösen Poesie der Juden in Spanien", noch nicht geantwortet zu haben. Ich wollte erst
lesen, und der Schrecken, am 14. September sechsundsiebenzig Jahre alt geworden zu sein, hat mich dergestalt
in den Kosmos versenkt, dass darüber mir liebe Pflichten
unerfüllt geblieben sind. Ich werde Herrn Sachs persönlich sehen, und bitte Sie, mich vorher bei ihm zu entschuldigen, denn rechtfertigen darf ich nicht sagen".

Die Verehrung für Michael Sachs theilte auch Varnhagen v. Ense. Dr. Sachs hatte das von Humboldt

---

[69] A. a. O. S. 44.
[70] A. a. O. S. 183 ff.

erwähnte Werk: „Die religiöse Poesie der Juden in Spanien" Varnhagen zugeeignet und als der Verfasser es ihm schöngebunden überbrachte, da rief er aus: „ein stattliches, erfreuendes Geschenk, bei welchem das Horazische „Nonum prematur in annum" sich bewährt, denn schon 1835 war es mir zugedacht!" und dabei stellte er folgende Reflexionen an, die er in seinen Tagebüchern notirte: In dem Buche von Sachs gelesen, — — und viele Betrachtungen über Judenthum angestellt; die Zähigkeit und Dauer des Volkes ist merkwürdig und mit ihrer wesentlichen, aber engen Frömmigkeit in tiefstem Zusammenhang, sie haben dem allgemeinen Bildungsgange der Menschheit den von ihnen ausgestossenen Jesus gegeben, dann Spinoza'n und geben noch täglich die ausserordentlichsten Kräfte ab, in Tausenden von Getauften und Nichtgetauften, ohne dass ihr eigener Bestand ärmer wird[71].

Auf einer anderen Stelle[72] bemerkt er von Dr. Sachs, der damals noch Prediger in Prag war: Ueber Herrn Dr. Sachs in Prag viel Gutes von Herrn Asher erfahren. Er ist in der dortigen jüdischen Gemeinde die höchste Autorität, ein verehrtes und geliebtes Haupt, was er für Recht

---

[71] Vgl. auch Ben Chananja, 9. Jahrgang, S. 602: „Briefe zur Charakteristik der Zeit und Zeitgenossen", XIII; da schreibt der Wiener Prediger Mannheimer an den genialen Oberrabbiner Dr. Löw u. A.: „— — Von Sachs in Berlin habe ich die besten Nachrichten, das muss ich zur Berichtigung der lügenhaften Zeitungsschwätzer auch nur melden. Er steht in Ehren und Ansehen in Berlin, predigt mit ungemeinem Erfolge und Beifalle, und seine Vorträge über jüdische Geschichte und Literatur erfreuen sich der Theilnahme von bedeutenden Autoritäten. So gehört z. B. Humboldt zu denen, die sich persönlich für ihn interessiren. Humboldt hat sein Buch (:„Die religiöse Poesie der Juden in Spanien") dem Könige überreicht, der ihm eigenhändig darüber geschrieben hat; das kommt freilich nicht in die Zeitungen, weil Sachs nicht zur Fahne des Reformwesens und der Schwindler gehört!" — Humboldt citirt übrigens mehrmals die Sachsischen Schriften, was einestheils davon Zeugniss ablegt, wie sehr der grosse Reisende diese über jüdische Literatur handelnden Werke gelesen und andererseits, welchen Werth er denselben beigelegt hat, da er bloss die gediegensten Arbeiten zu benutzen und anzuführen pflegte.

[72] „Tagebücher von Varnhagen v. Ense u. s. w." 3. B. S. 92.

hält, wird gethan, sein Wort gilt; durch Redlichkeit und
Bildung, durch Reinheit und Würdigkeit hat er das erlangt!["]

Kein Gelehrter von europäischem Ruf hat vielleicht so
vielen strebsamen Kräften durch Empfehlungen und
Fürsprache geholfen, wie Alexander von Humboldt.
Jedes, wenn auch noch so geringe, Talent fand in ihm
einen liebevollen, theilnehmenden Beschützer, und mit noch
grösserem Recht wie François Arago, könnte man ihn
„den Ceromonieenmeister der Wissenschaft" nennen. Aus der ungeheuren Anzahl jüdischer Gelehrter,
Kaufleute u. s. w., denen er seine Protektion zuwandte,
wollen wir bloss die Folgenden namhaft machen: Achille
Fould, Dr. Behrend und Georg Beer. Alle Drei empfahl er an Christian Carl Josias Freiherr von Bunsen. Ueber Fould sohreibt er von Paris aus (21. Oktober 1831) an Bunsen[74]: Erlauben Sie, mein hochverehrter
Freund, dass ich gütiger, schützender[75] Aufnahme bei Ihnen
den Sohn einer sehr achtbaren Familie, mit der mein Bruder und ich seit vielen Jahren in vielen Geldgeschäften
gestanden haben, Herrn Achille Fould aus Paris mit
seiner Gattin, einer geborenen Goldschmidt, empfehle.
Der junge Mann ist recht gebildet, der Freund meiner
Freunde (der Mendelssohns in Berlin); er reist zur Herstellung seiner Gesundheit.

Den Dr. Behrend führt er in folgender Weise ein
(Berlin, 19. März 1840):[76] Ein jüdischer, aber allerdings
sehr ausgezeichneter Arzt, Dr. Behrend ist mir von den
geschicktesten Männern hier, von Dieffenbach, Jüngcken
sehr empfohlen: er hat sich in Zürich um eine Stelle als

---

[73] „Tagebücher etc." 1. B. S. 329.

[74] Vgl. „Briefe von Alexander v. Humboldt an Chr. C. J. Freiherr v. Bunsen. Leipzig, F. A. Brockhaus, 1869," (Sehr treffliches Werkchen!) S. 10 ff.

[75] Ich schreibe die ursprüngliche Humboldtsche Orthographie.

[76] A. a. O. S. 36 ff.

Kliniker bei der Hochschule gemeldet. Er hat schon in Königsberg medizinische Preise gewonnen, hat eine sehr gute Schrift über Hautkrankheiten herausgegeben und geniesst eines sehr unbescholtenen Rufes. Er versichert mir (mich?), dass neben Schönleins Stelle der speciellen Therapie und Klinik noch zwei andere kleine Stellen bei der Hochschule vacant sind. Dr. Behrend hat eigenes Vermögen und ist vorläufig gebötig, ohne Gehalt jede untergeordnete Stellung, selbst interimistisch, anzunehmen. Meine Bitte, hochverehrter Freund, geht also dahin, dass Sie, wenn Sie es können, einige belobende und schützende Worte über den Mann fallen lassen.

Schliesslich wollen wir der für Georg Beer ausgestellten Empfehlung Humboldts Erwähnung thun. Er schreibt an Bunsen (Potsdam, 8. Juni 1848) über ihn:[77] Mein vieljähriger, hochverehrter Freund! Der Teffe eines Mannes, der mir sehr lieb ist, dessen Gesinnungen so edel als seine schöpferischer Talente grossartig sind, der Neffe von Meyerbeer bringt Ihnen diese Zeilen. Sie enthalten eine Bitte. Der sehr junge Reisende, der sehr gute classiche Studien gemacht, sich aber dem Handelsstande widmet, heisst Georg Beer. Sein Vater hat das Verdienst, gemeinschaftlich mit Professor Mädler eine vortreffliche Mondkarte angefertigt und mit vieler Geldaufopferung publizirt zu haben. Die sehr opulente Familie ist durch grosse patriotische Wohlthätigkeit, die sich auf alle Religionsverwandte ausdehnt, wie durch gastliche Aufnahme aller fremden und einheimischen Gelehrten und Künstler in der reizenden Villa im Thiergarden berühmt. Der junge Mensch wird nur wenige Monate in England verweilen, zur Vollendung seiner geistigen Ausbildung. Sie werden mich sehr verpflichten, theurer Freund, wenn Sie dem jungen Georg Beer Ihren Schutz und einiges Interesse schenken wollten. — — —

Wir haben jetzt nur noch die verschiedenen Briefe an

---

[77] A. a. O. S. 102.

und von Humboldt, die das Judenthum betreffen, hier
— so weit sie uns zugänglich waren — in chronologischer
Reihenfolge mitzutheilen.

In Anerkennung der grossen Verdienste, die sich Alexander von Humboldt um das Judenthum erworben,[78]
sandten die Juden Westfalens folgende Adresse an ihn.
Diese vom Enkel des Briloner Landrabbiners Friedländer, dem Dr. jur. Alexander Friedländer verfasste
und von einem zweiten Enkel des Rabbiners, Buch-
druckereibesitzer Moritz Friedländer gedruckte Adresse
lautet:[79]

„Hochgeborener Herr Kanzler!

„Hochzuverehrender Herr Geheimrath!

„Eu. Exzellenz erlauben wir uns für die öffentlich
kundgegebene hohe, humane Theilnahme an den Verhältnissen der preussischen Israeliten, im Namen der uns anvertrauten Corporation, den tiefgefühltesten Dank auszusprechen, der um so mehr der unverfälschte Ausdruck unserer Gefühle ist, je glänzender Eu. Excellenz erlauchter
Name am Horizont der Wissenschaft und Kultur strahlt;
je geringer die Zahl der Männer ist, die sich so liebevoll
und in so eindringlicher Weise des „ewig bedrängten
Volkes" annehmen. In dieser Zeit der durch die einge-
leiteten Verhandlungen bewirkten Spannung und Ungewiss-
heit blicken wir daher auf Eu. Excellenz, als einen
Mann, der mit einem „Humboldt'schen Auge" unsere
Lage durchschaut, und in diesem unerschütterlichen Vertrauen wagen wir es, mit unserm Dank eine Bitte zu verbinden.

„Jüngsthin ist nämlich an den gehorsamst unterzeich-
neten Rabbiner auf seine unterthänigste Immediateingabe

---

[78] S. das vorhergehende Capitel.
[79] Vgl. „Zeitung des Judenthums", 1842, S. 428 ff.

folgendes höchste Ministerialrescript ergangen (folgt eine sehr judenfeindliche Verordnung).

„Durchdrungen von der Humanität und Freisinnigkeit unseres erhabenen Monarchen, könnten wir in der Ansicht vom Wesen des Staates, als eines christlichen, nur das Günstigste für unsere gute Sache in Aussicht stellen, wenn ein christlicher Staat vorzüglich der sein sollte, welcher sich dem durch die christliche Religion aufgestellten Ideal eines Staates so nah, als möglich, bringt, eines Staats, der unsere, für unsere selbstständige, freie Entwickelung wirksame Einheit, dessen unmittelbare Lebenswirksamkeit sein soll: selbst zu sein die anerkennende und gewährende Macht des Rechts. Nur als solch' frei-sittlicher Organismus vermag er sich über die confessionellen Unterschiede zu erheben und gewährt gewiss den Israeliten ein ihnen durch die Irrthümer der Jahrhunderte versagtes Recht. Aber wenn, wie es in dem erwähnten höchsten Rescripte angenommen zu sein scheint, ein christlicher, auf dem Grundsatze allgemeiner Liebe fussen sollender, Staat der ist, der seinen hohen Zweck nur durch Ausschliessung Andersglaubender erreichen zu können scheint, so sind damit die höchsten Hoffnungen der Preussischen Unterthanen Mosaischen Glaubens vernichtet. Wenn diese Idee wieder Leben wird, so wird auch das neunzehnte Jahrhundert den Schmerz entschwundener Zeiten nicht heilen! Aber gewiss, sie kann es nicht werden; denn sie hat das Beispiel anderer Staaten, welche allen Unterthanen, ohne Unterschied des Glaubens, gleiches Recht gewähren; sie hat Vernunft und Offenbarung gegen sich. —

„Haben wir denn die traurigen Scenen der Geschichte schon vergessen, die dadurch entstanden, dass der Staat für eine Confession besonders Partei ergriffen? —

„Auch erstreben wir ja weder „obrigkeitliche Gewalt über Christen" noch auch „das christliche Gemeinwesen beeinträchtigende Rechte". Gewalt können und wol-

len wir nie verlangen, so lange sie nicht das ausschliess-
liche Moment der Obrigkeit ist; so lange es der Beruf der
letzteren bleibt, die menschliche Freiheit und das Recht
zu schützen, so lange Aemter und Würden nicht bloss
eine äusserliche Autorität, sondern die wahre Herrschaft
des Gesetzes sind, welche die allgemeine Freiheit vor
Uebergriffen der Selbstsucht schützt. — „Beeinträchtigende Rechte," Privilegien, wollen wir ebensowenig; es
haben sie vielmehr alle Preussischen Israeliten mit einer
ihnen aufgebürdeten, falsch verstandenen Nationalität von
sich gewiesen, als man ihnen die Kriegsdienstpflicht zu
entziehen drohte. Sie haben es da nachdrücklich wiederholt und wiederholen es noch jetzt, dass sie mit ihrer materiellen und moralischen Errungenschaft aufgegangen in
das Grosse Ganze Preussens, dass auf Leipzigs Ebenen
ihre Vorfahren für dasselbe einen freiwilligen Heldentod
gestorben und uns unsere Religion nicht hindert, ein
Gleiches zu thun! Darum aber sollten wir auch nur ein
Gesetz erwarten dürfen, das nach des hochseligen von
Hardenberg's Ausspruche, die vier Worte enthält:
Gleiche Rechte, gleiche Pflichten!

„Dieser Hoffnung aber dürfen wir nach obigem höchsten
Rescripte[80] noch nicht Raum geben; vielmehr können wir
uns einer durch höchstdässelbe vermehrten, unheimlichen
Angst nicht erwähren.

„Doch wohlan, getrost wollen wir harren; wir ergeben
uns mit bitterer Resignation in das Unvermeidliche. Aber
„die Weltgeschichte ist das Weltgericht!" Sie soll
der Nachwelt zeigen, dass wir im Kampfe für unser Recht
nicht ermatteten.

„Dass Eu. Exzellenz uns in diesem Kampfe mit
Rath und That ferner beistehen wollen, dahin geht, mit

---

[80] Es war dies eine anbei folgende sehr judenfeiudliche Verordnung,
die wir, ihrer Nullität wegen, nicht reproduciren wollten.

nochmaliger Wiederholung des innigsten Dankes, unsere gehorsamste Bitte.

„In tiefster Ehrerbietung

Eu. Excellenz

ganz gehorsamste

„Soest und Brilon
(Westfalen), den 5. Juni 1842.
L. L. Hellwitz,
Obervorsteher der Israeliten des Her-
zogthums Westfalen und der Graf-
schaft Mark.“

„J. A. Friedländer,
Landrabbiner des Grossherzogthums
Westfalen und des Fürstenthums
Wittgenstein.“

Es gab damals Leute, selbst unter unseren Glaubensgenossen, die sich über die „Dankadressen-Manie" der
Judenschaft in Soest und Brilon, zwei der grössten Juden-
gemeinden Europas, moquirten, indem sie es in die ganze
Welt hinausriefen und auch drucken liessen, wonach bald
ein grosser Mann ohne Belästigung kein gutes Wort über
Juden werde sagen dürfen, denn die Büttel der Judenschaft seien flugs mit ihren Adressen hinterher u. s. w.!
Ein solches Gebahren, wie es sich besonders im „Orient"
breit machte, zeugte wenig von dem Dankgefühl, das die
Juden den glorreichen Bemühungen Humboldts hätten
zollen müssen! Solche herrliche Worte, wie sie die Adresse
der Soester und Briloner enthielt, waren nicht „Reste alt-
jüdischer Kriecherei", sondern würdige, ernste, mannhafte
Gedanken, würdig eines seines Werthes und seiner Bemühungen sich bewussten Volkes! — —
Nicht minder interessant dürfte es sein, von einer Zuschrift Kenntniss zu erhalten, die ein Jude nach dem Erscheinen des „Kosmos" an den Verfasser desselben über
dieses wundervolle Buch gerichtet. Der Autor dieser Zuschrift war Moses Mendelsohn, ein in Hamburg lebender

jüdischer Schriftsteller, der mehrere werthvolle Schriften
herausgab, u. A. einen Divan neuhebräischer Dichter, be-
titelt: פני תבל, Schuschan-Eduth, d. i. Erklärung der fünf
Bücher Mosche's (Stuttgart 1840) u. m. a.
Der Brief lautet:

„An Herrn Geheimrath von Humboldt in Berlin.

„Einer der vielen Verehrer Ihrer Werke kann dem
Drange seiner Gefühle nicht widerstehen, Ihnen, dem hoch-
verehrten Verfasser des Kosmos, seinen innigsten Dank
für den Hochgenuss, den derselbe ihm verschaffte, hiermit
darzubringen. Eine ganze Welt göttlichen Wissens wurde
mir zugänglich gemacht; Dinge, deren Zusammenhang mir,
bei meinen beschränkten Kenntnissen, unerklärlich gewesen,
erschlossen sich meinen schwachen Augen, und es ward
Licht in den dunklen Gängen meiner Seele. Am Ziele
meines Erdenwallens wende ich den Blick sehnsüchtig nach
dem Jenseits, wo der Kosmos sich uns vollends enthüllen
wird.

„Ich versetze mich aber schon jetzt auf einen Augenblick in diese Geisteswelt, wo das Wort „Freiheit" über-
flüssig sein wird, und erlaube mir Ihnen folgende Bemerkung vorzulegen.

„Mit tief durchschauendem Geiste, der alle Zonen,
alle Jahrhunderte durchstrichen, haben Sie der Naturpoesie
der Völker eine nothwendige Stelle im Kosmos angewiesen,
aber die der Hebräer nur wenig bedacht.[81] Zudem Sie
dieselbe durch die Erwähnung einer Stelle aus den Schriften unseres Kanzelredners Sachs als dahingehörend bezeichnet. Ihre Darstellung darf sich durchaus nicht auf
die Bibel-Poesie beschränken, die Tradition und die neu-
hebräischen Dichtungen, welches grosse, üppige Feld bieten
diese für die Weltanschauung dar! Selbst bei dem be-

---

[81] Nicht ganz richtig; vergl. das Kapitel: „A. v. Humboldt und die Bibel".

schränkten Ziele, das sich der Komos abstechen musste,
verdienten doch, meines Erachtens, die Weisen des Tal-
muds ebenso gut und vielleicht noch mehr als die
christlichen Kirchenväter Erwähnung. Zwar fehlte dem
„Volke des Buchs", den Juden, zu allen Zeiten eines der
grössten Anregungsmittel zur Weltanschauung, die bil-
dende Kunst, deren Entwickelung durch die Völkerreli-
gion geweckt und gepflegt, und eben darum von den Zelten
Jacobs abgewiesen wurde. Bibel und Talmud verbieten
den Juden allen Bilderdienst. Und wenn sie auch die An-
fertigung der Formen nicht untersagten, so konnte doch
der Künstler bei Vollendung seiner Schöpfung, die zu
keiner Andacht führen durfte, auf keine Aufmunterung
rechnen, und so fand auch die Begeisterung für diese edle
Kunst keinen Eingang bei dem Juden und die ästhetische
Anschauung musste diese Vermittelung für ihn aufgeben.
Aber eben dieser Mangel versetzte ihn auf eine weit höhere
Stufe der Weltanschauung. Was der Meissel nicht ver-
mochte, das that das Wort. Das Bild, welches das geistige Wort hervorruft, bringt den Kosmos näher als das
kalte Marmor. Das Wort ist das Licht, das jeden Geist
erhellt und belebt. Und die ganze Talmudswelt ist eine
lebendige Verherrlichung aller Werke der Schöpfung, von
der niedrigsten Pflanze bis zu den ewigen Lichtern des
Firmaments. Der Talmud bezieht sich in allen seinen religiösen Gesetzen sowohl, als in seinen Geschichten, Para-
beln und seiner Sittenlehre auf die Natur und ihren einigen Schöpfer. Wie die Weisen Griechenlands haben auch
unsre Weisen, die Rabbiner, oft uns gerne in der freien
Natur lustwandelnd gelehrt, und sich auch mit den Weisen
Athens über komische Gegenstände unterhalten. In ihren
Hörsälen und inmitten der schwierigsten und scharfsinnigsten
Spekulationen auf dem Gebiete der Halacha geriethen
sie in agadische Weltanschauung. Unser ganzes, von ihnen
überlieferte, Gebetbuch bezieht sich auf den Kosmos. Bei
jedem Sinnengenusse, wohin uns dieser führt, verordneten
die Rabbiner einen Segensspruch. Beim Anschauen der

ersten Frühlingsblüthen, beim Anblick des Weltmeers oder des Neumonds, beim Hören der Donnerstimme, beim Riechen der winzigsten Gewürzblumen sollen wir den Vater des Kosmos anerkennen. Und so vereinigten sich Gebet und Gesetz im „lieblichen Anschauen der Natur". Auch viele únserer nachbiblischen Dichter sind, gleich dem Sangmeister der andern Völker, Anhänger des Kosmos. Gabriel, Jehuda Ha Lewi, Alcharisi, Immanuel u. A. m., sowie in neueren Zeiten Wessely und Schalom Kohen verstanden es, alle Schönheiten der Natur zu schildern. Mit den wenigen Farben, mit dem kümmerlichen Vorrathe der Bibelpoesie schufen sie ihre Meisterwerke. Viele blieben gänzlich auf morgenländischem Boden, manche nahmen die Weise des Volkes an, unter welchem sie lebten und, wenn sie wirkliche Dichter waren, so gelang es ihnen, ihren epischen Schöpfungen einen morgenländischen Schmelz zu verleihen, obschon sie niemals der Lorbeerkranz oder die Herrschergunst zur Begeisterung anregt.

„Hamburg, 1845.

Moses Mendelsohn."[82]

Wir wissen nicht, was Humboldt auf diesen Brief erwidert hat, aber er wird ihn sicherlich erwidert haben, da er fast jede Zuschrift — und er bekam jährlich durchschnittlich 4000 bis 5000 Briefe — zu beantworten pflegte. — —

Der Verfasser der „Zeitspenden der Humanität; Reden und Betrachtungen", Bernhard B. Hirsch in Elbing, sandte die genannte Schrift an Alexander von Humboldt und enthielt folgende kurze, aber schneidende Bemerkung über das, was für religiöse Duldung und den Fortschritt des Grundsatzes staatsbürgerlicher Gleichberechtigung noch zu thun ist. Das Schreiben des hochgefeierten Mannes lautet;

---

[82] Mendelsohn ist kein Abkömmling des Mendelssohns.

8*

„Eu. Wohlgeboren werden es nur meinem hohen Alter
und meiner durch eine bedrückend zunehmende Correspondenz getrübten Lage zuschreiben, wenn ich Ihnen für Ihre
edlen und darum die freiesten Grundsätze wahrer Humanität verbreitenden Reden nur mit wenigen Worten meinen
innigen Dank darbringe. Deren Verbreitung ist um
so wünschenswerther, als im deutschen Vaterlande
selbst die Fortschritte religiöser Toleranz und
staatsbürgerlicher Gleichheit der Rechte eben
nicht glänzend sind.

„Mit dem Ausdrucke der ausgezeichnetsten· Hochachtung

Eu. Wohlgeboren gehorsamster

„Berlin, den 16. Nov. 1856.

A. von Humboldt." —

Der bekannte, um die österreichische Industrie wohl-
verdiente Inhaber der grossen Porzellanfabrik zu Herend
bei Weszprim, Herr Moritz von Fischer, hatte, wie er
sich selbst ausdrückt, dem ältesten Kenner des Erdballs
in unserer Zeit, Herrn Freiherrn Alexander von Humboldt, an dessen Geburtstage mit der Zusendung eines
reichen, sinnig ausgewählten Sortiments seiner Fabriker-
zeugnisse einen Beweis seiner innigen Verehrung darbringen wollen. Ueber diese Aufmerksamkeit hocherfreut,
drückte Alexander von Humboldt seinen Dank in dem
nachfolgenden, vollständig mit eigener Hand geschriebenen
Briefe, der mir freundlichst durch die Güte des Herrn
Leo von Fischer, den edlen Sohn des edlen Vaters,
zur Benutzung mitgetheilt wurde,[83] aus:

---

[83] Ich sage für die ausserordentliche Gefälligkeit und Liebenswürdig-
keit dem wackeren Manne hiermit öffentlich meinen besten Dank!

„Wo soll ich Worte finden, hochverehrter Mann, um
mich zu rechtfertigen über die Verspätung des innigsten
Dankes, den ich Ihnen für den so edlen Ausdruck Ihrer
Wünsche an meinem 88. Geburtsfeste, für Ihr mich so
ehrendes Andenken aus grosser Ferne, für die so würdige,
anmuthig-bescheidene, charaktervolle Darstellung von dem
Gelingen Ihrer grossen und patriotischen Schöpfungen —
schuldig bin? Meine Rechtfertigung liegt in gemüthlichen
Leiden, deren Ursache bei öffentlicher Kunde Ihnen nicht
unbekannt geblieben ist. Die allgemeine Betrübniss in
den schmerzlichen Tagen der Gefahr, in der das Leben
unseres geistreichen, mir so huldvoll zugethanen liebenswürdigen Königs schwebte, musste mich besonders nieder-
schlagen, der ich ihn vor wenigen Monaten an meinem
Bette gesehen hatte, als man mich von |einem Nervenan-
falle tödtlich getroffen glaubte. Seit dem 10. dieses M.
dürfen wir wieder an Genesung glauben, die Besserung ist
fortschreitend und wir wollen den Allmächtigen anflehen,
dass keine Rückfälle eintreten. Der kunstliebende und
kunstverständige Baron v. Koller (die herrliche etruskische
Vasensammlung des Vaters bin ich selbst in Böhmen von
dem verstorbenen Könige von Preussen |anzukaufen beor-
dert gewesen) war Augenzeuge von der grossen Freude,
welche mir Ihr schönes Geburtstagsgeschenk gemacht hat.
Es ist seitdem von Vielen in meinem Hause bewundert
worden. Die liebenswürdige Weise, mit der Sie, theurer
Mann, das Selbstgeschaffene zu geben wissen, hat mich
ohne eine Spur von Beschämung annehmen lassen. Um
daran zu erinnern, wie diese Gegenstände für mich einen
besonderen Reiz haben mussten, erzähle ich gern, dass ich
im 22. Jahre gemeinschaftlich mit dem grossen Chemiker
Klapproth bei dem technischen Betriebe der königl. Berliner Porcellanfabrik angestellt war, dass ich noch Versuche über das sogenannte Rollen Porcellanerden gemacht,
dass auf der sibirischen Expedition, die ich 1829 für den
Kaiser Nicolaus gemacht, ich nach Khuni-Macka-hug nach
dem Dsaisau-See in die chinesische Dsungarei eindringend,

in einem Thale der chinesischen Provinz Shi, nordöstlich von der Mandschurei-Stadt Tschugutschaug die Freude hatte, ein Feldlager mit klarem Porcellanmergelthon zu sehen. Meine alte Freundschaft mit Alexander Brogniard dem Direktor von Sèvres, und mit Stanislas Iulien, dem Uebersetzer der chinesischen Werke über die Porcellanfabrikation, haben mich die Wichtigkeit des allgemein anerkannten Interesses für Ihre Erzeugnisse fühlen lassen; in erhabener Arbeit, zarter Dünnheit der Formen, Färbung und Geschmack der nachgeahmten alten Malerei habe ich nie etwas ähnliches Vollkommenes gesehen, als das, was Sie in Ihrer grossen Anstalt in Kerend hervorbringen, Tassen, Teller, netzförmige Durchlöcherung der Vase, Alles täuscht gleichmässig das Auge, und mein Dankgefühl ist so innigst als die Hochachtung, welche dem edlen und glücklichen Beförderer ästhetischer Gewerbthätigkeit in hohem Maase gebührt. Der Zustand des Kranken wird es mir erlauben, nächste Woche nach Berlin zu gehen, um dort in die Hände des Gesandten Baron v. Koller für Sie eine Rolle zu legen mit einem grossen, sehr ähnlichen Bildnisse von mir. Ich bin stolz genug zu glauben, dass einige Zueignungsworte von der Hand des Aeltesten aller Landreisenden, eines fast vorsündfluthlichen, Ihnen angenehm sein könnten.

„Mit dankbarer und freundschaftlicher Verehrung

„Eu. Wohlgeboren gehorsamster

„Al. Humboldt.

„Potsdam, Stadtschloss, den 12. Oktober 1857. Nachts.

„Verzeihung für die inkorrekte und schwer zu entziffernde Handschrift." — —

Der Reisende J. J. Benjamin II., welcher Asien, Afrika und Amerika bereiste, wandte sich wegen eines Empfehlungsschreibens an Alex v. Humboldt und Dieser gab ihm folgende zwei Briefe, die wir hier folgen lassen:

1.[84]

Ich habe in Anerkennung des edlen Zweckes, welchen
Sie auf so weiten Landreisen verfolgt haben, die Zustände
eines zerstreuten und unterdrückten Volkes zu ergründen,
mit vielem Interesse einige Bogen Ihres Reisewerks gelesen. Sie schildern Zustände der Entartung der Unterdrückten, der Willkürsgewalt in den Unterdrückern, welche
in Europa wenig bekannt sind und Ihrem Buche gewiss
und mit Recht viele Leser verschaffen werden.
Mögen Ihre neuen Unternehmungen ebenfalls gelingen!
„Berlin, den 25. März 1858.

„Alexander von Humboldt.“

2.[85]

„In der Einleitung zu dem trefflichen und bedeutsamen
Werke, welches der Ueberbringer dieser Zeilen, der Rei-

---

[84] Abgedruckt in „Acht Jahre in Asien und Afrika. Von 1846 bis
1855. Von J. J. Benjamin aus Foltitscheny in der Moldau. 2. Auflage.
Hannover 1858. Selbstverlag des Verfassers.“ Auszug aus einem Schreiben
Sr. Excellenz des Herrn Alex. v. Humboldt, Wirkl. Geh. Raths und
Königl. Kammerherrn u. s. w. in Berlin.

[85] Abgedruckt in „Drei Jahre in Amerika. 1859—1862. Von J. J. Benjamin II. Hannover, Selbstverlag des Verfassers.“ Das Original ist in
französischer Sprache abgefasst und lautet:
Dans l'introduction de l'important ouvrage, que le porteur de ces lignes,
le voyageur Mr. J. J. Benjamin (de Foltitscheny en Moldavie), a publié en
1858 sous le titre: „Huit années en Asie et Afrique“, j'ai exposé conjoin-
tement avec notre grand géographe le prof. Ch. Ritter et le botaniste cé-
lèbre Mr. B. Seemann de Londres, combien était noble que Mr. B. c'était
proposé, en visitant les établissements ou communautés de culte mosáique,
qui victimes de l'intolérence religieuse, mènent une triste vie dans ces ré-
gions lointaines. L'estimable Mr. B. étant sur le point de faire une expedition semblable, sur les traces de B. de Tudele, j'ose prier tous les agens
politiques, consuls et personnes, qui honorent mon nom et mes traxaux de
leur indulgence, de s'intéresser vivement aux succès de la nouvelle entreprise
et d'augmenter le moyens, qui peuve conduire à la réussit d'un voyage
entrepris avec dés-interessement et dans un but entièrement philanthropique.
Le Baron Alexander de Humboldt.
à Berlin, en octobre, 1858.

sende J. J. Bejamin (aus Foltitscheny in der Moldau)
1858 unter dem Titel: „Acht Jahre in Asien und Afrika"
herausgegeben, habe ich gemeinsam mit unserem grossen
Geographen, dem Professor Karl Ritter, und dem berühmten Botaniker Berthold Seemann in London auf
den schönen und edlen Zweck hingewiesen, welchen Herr
Benjamin auf seinen Reisen mittelst der Erforschung und
Durchforschung der mosaischen Ansiedelungen oder Gemeinden verfolgt, die in jenen ferneren Gegenden, Opfer politischer Unduldsamkeit, ein trauriges Dasein fristen. Der
ehrenwerthe Herr Benjamin steht jetzt auf dem Punkte,
den Fusstapfen Benjamins von Tudela folgend, auf's Neue
eine ähnliche Reise zu unternehmen, und deshalb wage ich,
die politischen Agenten, Consuln und alle diejenigen Personen, welche meinen Namen und meine Arbeiten mit ihrer
gütigen Theilnahme beehren, zu bitten, sie wollen sich lebhaft auch für dieses neue Unternehmen interessiren und
zur Erweiterung und Vermehrung der Mittel beitragen,
welche eine Reise zu begünstigen vermögen, die durchaus
uneigennützig und zu einem rein philanthropischen Zwecke
unternommen wird.

„Berlin, im Oktober 1858.

„Freiherr A. v. Humboldt." [86] — — —

Dem Zeugnisse Humboldts schlossen sich an: Karl Ritter, Professor,
H. Petermann, Prof. in Berlin, A. Petermann, Prof. in Gotha, Dr. Delitzsch,
Prof. in Erlangen, Prof. Dr. E. v. Hoffmann in Erlangen, Dr. J. Liebig in
München, Dr. B. Haneberg, Abt in München, Dr. G. H. v. Schubert in
München, Pr. Dr. v. Lasaulx in München, Franz Löher in München,
Prof. Dr. Neumann in München, Erzbischof Michael v. Deinlein in Bamberg,
Dr. G. Anton v. Stahl, Bischof von Würzburg, Dr. Ulrichs in Würzburg,
S. Munk in Paris, Johann N. Neumann, Bischof in Philadelphia, L. Agassiz
in Cambridge (Vorstadt Boston); Dr. H. Gute in Hannover schrieb dazu
die Vorrede. Wie man sieht, hat Herr Benjamin II. durch die empfehlen-
den, herzlichen Worte eine ganze respektable Anzahl von Gelehrten zu ähnlichen Aeusserungen veranlasst. Wahrscheinlich hat der derartig protegirte
Reisende auch ein gutes Geschäft mit seinem Buche gemacht, was die
zweite Auflage desselben bis zur Evidenz erheben dürfte. —

[86] Wenn wir alle die Berührungspunkte, die zwischen Humboldt und
einzelnen Juden stattfanden, namhaft machen wollten, müssten wir den

Die überaus grossen Verdienste, die sich Alexander von Humboldt durch Wort und Schrift um das Judenthum erworben, veranlassten einen ausgezeichneten jüdischen Gelehrten, Chajim Selig Slonimski, zur Feier des 88sten Geburtstages des hochverdienten Mannes eine hebräisch geschriebene Biographie desselben herauszugeben: Dieselbe erschien unter dem Titel:

אות זכרון לאלכסנדר פאן הומבאלד ביום מלאת לו שמונה ושמנים שנה. קורות ימי חייו ,מסעיו, ספריו מאת חיים זעליג סלאנימסקי.

Auch unter d. T. „Alexander von Humboldt. Eine biographische Skizze. Dem Nestor des Wissens zu

Rahmen, den wir uns in diesem Werke auszufüllen vorgenommen, weit überschreiten; wir beschränken uns deshalb nur auf die Aufzählung folgender Momente:

Als der berühmte Orientalist Julius Oppert in Paris eine Arbeit über „die chaldäischen Längenmaasse" veröffentlichte, da theilte er dieselbe vorher zur Prüfung an Alexander v. Humboldt mit, und erst als Dieser sich über dieselbe lobend aussprach, wurde sie im Bull. Archäol. abgedruckt. Der Kern der Oppert'schen Arbeit war die Entdeckung, dass alle Backsteine Babylons, welche den Stempel Nebukadnezars, Neriglissars und Nabonids trugen, sämmtlich von Einer Grösse waren. Oppert schloss daraus, dass in den Seiten dieser Quadrate uns die Einheit eines Längenmaasses enthalten sei. —

Der gemüthvolle deutsche Dichter L. A. Frankl ward am 21. Oktober 1857 Vormittags durch Meyerbeer Alexander v. Humboldt zugeführt, wobei Frankl Demselben ein Exemplar seines „Kolombo" mit folgender Widmung überreichte:

„Kein König und kein Schlachtenheld
Sein Ruhm wird ewig gelten!
Du aber hast in neuer Welt
Entdeckt erst neue Welten.
Der Spruch der Mit- und Nachwelt heisst:
Er gab den Körper, Du den Geist." —

Der edle Wohlthäter Geh. Commerzienrath Alexander v. Mendelssohn in Berlin gab dem, durch sein kärgliches Einkommen sich oft in Geldverlegenheit befindlichen Humboldt zuerst eine freie Wohnung in seinem Hause, dann schenkte er ihm das bekannte hübsche Haus auf der Oranienburgerstrasse. —

Humboldt war auch im Besitze einer goldenen Medaille, welche auf Mendelssohns „Phädon" im vorigen Jahrhundert geprägt wurde und die auf der einen Seite das Bildniss des unsterblichen Philosophen, auf der andern die Gestalt des Phädon zeigte; sie befindet sich jetzt im Besitze von Berthold Auerbach, der sie im Jahre 1861 als Geschenk erhielt. —

seinem 88sten Geburtstage gewidmet von S. Slonimski. Berlin, Verlag von Veit & Comp. 1858. S. 100. 8."

Zunächst einige Worte, die den Verfasser betreffen. Chajim Selig Slonimski wurde in Bialystock geboren. Mit mathematischen und astronomischen Kenntnissen ausgerüstet, trat er zuerst mit einem Werke Moss de-Ha-Hochma auf, worin der Jugend ein Lehrbuch für sämmtliche physikalische Wissenschaften — in hebräischer Sprache geboten wird. Im Jahre 1835 veröffentlichte er die treffliche Schrift Cuchba de Schebith, die, in sechs Abschnitte zerfallend, sich über verschiedene Gegenstände der Astronomie verbreitet. Slonimski war der Erste, der in diesem Buche auf die merkwürdige Stelle des Sohar aufmerksam machte, die über Gestalt und Bewegung der Erde handelt, welche später viele Zeitungen mittheilten. 1838 gab er unter dem Titel Toldoth Schomajim ein astronomisches Werk heraus, das voll der scharfsinnigsten Forschungen ist. Professor Arminski und der Astronom Baranowski haben eine Belobigung dieses Werkes in polnischer Sprache vordrucken lassen. Ein Sendschreiben Rapaports an den Verfasser, über die Sternnamen in Bibel und Talmud, wie auch Aufstellungen über die Geschichte des Bar-Cochba, das vorne beigedruckt ist, macht dieses Büchlein auch in anderen Beziehungen schätzbar. Slonimski erfand ein Recheninstrument, dass so vortrefflich befunden wurde, dass die Petersburger Akademie in ihrer Sitzung vom 26. Mai 1845 dem jungen jüdischen Mathematiker als Lohn für diese Erfindung den Demidoff'schen Preis, im Werthe von 2500 R. B., der alljährlich für die besten, in russischer Sprache erscheinenden, wissenschaftlichen Werke vertheilt wird, zuerkannte. Slonimski war im Jahre 1844 in Preussen und zeigte hier den berühmtesten Gelehrten sein Recheninstrument. In Berlin machte er die Bekanntschaft von Bessel, Jakobi, Enke, Krelle und anderer grosser Physiker. Alexander v. Humboldt interessirte sich ausserordentlich für ihn und durch seine Vermittelung gelangte der geniale Mathematiker vor den

König, der ihn förmlich mit Beifallsbezeugungen überschüttete. Trotz seines gewaltigen Talents und seiner
grossen Verdienste um die Wissenschaft musste Slonimski
Zeit seines Lebens am Hungertode nagen und — wie die
Akademiker J. Fuss und Bunjakowski in ihrem Memorandum vom 10. April 1845 sich ausdrückten — „er lebte
in einem unaufhörlichen Kampfe seines wissbegierigen
Geistes mit harter Noth."

Ueber die Tendenz seines Buches spricht sich Slonimski in der Vorrede folgendermaassen aus: Die Lebensereignisse dieses grossen Mannes sind mit der Entwickelungsgeschichte der Künste und Wissenschaften der letzten
70 Jahre eng verbunden; denn alle Werke und Thaten
Alexander von Humboldts, die er im Laufe seines
Lebens geschaffen, sind in den neueren Entdeckungen und
Errungenschaften enthalten; und giebt es wohl Jemand,
der an den Pforten der Wissenschaften gewacht und nicht
ergriffen wäre von der Grossartigkeit und wunderbaren
Fülle, die uns in wissenschaftlicher Beziehung die letzten
Jahre gebracht? Wessen Lippen überströmten nicht vom
Lobe dieses grossen Mannes? — —

Daher habe ich mich bestrebt, auch unseren Glaubensgenossen, welche Begebenheiten in hebräischer Sprache zu
lesen wünschen, die Biographie dieses weltheuren Mannes
zu erzählen, um einerseits ihr Herz für die Herrlichkeiten
der grossen Entdeckungen, die zu Tage gefördert worden,
zu erwärmen und andererseits ihnen zu zeigen, welch' ungeheuren Mühen und Strapatzen sich die Forscher Zeit
ihres Lebens unterziehen, ohne zu ermatten, um nur die
Geheimnisse der Weisheit zu enthüllen und die Wahrheit
zu erlangen! Aber ich wollte hiermit auch ein Erinnerungszeichen auf den Gefilden der hebräischen Sprache für den
Namen des Weisen errichten, welcher der Erste in den Wissenschaften ist und der dennoch mit der Fülle seiner Gerechtigkeits- und seines Edelsinns stets den Israeliten beigestanden, um vor den Augen aller Völker und Nationen Rühmenswerthes über dieselben zu äussern; wahrlich! ein jeder

Jude, in dessen Brust die Liebe zu seinem Volke lebt, muss
Dank und Verehrung zu Ehren des edlen Weisen darbringen,
vor dessen glorreichem Namen selbst die Sonne verblasst und
dessen Verdienste die Jahrhunderte überdauern werden.[87]

Die Lektüre dieses vortrefflichen Buches[88] muss Jeden
davon überzeugen, dass Humboldt sich keinen besseren
Biographen hätte wünschen können, als er in Slonimski
gefunden hat. Die Gabe ist, mit einem Worte, des Ge-
bers vollständig würdig. Das Werkchen zerfällt in zwei
Theile, wovon der erstere die Biographie des „Nestors des
Wissens" umfasst, der letztere eine gedrängte Uebersicht
des Kanons der Naturwissenschaften, des Kosmos, darbietet·
Beide Theile sind sowohl in wissenschaftlicher wie sprach-
licher Form mit bewunderungswürdiger Geschicklichkeit
ausgearbeitet.

An dem Gerüst der vielfachen Reiseunternehmungen
ranken sich wohlgefügt die wissenschaftlichen Ergebnisse
dieser Unternehmungen hinauf: wir begleiten den Touristen
nicht allein auf den gefahrvollen Expeditionen in Asien
und Amerika, sondern wir belauschen ihn auch in seinen
Experimenten; wir sehen in seinem Geiste die für die
Wissenschaft so unendlich wichtigen Resultate entstehen.
Daneben bietet der Auszug aus dem Kosmos, im II. Theile

---

[87] Die Vorrede lautet in hebräischer Sprache:

קורות ימי חיי האיש הגדול הזה נושאים בד בבד עם קורות השתלשלות
החכמות והמדעים, אשר הלכו ונתרחבו במשך שבעים שנה האחרונים, כי כל
פעוליותיו ומעשיו אשר עמל ויגע בהם כל ימי חלדו, המה ארוגים וטסובכבים
בתוך המדפים החדשים חחם, ומי האיש אשר שקד על דלתי החכמה לראות
את הגדילות ונפלאות, אשר הוציאו לנו הימים האחרונים האלה, ולא תבענה
שפתיו תהלה להחוקר הגדול הזה? ע"כ מצאתי את לבבי נכון לספר גם לבני
עמנו, התאברים לשמוע דברים בשפח עבר, את תולדות האיש היקר הזה, אם
למען חעיר את לבבם על תפארת חידיעות הרבות, אשר נפוצו על הארץ בימינו
אלה, ולהראות להם את חיגיעות והשתדלות העצומות, אשר רגעו ולא ייצפו בהם
החוקרים כל ימי חלדיהם לגלות מצפוני החכמה ולהוציא האמת למענהו; וגם
למען הקים בזה אות זכרון לשם החכם הזה על שדמות לשון עבר, אשר נוסף
על חכמתו חרבה, עמד ברוב צדקתו וחסידותו לימין עם בני ישראל, לדבר טובה
עליהם לעיני כל העמים והלשונות, וכל איש ישראל, אשר אהבת עמו נגעה בלבבו,
ימלא פיו תודה ותהלה לכבוד החכם החוקר ההוא, אשר לפני שמש ינון שמו
יצדקתו יעמוד לעד. —

[88] S. Frankels Monatsschrift. Jahrg. VII. S. 459.

des Werckchens, eine so vortrefflich geordnete, klar und
populär durchgeführte Zusammenstellung aller Ergebnisse
der neuesten Forschungen im Bereiche der Naturwissenschaften, wie sie sich kaum in den besten, in dies Gebiet
einschlagenden deutschen Schriften finden dürften. Man
lese nur S. 54 ff. die vortreffliche Abhandlung über die
Verspätigung der Lufteindrücke, die wir von den Himmels-
körpern empfangen, über das specifische Gewicht der Ko-
meten-Substanz, die Interferenz und Undulation des Lichtes,
S. 76 ff. über das Wesen und die Erscheinungen des Mag-
netismus, S. 85 ff. über die Meerströme: und man wird in
dem hier ausgesprochenen Lobe keine Uebertreibung finden.
Bedenkt man noch die Schwierigkeit, welche sich dem gelehrten Verfasser in der Anwendung des hebräischen
Idioms auf die moderne naturwissenschaftliche Termino-
logie bieten musste: so wird man mit Erstaunen über die
Leichtigkeit und verhältnissmässige Reinheit des Stils erfüllt.

Dieses prachtvolle Büchlein nun schickte der Verfasser
an Alexander v. Humboldt, zu dessen 88sten Geburtstage. Wie sehr sich der noch sehr rüstige Jubilar über
diese zarte Aufmerksamkeit freute, beweist nachstehendes
Schreiben, welches wir noch, als die letzte Kundgebung
Humboldts bezüglich der Juden, hier mittheilen wollen:

„Verehrtester Herr Slonimski![89]

„Ich bin tief in Ihrer Schuld durch so lange Verzöge-
rung des Dankes für eine Ehre, die Eu. Wohlgeboren mir
so wohlwollend bereitet haben. Die unruhige Lage, in der
ich lebe, in einer politisch und gesellschaftlich so sehr bewegten Zeit, kann mich kaum rechtfertigen. Der hebräischen
Literatur leider entfremdet, aber von früher Jugend an mit
den edelsten Ihrer Glaubensgenossen innigst verbunden,
ein lebhafter und ausdauernder Verfechter der ihnen gebührenden und so vielfach noch immer entzogenen Rechte,
bin ich nicht gleichgültig für die Ehre, die Sie mir er-

---

[89] Der Brief ist dem Buche vorgedruckt.

wiesen haben, Das Zeugniss eines tiefen, orientalischen
Sprachkenners, des vortrefflichen, so mannigfach ausgebil-
deten Dr. Michael Sachs, kann eine solche Auszeichnung nur erhöhen. Es ist für den biographisch Belobten
fast eine Beruhigung, der Ursprache nicht mächtig zu sein.
Ich werde von Dinstag an wieder einige Wochen in Berlin
wohnen — und von Dinstag an wird jeden Tag zwischen
1 und 2 Uhr es mir eine Freude sein, Herrn Slonimski,
falls, er nicht schon nach Warschau zurückgekehrt ist, in
Berlin zu empfangen und Ihnen den Ausdruck der innigen
Hochachtung mündlich zu erneuern, die Ihren schönen
früheren wissenschaftlichen Bestrebungen gebührt.

„Eu. Wohlgeboren gehorsamster

„Alexander von Humboldt." — — —

Wir haben die freundschaftlichen Beziehungen Alexander von Humboldts zu den Juden nach den uns vorlie-
genden, leider nicht sehr ausgiebigen Daten zu schildern
gesucht. Welche Hoheit der Gesinnung, welcher Adel des
Herzens und welcher erfrischende Odem des wahren, an
keine Confession gebundenen Menschenthums spricht
aus diesen Zeugnissen! Und welch'. erquickender, trostreicher
Zukunftsapostel ist für uns dieser edle Geist! Wenn einmal — was Gott verhüten möge! — wieder die Furie des
Judenhasses und des Raçenfanatismus entfesselt werden,
wenn der tausendjährige, entsetzliche „Hep-Hep"-Ruf des
entmenschten Pöpels abermals ertönen sollte — da wird
wohl manch' bekümmertes, verhöhntes und verhetztes jüdische Herz hoffnungsfreudig auf den verklärten, hehren Genius hinaufblicken, der sich uns so liebevoll genaht, der
die Wunden, die uns das Christenthum seit achtzehn Jahrhunderten geschlagen, mildern und die Thränen, die uns
noch in unseren Tagen die Ungerechtigkeit und Vorurtheile
der Regierung und Bevölkerung so oft auspressen, trocknen
wollte! — — —

Man hat von gewisser, selbst liberaler, Seite den Juden es zum Vorwurfe gemacht, dass sie noch immer über
den „altersgrauen Judenschmerz" ihre Klagelieder anstim-
men. Man ruft uns oft zu: was trauert Ihr noch, die Jü-
denemanzipation ist in dem civilisirten Europa theils vollständig durchgeführt, theils auf dem Wege ihrer Realisirung?! Eine schöne, herrliche Zeit ist sie, dieses Jahrhundert! Seht Ihr denn nicht, wie die Sonne der Humanität mit tausend Flammen leuchtet? wie sie die verwit-
terten, versteinerten Züge des „ewigen Juden" belebt und
Freiheit bringt den Kindern Israels? .... Wir sind
weit davon entfernt, die grossen Fortschritte der Gleichstellung und Gleichberechtigung, die seit einem Jahrhunderte statt fanden, in Abrede zu stellen; wir erkennen dieselben vielmehr dankend an und preisen den Staat und
die erlauchten Monarchen, welche den Muth hatten und
haben, das Menschenthum nicht über dem „christlich-
germanischen" Confessionalismus zu vergessen ....
aber, wir erlauben uns die bescheidene Frage! giebt es, besonders in dem „Staate der Intelligenz", in Preussen, auch
nur eine einzige Nationalität, die in tausend Beziehungen
so unterdrückt und geknechtet wäre, wie die jüdische?
Was haben wir denn eigentlich während eines Säkulums,
seitdem Dohm, Mendelssohn, Herder und andere erlauchte
Geister für die Juden in die Schranken traten, erlangt? —
Nun, einige Rechte, aber kein Recht, einige Freiheiten,
aber keine Freiheit, einige Emancipationen, aber keine
Emancipation!! ....
  Es ist wohl wahr, wir werden nicht mehr gesteinigt,
gefoltert, verbrannt und von unten nach oben gerädert und
auf's Rad geflochten; wir werden nicht mehr in die miasmen-
geschwängerten Ghettis — die trockenen Guillotinen
des Mittelalters und der Neuzeit — gepfercht, wir brauchen
nicht mehr — wenigstens in einigen Staaten — Leibzoll
zu zahlen und auf unseren Köpfen spitze Hüte und
auf unseren Röcken gelbe Flecke zu tragen — aber
unsere Zeit ist ebenso judenfeindlich wie vor

sechs Jahrhunderten; denn während damals unser
Leib gepeitscht und unser Körper vergiftet wurde,
wird in unseren Tagen unser Geist geknechtet und
geknebelt. Der „christlich-germanische Staat duldet z. B.
keinen einzigen ordentlichen Professor; keinen höheren
jüdischen Staatsbeamten; kein jüdisches Officier- oder
Kadetchen u. s. w. u. s. w.

Zu unserem tiefsten Weh müssen wir es aussprechen,
das noch jetzt die Worte des „Trödeljuden" in Karl
Becks gleichnamigem Gedichte zutreffend sind, die da
lauten:

Ein jüdisch Kind — auf deutscher Erde —
Ich trug es kaum, du trägst es nie.
Du willst des Christen Herz gewinnen,
Und sinnst und strebst und weisst nicht wie.
Er grollet nicht um Jesu willen,
Er grollet, bis dein Athem stirbt —
Weil deine Hand um Gold und Güter
Geschwinder und beglückter wirbt.

Du musst ja schaffen, musst erraffen,
In steter Gier nach Gut und Geld;
Sie gönnen dir kein Handgewerke,
Sie gönnen dir kein Ackerfeld.
Du darfst ja nicht zur Jugend sprechen
Von eines Lehrers hohem Pfühl,
Kein Sternchen scheint dem wackern Busen,
Der sich bewährt im Kampfgewühl.

Du bist kein Mann in Amt und Würden,
Dein Eid ist matt, dein Herz ist lau;
Doch Geld — o Kind — das darfst du geben
Für einen frommen Kirchenbau.
Du darfst im Land die Kranken heilen,
Den Bettlern reichen Brod und Wein,
Und darfst wie ich und deine Brüder,
Ein schlechter Trödeljude sein. — — —

Darum beugen wir unser Knie in Ehrfurcht vor den
Manen Alexander von Humboldts! Allen Verdäch-
tigungen und Einflüsterungen zum Trotze nahte er sich mit
seiner sonnigen Menschenliebe den Juden, die das Glück
hatten, ihn kennen zu lernen; er war ihnen ein edler, auf-
opferungsfähiger Freund, ein Rathgeber und Helfer zur

Zeit der Noth. Die Judenfeinde waren auch die Feinde Alexander von Humboldts; sie hetzten und intriguirten stets gegen Denselben, aber es half ihnen nichts; denn es bewährte sich immer an diesem „Alexander dem Grossen" des Geistes das Dichterwort:

Licht und Geist und Wissensfreiheit
War des Feldherrn Losungswort,
War die heilig grosse Dreiheit,
Der er diente fort und fort.

Und als hätt' er nicht gewonnen
Hundertmal schon Sieg um Sieg,
Immer wieder die Kolonnen
Führt er in den Geisterkrieg.

Ein Besieger selbst der Jahre,
Wuchs Begeistrung ihm und Kraft,
Schaffend noch mit grauem Haare,
Was die Jugend selten schafft. . . . . . .

Alexander von Humboldts Beziehungen zu Jüdinnen.

III.

Während viele berühmte Männer am Ende des vorigen und im Anfange unseres Jahrhunderts, wie z. B. Brink-mann, Prinz Friedrich Wilhelm, Gentz, Friedrich Schlegel, Schleiermacher, im Umgange mit hochgebildeten, kunstsinnigen und feinfühligen Damen die schönsten Blüthen ihres Geistes entfalteten und am liebsten im glatten Parquet' jüdischer Salons, wo schwarzgelockte, geistreiche Töchter Zions als Heben den Becher kredenzten, auftraten, finden wir Alexander von Humboldt nur mit zwei, allerdings den genialsten und schönsten, Jüdinnen — denn das spätere Taufwasser derselben konnte ihre echtjüdischen Eigenthümlichkeiten nicht wegwaschen — in freundschaftliche Verbindung treten, mit Henriette Herz und Rahel Levin.

Henriette Herz[90] wurde zu Berlin am 5. September 1764 geboren. Sie war die Tochter des Dr. de Lemos, eines Arztes von portugiesischer Herkunft, aus dessen zweiter Ehe mit einer geborenen Charleville. Ihre ebenso

---

[90] Vgl. Henriette Herz. Ihr Leben und ihre Erinnerungen. Herausgegeben von J. Fürst. (Berlin 1858. Verlag von W. Hertz), die Erinnerungen und Tagebücher von Varnhagen von Ense, 12 Bde., bei F. A. Brockhaus in Leipzig, wie auch die vorzüglich geschriebenen Artikel von R. Hillebrand in der Revue des deux Mondes (15. März 1870) über „die Berliner Gesellschaft von 1789—1815'"

frühe körperliche Ausbildung bei grosser Schönheit gab
sie manchen ungünstigen Einflüssen preis, welche nur bei
einer so gesunden, ursprünglichen Natur ohne nachhaltige
schädliche Folgen bleiben konnten. In eine, mit einer
Pensionsanstalt verbundene Schule geschickt, bei deren
Wahl die Eltern wenig Vorsicht geübt zu haben scheinen, hörte sie schon als Kind von dort aus- und eingehen-
den Officieren Schmeichelworte, welche ihre Eitelkeit an-
regen mussten. Glücklicherweise erzählte sie in ihrer Un-
befangenheit zu Hause von diesen militairischen Besuchen,
und die Eltern entschlossen sich von da an klüglich, sie
im Hause unterrichten zu lassen. Aber diese selbst scheinen nicht die Anlässe gemieden zu haben, welche der Eitelkeit des Kindes, und vielleicht ihrer eigenen auf dasselbe,
Nahrung geben konnten. Als Prinzessin Amélie, die
Schwester Friedrichs des Grossen, einst eine der Lauben,
in welchen die Juden am Laubhüttenfeste wohnen und ihre
Mahlzeiten einnehmen, besichtigte, wurde ihr in der zu
dem Zwecke ausgewählten eines der reichsten Juden als
schönste Zier des prächtig geschmückten Raumes die kleine
Henriette vorgestellt; und es ist fast zu verwundern, dass
Diese sich später eben so oft der schielenden Augen der
Fürstin erinnerte, welche ihr sehr missfielen, als der freundlichen Worte und Liebkosungen derselben, welche ihr sehr
gefielen. Doch als einige Zeit darauf die Königin Ulrike
von Schweden, eine andere Schwester des Königs, bei ihrer
Anwesenheit in Berlin der Ceremonie einer jüdischen Hochzeit beiwohnen wollte, und das schöne Kind aus der jüdischen Gemeinde, welche nun schon bei allen Feierlichkeiten,
bei denen ein solches anzuwenden war, die Rolle überkam,
durch die Entzündung eines Auges verhindert war, unter
Ueberreichung eines Carmens eine Anrede zu halten, weinte
es sich begreiflicherweise das gesunde Auge gleichfalls
krank. Zur Entschädigung liess man bald darauf das acht-
bis neunjährige Mädchen in einem Konzerte Clavier spielen,
wobei ein junger Officier auf dem Cello begleitete. Man
fand, dass sie sehr schön spielte, weil sie sehr schön war.

9*

Und als dem Konzerte ein Ball folgte, und sie nun mit ihrem Tanzlehrer, einem kleinen ältlichen Franzosen, ein Menuet tanzte, fand man wieder, dass sie sehr gut tanze. Und das Kind hatte wohl gemerkt, dass die hinteren Zuschauer sogar auf die Stühle stiegen, und noch die Marone erzählte davon. Die Gegenstände des häuslichen Unterrichts bestanden in Musik, Schreiben, Rechnen und Geographie, besonders aber in Hebräisch. Da der Versicherung Henriette's, sie habe schon damals angefangen das Alte Testament nebst einigen Commentaren desselben in's Deutsche zu übersetzen aller Glauben beizumessen ist, so spricht dies für eine wunderbare frühe Entwickelung ihres allerdings bedeutenden Sprachtalentes.

Die Lektüre des jungen Mädchens scheint einer angemessenen Leitung entbehrt zu haben. Schon früh las sie Alles ohne Unterschied, was die Bibliothek an Romanen bot. Die Unsittlichkeit mancher der letzteren berührte ihren reinen Sinn nicht, aber die Romane aus der Epoche der Empfindsamkeit, welche mit ihrer Kindheit zusammenfällt, blieben weniger einflusslos. Der Same fiel hier in ein leicht bewegliches Gemüth, und sie liessen eine Reizbarkeit in ihr zurück, welche auch die Jahre nicht bewältigten.

Henriette war 12½ Jahre alt, als sie mit Dr. Marcus Herz verlobt wurde. Eine Grostante derselben eröffnete ihr plötzlich, dass sie einen Mann bekommen würde. Der Vater, Dr. Lemos, frug das Mädchen: „Mein Kind, wen möchtest Du lieber heirathen, einen Doktor oder Rabbiner?" Da antwortete sie: „Ein Doktor wäre mir freilich lieber."

„Dies war nun die Einwilligung" — erzählt sie selber in ihren Aufzeichnungen —, „so gültig, als hätte ich sie durch Brief und Siegel bekräftigt, und nach dem Mittagsessen eröffnete mir meine Mutter, dass ich am Abend dem Dr. Marcus Herz verlobt werden würde, den ich ja genug kenne durch persönliche Bekanntschaft sowohl als durch seinen Ruf als Arzt und Gelehrter. Sie hielt mir dann eine lange Rede, die mir in dem Augenblick sehr ungelegen kam und mir sehr langweilig war, die ich aber aus kindlicher Pietät und nicht ohne Nutzen für mich anhörte, denn sie enthielt manche gute Lehre, deren ich mich später wohl erinnerte und die mir wohl zu Statten kam." Nach 2½ Jahren erst fand die Hochzeit statt.

Ueber ihre Ehe wollen wir auch ihre eigenen Worte anführen: „Meine Ehe darf ich ein glückliches Verhältniss nennen, wenn vielleicht nicht eine glückliche Ehe. Die Ehe bildete für meinen Mann nicht einen Mittelpunkt seines Seins, und nächstdem war die unsere nicht durch Kinder gesegnet. Wäre mir das Glück vergönnt gewesen, ich weiss, ich wäre eine gute Mutter geworden, wie ich eine gute Gattin war. Denn das Zeugniss darf ich mir geben: Mein Mann war durch mich so glücklich, als er überhaupt durch eine Frau werden konnte."

Das Letztere bezeugen Alle, welche ihr eheliches Verhältniss näher kannten. Ludwig Börne, als Kostgänger ihres Gatten längere Zeit Hausgenosse des Ehepaars, und daher hier um so urtheilsfähiger, als eheliche Missklänge oft vor der Welt in die befriedigendsten Consonanzen aufgelöst werden, während sie daheim unaufgelöst das Haus durchschrillen, versicherte, wie Gutzkow in dessen Leben berichtet, nie eine Frau gekannt zu haben, welche sich besser in einen viel älteren Mann zu schicken gewusst hätte als Henriette Herz.

Ihr Mann war doppelt so alt als sie; er wurde am 17. Juni 1747 zu Berlin geboren.[91] Herz sollte sich dem Talmudstudium widmen, ging aber 1762 als Handlungsdiener nach Königsberg und studirte, da er nach einiger Zeit jener Lebensweise überdrüssig war, Philosophie und Medizin, worin sein heller Geist mehr Nahrung fand. Kant gewann ihn lieb und empfahl ihn bei seiner Rückkehr nach Berlin mehreren bedeutenden Männern. Ehe er aber hier seine Studien fortsetzen konnte, machte er, zur Verbesser-

---

[91] „Jüdisches Athenäum," Leipzig und Grimma, 1851, S. 93—94.

ung seiner Vermögensumstände, eine Reise über Kurland
nach Polen als Sekretair des Geh. Raths Ephraim. In
Mitau — wohin er von Berlin sowohl an die dortigen Professoren des herz. akad. Gymnasiums als auch von Kant in
Königsberg an dessen zu Mitau' lebenden Bruder empfohlen worden war — hielt er sich einige Zeit auf, wo es ihm
auch gelang einen Verleger, für seine Erstlingsschrift
„Versuch über die Ursachen der Verschiedenheit des Ge-
schmacks" (1776. 8.) zu finden. In Halle zum Doktor pro-
movirt, fand er in Berlin am jüd. Krankenhause eine Anstellung. Im Jahre 1777 fing er an, Vorlesungen zu halten,
sowohl über medizinische Gegenstände als auch über Philosophie. Die Letzteren hielt er gewöhnlich vor einem zahlreichen Publikum, worunter selbst die Prinzen des Königlichen Hauses sich befanden, mit vielem Beifall. Im
Jahre 1775 reiste er zur Herstellung seiner angegriffenen
Gesundheit in das Bad Pyrmont, wo ihn der Fürst von
Waldeck zum Hofrath und Leibarzt ernannte. Nach seiner
Rückkehr in Berlin begann er seine Vorlesungen wieder,
die er bis wenige Jahre vor seinem Tode fortsetzte. Im
Jahre 1791 wurde er Professor der Philosophie, entsagte
jedoch in seinen letzten Lebensjahren dem Studium derselben und widmete sich ausschliesslich seinem ärztlichen
Berufe. Er starb am 19. Januar 1803. Ausser seinen kleinen Aufsätzen medizinischen, philosophischen, phycholo-
gischen und theologischen Inhalts in den verschiedenen
Zeitschriften veröffentlichte er u. A. noch folgende Schriften: „Versuch über die Ursachen der Geschmacksverschie-
denheit," von der wir bereits oben gesprochen haben,
„Briefe an Aerzte," 2 Sammlungen, Berlin 1777, 1778,
„Grundriss der medizinischen Wissenschaften," Berlin 1782,
„Vorlesungen über Experimentalphysik," Berlin 1787 und
sein Hauptwerk „Versuch über den Schwindel," Berlin 1786. —

So war der Mann beschaffen, der die damals in Berlin
lebende grösste Schönheit heimführte. Er war ein ausgezeichneter Schüler Kants, ein scharfsinniger, klarer und

nüchterner Kopf. Was wir bei ihm besonders rühmend
hervorheben müssen, ist der Umstand, dass er bei seinen
tagtäglichen Berührungen mit anderen Confessionen nie
den Juden verläugnete, ja, er hatte sich sogar, so weit es
sein Rang und sein ärztlicher Stand gestattete, dem jüdischen Ritual nicht so ganz entfremdet. Er, der seine ele-
gante Equipage besass und sonst gewöhnlich in derselben
seine Patienten besuchte, bediente sich dieser Sonnabends
nur in dem nothwendigsten Falle, nämlich, wenn man in
der Umgegend seine Hilfe erwartete, in der Stadt aber sah
man ihn am siebenten Tage der Woche zu den Patienten
gehen.

Man erzählt, dass, als er einmal an einem solchen
Tage auf dem Wege zu einem Kranken war, ein jüdischer
Arzt vorbeifuhr, der, bei mehr Arroganz als Sachkenntniss,
sonst wenig Praxis hatte. „Nun, was sagen Sie dazu?"
rief unserm Herz ein guter Freund zu, „dieser Doktor
fährt am Schabbes!" — „Ei was!" erwiderte der Gefragte;
„mich wundert es nicht, dass er am Schabbes fährt; mich
wundert's dass er überhaupt fährt."[92]

---

[92] Folgende zwei hübsche Anekdoten dürften jedenfalls von Interesse sein:
Marcus Herz hatte auf seinem Wagen die Anfangsbuchstaben seines
Namens, M. H., stehen. „Jetzt fällt es mir ein," sagte einst ein vertrauter
Freund zu ihm, „dies soll gewiss heissen: „Malach Hamoves" (der Todes-
engel). — „Schlecht gerathen!" versetzte der geistreiche Arzt, „dies heisst:
„Mechajeh Hamessim" (Belebt die Toden). —
Marcus Herz war sehr wohlthätig, namentlich gegen jüdische Stu-
dirende. Einstmals aber mochte er übler Laune oder sonst verhindert
sein, kurz, einen jungen, ihm dringend empfohlenen Mann liess er ohne alle
Berücksichtigung. Nachdem Dieser, wenn auch mit vieler Noth, sein Studium vollendet und sein Doktorexamen gemacht hatte, hielt er es dennoch
für angemessen, dem Hofrath Herz ein Exemplar seiner Doktordissertation
persönlich zu überreichen. Herz nahm ihn freundlich auf. Unter Anderm
erzählte er ihm einen eben vorgekommenen Fall, wo ein Kind ohne ein wichtiges Organ geboren worden. „Was meinen Sie," frug er den jungen Arzt
„wird das Kind leben können?" — „Allerdings!" lautete bestimmt die
rasche Antwort. — „Hm!" sagte H., „woraus schliessen Sie das? Wir
Aerzte hier sind noch sehr im Zweifel!" — „Nun," antwortete der junge
Mann, „ich habe vier Jahre ohne Herz gelebt, kann das Kind ja auch
ohne . . . . leben." —

Marcus Herz war mit allen damaligen Trägern der Intelligens Berlins befreundet, und gern übertrugen Diese ihre Freundschaft auch auf die junge, schöne, empfängliche Frau. Wir finden in ihrem näheren Umgange die damals glanzvollsten Namen unter den Koryphäen der Belletristick, Philosophie, Theologie, Naturwissenschaft und das Soldatenthums. Ramler, Moritz, Engel gehörten zu den Schriftstellern, mit denen sie vielfach in und ausser ihrem Hause verkehrte. Aber auch zu dem älteren Spalding, der trotz vorgerückter Jahre den Bewegungen der schönen Literatur mit Theilnahme und jugendlicher Lebhaftigkeit folgte, zu Teller, welchem bis zu seinem Lebensende der Sinn für alles Schöne treu blieb, zu Zöllner, trotz seines geistlichen Standes sehr gewandter Weltmann und angenehmer und belehrender Gesellschafter, bildeten sich freundschaftliche Verhältnisse, ein noch vertrauteres zu Dohm, etwas später ein Gleiches zu dem jüngeren Spalding. Ihren intimen Kreis bildeten noch ferner: Graf Christian Bernstorff, Gentz, der spätere preussische Minister Graf Alexander von Dohna-Schlobitten, dessen Verhältniss zu ihr vielleicht mehr als das irgend eines ihrer anderen Freunde den Charakter der Liebe trug, und welcher, trotz seines hohen Standes und seiner hervorragenden Stellung in der Gesellschaft wie im Staatsdienste, nicht Anstand nahm, ihr nach dem Tode ihres Gatten seine Hand anzubieten, welche sie jedoch zurückzuweisen sich bemüssigt sah; wie auch: Gustav v. Brinckmann, Fessler, Friedrich Schlegel, Schiller, Göthe, Börne, Schleiermacher und andere hervorragende Capacitäten. Ihre reine Weiblichkeit führte ihr jedoch auch die bedeutendsten Frauen entgegen. Und Berlin war in ihren früheren Jahren an diesen sehr reich. Sie webten die duftendsten Blüthen in den Kranz der Geselligkeit. Sie waren es, welche dieser eine eigenthümliche, noch heute merkbare Färbung verliehen, ja man darf sie vielleicht die eigentlichen Schöpferinnen des Conversationstones der preussischen Hauptstadt nennen.

Marcus Herz las alsbald nach seiner Verheirathung in seiner Wohnung philosophische Collegia, zu welchen sich, wie gesagt, ein sehr gewähltes Publicum einfand. Diese hatten um so mehr eine förderliche Ausdehnung der freundschaftlichen Verbindungen zur Folge, als er die tüchtigeren und interessanteren unter seinen Zuhörern zum Abendessen einlud. Später traten noch sehr beifällig aufgenommene, durch Experimente erläuterte Vorlesungen über Physik dazu, in welcher er durch vortreffliche Instrumente und Apparate unterstützt wurde. Sie wurden, wie bereits oben bemerkt wurde, von Personen aus den höchsten Ständen besucht, sowohl Wissbegierigen, als allerdings auch Neugierigen, und führten dem Ehepaar viele der ausgezeichnetsten Notabilitäten zu. Diesen Vorträgen wohnten selbst die jüngeren Brüder des Königs Friedrich Wilhelm III. bei, und auch den damals etwa vierjährigen Kronprinzen Friedrich Wilhelm IV. brachte später dessen Erzieher Delbrück mit sich, um ihm einige interessante Experimente sehen zu lassen. Henriette Herz stellte selber einige solche für den kleinen Prinzen mit Phosphor an.

Diesen Vorlesungen verdankte Henriette Herz auch die Bekanntschaft Alexander von Humboldts, die — nach den eigenen Worten der schönen Jüdin — „später zu einer Freundschaft für das Leben sein sollte, welche meine heiteren Tage verschönt, meine düsteren erhellt hat." Er hatte nämlich seinen Erzieher, den späteren Geheimen Staatsrath Kunth, veranlasst, Herz wegen der Anlage eines Blitzableiters zu Rathe zu ziehen, damals — es mochte um das Jahr 1785 sein — eine ziemlich seltene Vorrichtung, welche an dem der Humboldtschen Familie gehörenden Schlosse zu Tegel angebracht werden sollte; und bald führte Kunth seine beiden Zöglinge, Alexander und Wilhelm v. Humboldt, zu, welche hierdurch in den Herz'schen geselligen Kreis traten.

Um das genannte Jahr 1785 bildete sich in Berlin eine Lesegesellschaft, an welcher die ausgezeichnetsten Männer der preussischen Hauptstadt, von den verschiedensten

Fächern und Altern, Theil nahmen. So z. B. Engel, der
stets alte und etwas pedantische Ramler, Moritz, Teller,
Zöllner, Dohm und der Jurist Klein. Auch die weib-
lichen Mitglieder ihrer Familien gehörten ihr an. Ausserdem aber auch die beiden sechszehn- bis achtzehn-
jährigen Brüder Wilhelm und Alexander von Humboldt, damals schon von feiner Sitte, lebendig, geistreich,
kurz, durchaus liebenswürdig und von umfassendem Wissen. Sie waren bereits in den Herzschen Salon eingeführt, und so konnte es denn bei ihrem Interesse für
alles Schöne, welchem sich später wohl auch Einiges für
die Schönen dieser Gesellschaft beimischte, nicht fehlen,
dass sie der Lesegesellschaft beitraten. Die Versammlungen
fanden stets bei dem Kastellan des Königlichen Schlosses, Hofrath Bauer, statt, dessen Frau ihrer Zeit den Anspruch
machte, ein bel-esprit zu sein, und zwar im Winter im
Schlosse, im Sommer in einem Garten, welchen Bauer vor
dem Königsthor besass. Gelesen wurde jedesmal. Kleinere und grössere Aufsätze, lyrische und epische Dichtungen, Dramatisches u. s. w. wechselten ab, und sowohl
Männer als Frauen lasen vor. Aber im Winter tanzten
die Jüngeren nach dem frugalen Abendessen, und noch
als Matrone erinnerte sich Henriette Herz mit Entzücken, dass Alexander von Humboldt sie an einem
jener Abende die damals noch neue Menuet à la Rheine
lehrte, wie sie im Sommer mit ihm allerlei gesellige Spiele
im Freien spielte, bei welchen sich jedoch oft auch die
Aeltern betheiligten, Ball schlug u. s. w. Diese Allo-
tria wurden freilich stets nur zur grossen Unzufriedenheit
der Frau Bauer getrieben, welcher nie genug gelesen werden konnte.

Der um zwei Jahre ältere Bruder Wilhelm entbrannte
alsbald in Leidenschaft für die vergötterte Henriette.
Diese dafür gewann eine sichere Superiorität über ihn.[93]

---

[93] „Wilhelm v. Humboldt. Lebensbild und Charakteristik von R.
Haym" (Berlin, 1858). S. 12.

Sie führte ihn in die Welt ein. Sie machte ihn bekannt
mit ihren Freundinnen. Im Kreise dieser Freundinnen
und deren Freunde kam es darauf zur Stiftung eines Bundes, des s. g. „Tugendbundes", in dem sich der Mora-
lismus der Männer mit der Empfindsamkeit der Weiber
amalgamirte. Es war dies eine Art Tugendbund, dessen Zweck
gegenseitige sittliche und geistige Bildung, sowie Uebung
werkthätiger Liebe war. Natürlich hatte der Bund seine
ordentlichen Statuten und seine eigenen Chiffern. Das
vertraute Du verband alle Mitglieder. Auch Auswärtige
zählten zu diesen. War es doch besonders reizend, in
Geheimschrift mit diesen zu correspondiren, um in gegen-
seitigem Herzenserguss sich zu geniessen. Ohne Zweifel
waren das Spielereien und kindische Dinge: Heutzutage,
vermuthen wir, würde sich ein zwölfjähriges Mädchen zu
alt dafür halten. Es war den damaligen aber mit diesen Spielen bitterer Ernst! Man hatte im Bundesrath beschlossen,
auch Wilhelm von Humboldt in den Bund aufzunehmen. Der gute Junge mochte sich nicht allzu stoisch in
der letzten Zeit gehalten haben. Mit zerknirschtem Gemüthe stürzte er daher zu seiner Vertrauten und erklärte,
dass er sich leider der ihm zugedachten Ehre nicht würdig
fühle. Aber solche Reuescenen waren eben recht im Geschmack der Weiber. Er empfing Absolution. Er ward
feierlich initiirt. Dieser Bund gab auch später Anlass zu
der Heirath Wilhelm v. Humboldts. „Der Briefwechsel
mit Caroline von Dacheröden, in welchem sie uns ihr
Herz und ihren Sinn auf die gemüthvollste und geist-
reichste Weise eröffnete" — erzählt Henriette Herz —,
„hatte sie uns seiner würdig kennen gelernt. Therese
Heyne hatte bereits Forstern geheirathet, und so konnten
wir ihm rathen, die Bekanntschaft dieser ihm geistig Eben-
bürtigen zu machen. Er befolgte den Rath, fand sie unserer Schilderung mehr als entsprechend, und sie wurden
ein Paar."

Während Wilhelm v. Humboldt Zeit seines Lebens
sein Verhältniss zu der Herz als eine Liebesgeschichte be-

trachtete, feierte der nüchterne, ernste, zu Liebeleien und Galanterien wenig geschaffene Alexander von Humboldt nicht so sehr ihre Schönheit, als vielmehr ihre liebenswürdigen Eigenschaften. Die Freundschaft zwischen Alexander von Humboldt und Henriette Herz beruhte auf einer Art natürlicher Verwandtschaft zwischen edlen, gleichgesinnten Seelen, die sich einander nähern und anziehen." Es ist Schade, dass die Briefe Alexander v. Humboldts an Henriette Herz nicht erhalten sind: sie würden über dieses anziehende und höchst interessante Verhältniss manch' helles Licht verbreiten! Henriette unterrichtete Alexander in der hebräischen Sprache; und wenn er in jenen Jahren einer gemeinschaftlichen Freundin und mir — erzählt die Erstere[95] — von dem seiner Familie gehörenden Schlosse Tegel aus schrieb, datirte er den Brief gewöhnlich von: Schloss Langeweile. Freilich that er dies meist nur in solchen Briefen, welche er in hebräischen Schriftzügen schrieb, denn in dieser Schrift hatte ich ihm und seinem Bruder Wilhelm den ersten Unterricht ertheilt,[96] den später ein anderer auf sehr erfolgreiche Weise fortsetzte, und sie schrieben sie trefflich. In den Briefen, deren Inhalt Jedem zugänglich gewesen wäre, kund zu thun, man unterhalte sich besser in der Gesellschaft jüdischer Frauenzimmer, als auf dem Schlosse der Väter, war

---

[94] Vgl. Vossische Zeitung, 1869. No. 219.

[95] „Henriette Herz von J. Fürst", S. 129 ff.

[96] Vgl. das vorhergehende Capitel S. 72.; in einem weiter unten citirten Briefe A. v. Humboldts an seinen Jugendfreund Wegener (Berlin, den 12. December 1788) finden wir folgende Stelle mit hebräischen Lettern geschrieben:

„Ich hoffe zu Gott, dass bei Zöllner nicht wieder die Politik sich darin mischen wird";

דאז ביי צעללנער ניכט ווידער דיא פאליטיק זיך דארין מישען ווירד.

Humboldt hat überhaupt über viele Sachen, die er blos privatissime und unter Discretion zu äussern wagte, mit jüdischen Lettern geschrieben, wie er auch stets für die hebräische Sprache und Literatur seine wärmsten Sympathien bewahrte. Siehe auch das Kapitel: „A. v. Humboldt und die Bibel." —

damals für einen jungen Edelmann nicht ganz unbe-
denklich!

Als beide Brüder die Universität zu Frankfurt an d. O.
bezogen, unterhielt Wilhelm von Humboldt einen lebhaften Briefwechsel mit der schönen, interessanten Frau,
für die er eine schwärmerische Neigung hegte, während
Alexander von Humboldt[97] einzig und allein seinem
Studium nachhing.

----

[97] Wie wenig der grosse Naturforscher für weibliche Liebe em-
pfänglich gewesen, möge folgende kleine Geschichte, die wir dem Tagebuche
der 1852 verstorbenen Gräfin von B. entlehnen (Vgl. auch „Breslauer Zeitung", 1869, Nr. 317)' beweisen:

Die nachherige Gräfin von B., eine Deutsche, lebte damals mit ihrem
Vater, dem Freiherrn von R., in Paris. Begeistert für die Wissenschaft
war es schon lange ihr sehnlichster Wunsch gewesen, ihren berühmten
Landsmann kennen zu lernen, als ihr dieses Glück endlich am 8. Oktober
in dem Salon eines Verwandten zu Theil wurde. Sie suchte und fand die
Gelegenheit einer Zwiesprache mit Alexander von Humboldt, und das
einfache und freundliche Benehmen machte den tiefsten Eindruck auf sie.
Die Unterhaltung lenkte sich bald auf Südamerika, und Fräulein von R.
wünschte die Instrumente kennen zu lernen, deren sich Humboldt bei
seinen Messungen und Bestimmungen bedient hatte. (Er war damals kurz
vorher von seiner Reise in Amerika zurückgekehrt und hatte sich durch
dieselbe einen Weltruhm erworben.) Er lud sie zu einem Besuche ein und
bereits am folgenden Tage erschien die Landmännin bei ihm.

Seitdem fanden sich wöchentlich wenigstens zwei Gelegenheiten, bei
denen beide einander sahen. Die vertrauteste Freundschaft war eingetreten
und ging bei Fräulein v. R. in Liebe über, während hinter Humboldts
stetem Lächeln eine Eisschicht lag, die nie schmelzen wollte. Fräulein v.
R. wurde unwillig darüber, und die eingetretene Vertrautheit schien ihr
eine offene Frage zu erlauben, die Frage: „Haben Sie denn nie geliebt?" —
„Nie!" antwortete Humboldt. — „Wissen Sie aber, dass Sie durch Ihre
Kälte erschrecken könnten?" — „Ich habe mich vielleicht irrig ausgedrückt,
gnädiges Fräulein. Ich habe seit meinen frühesten Jahren geliebt, mit
einem Feuer geliebt, das seines Gleichen vielleicht nicht hat." — „Und wer
ist, wenn man fragen darf, der glückliche Gegenstand dieser Liebe?" —
„Die Wissenschaft." — „Nur die Wissenschaft?" — „Nur die Wissenschaft; sie war meine erste, meine einzige Liebe, und wird die einzige
bleiben."

Die Unterhaltung wurde abgebrochen, aber Fräulein v. R. fühlte sich
seitdem leidend. Vergebens versuchte sie durch Vernunftgründe ihre Liebe
aus dem Herzen auszurotten. Sie hielt sich vor, dass Humboldt ein kal-
ter Egoist sei, durch den nimmer ein weibliches Wesen glücklich werden
könne; sie war bemüht, aus seinem Lächeln den Beweis einer grausamen

Nur immer auf kurze Zeit kehrte Alexander seitdem
nach Berlin zurück, entweder in Familien- oder in wissenschaftlichen Angelegenheiten; seine weiteren Reisen, sein
längjähriger Aufenthalt in Paris vermochten aber nicht
sein Herz dem Vaterlande und den Landsleuten zu ent-
fernen. Als er im Jahre 1827 sich bleibend in Berlin nie-
derliess, wurden die Jugendbekanntschaften erneuert, unter
ihnen also auch ganz besonders mit Henriette Herz.
Alexander verkehrte wieder sehr oft in dem geselligen
Hause dieser Frau, welche bei der bescheidensten häus-

Falschheit zu finden; sie sammelte aus den mit ihm geführten Gesprächen
tausend Beweise, dass er nicht Liebe, sondern Verachtung verdiene. Vergebens!

Vielleicht war es eben die erlittene Verschmähung, welche ihr Feuer in
voller Gluth erhielt. Eine ernstliche Erkrankung war die Folge davon.

Ein beiderseitiger Freund (wahrscheinlich Arago) hat die Lage der
Kranken richtig durchblickt und übernahm es, mit Humboldt zu sprechen. Lächelnd hörte Dieser an, was ihm vorgestellt wurde und sagte dann:
„Fräulein v. R. hat meine innigste Theilnahme erregt, aber eben deshalb
muss ich ihre Hand zurückweisen. Sie würde als meine Gattin nur unglücklich werden. Ich bin nicht geschaffen, um Familienvater zu sein.
Ausserdem halte ich das Heirathen für eine Sünde, das Kindererzeugen für
ein Verbrechen." — — —

Der Freund gab seine Bekehrungsversuche auf. Fräulein v. R. schrieb
aber unter dem 27. November in ihr Tagebuch:

„Humboldt ist ein räthselhafter Mensch. Er ist mehr Mephistopheles
als Faust. Es hält schwer, wenn es nicht unmöglich ist, sein Herz zu
durchschauen. Er ist ein Engel oder ein Teufel. Ist seine Freundlichkeit
Güte oder Tücke? Ist er Aristokrat, oder Demokrat, Optimist oder Pessi-
mist, Gottesleugner oder demüthiger Verehrer des höchsten Wesens? Enthalten seine Worte Wahrheit oder Spott? Ich vermag alle diese Fragen
nicht zu beantworten. Er ist mir ein Räthsel. Und doch wird er mir dabei
immer lieber. Ich werde ihn nie vergessen."

Im Monat December verheirathete sich Fräulein v. R. mit dem bejahrten Grafen B. und sah seitdem Humboldt nicht wieder. — —

Für die Wahrheit dieser Aufzeichnungen zeugt unseres Erachtens auch
die Thatsache, dass die chronique scandaleuse, die gewöhnlich über die
Liaisons berühmter Männer und Frauen so viel zu berichten weiss, den
flecken- und mackellosen Charakter Humboldts auch in diesem Punkte
nicht zu berühren wagte, wie der Umstand, dass A. v. Humboldt stets
unverheirathet blieb, und in allen seinen Schriften und Briefen
auch kein einziges, an weibliche Liebe erinnerndes Wort zu
finden ist. Humboldt hatte Recht: die Wissenschaft war seine
einzige, freilich stürmisch angebetete Geliebte! —

lichen Einrichtung, nur durch ihre persönliche Liebens-
würdigkeit angezogen, die bedeutendsten Männer, Fremde
wie Einheimische, um sich versammelte. Je mehr sie zu-
sammenkamen, je näher sie traten, desto mehr lernten sie
einander achten und schätzen. Und sobald sich eine Gelegenheit bot, ihr seine Freundschaft zu beweisen, war
A. v. Humboldt mit ganzem Herzen dabei. Henriette
hat uns, manch' charakteristische Momente, Humboldt
betreffend, aufbewahrt, die der Mittheilung wohl werth sein
dürften. Sie erzählt uns folgenden schönen brüderlichen
Zug von Wilhelm von Humboldt. Bei seiner Anwesenheit in Paris im Jahre 1799 verkehrte Dieser viel mit Frau
von Staël, ja mehr vielleicht als mit irgend jemand An-
derem. Aber es war doch auch nur ihr Geist, der ihn zu
ihr hinzog, einen Mangel echter Weiblichkeit glaubte doch
auch er, und zwar auf eine wenig wohlthuende Weise, bei
ihr zu verspüren. Doch die übrigen Menschen in Paris
genügten ihm damals so wenig, dass er sich vergleichsweise
bei ihr wohlfühlte. Ihn erfreute damals dort nur die Verehrung, welche man — in jener Zeit schon, noch vor dem
Antritt der Reise, welche den Grund zu seiner Weltbe-
rühmtheit legte — für seinen Bruder Alexander hatte.
Diese Verehrung eines ausgezeichneten Menschen, dessen
Inneres er so ganz kannte, schien ihm ein besserer Cultus
als der, welchen er damals in den Kirchen von Paris sah,
„in diesen Kirchen mit ihren moralischen Inschriften, ihren
gipsernen Statuen der Freiheit und den Paar Theophilan-
thropen, um Gebote verlesen zu hören, die nicht befolgt
werden," wie er an Henriette Herz schrieb.

Ueber den Bildungsgang Alexanders giebt sie uns
den beachtenswerthen Aufschluss, dass Campe und Engel
zu den eigentlichen Lehrern des „lebhaften und geistreichen
Alexander" — wie sie ihn selber nennt — gehörten,
während Kunth selbst ihm nur wenig Unterricht ertheilte.
Als Humboldt im Winter von 1827 auf 1828 in Berlin vor einem
gemischten Publikum dem Inhalte wie der Form nach be-
wundernswerthe Vorträge hielt (die später zu dem „Kos-

mos" überarbeitet wurden), und einmal die Blicke aller Zuhörer mehr als von freudiger Befriedigung erstrahlten, flüsterte Kunth Henriette'n in's Ohr: „Von mir hat er's wahrhaftig nicht!" —

Dass übrigens Alexander von Humboldt trotz seines Mangels an echter Liebe zu den Frauen, in den Herzensangelegenheiten derselben ein sehr scharfes Urtheil dokumentirte, möge folgendes Moment erhärten. In den ersten Decennien unseres Jahrhunderts, als die Judentaufen masculini und feminini generis wahrhaft epidemisch wurden, da ging in Berlin auch Marianna Meyer ohne Wissen ihrer orthodoxen jüdischen Eltern zur christlichen Religion über, wobei sie sich — nebenbei gesagt — sehr ausgelassen lustig erwies, während sie wusste, dass die Kunde von ihrer Religionsveränderung für ihre Eltern ein überwältigender Schlag sein musste. Trotz ihres Standes und ihres Glaubens — den die Taufe nicht gut machen konnte — lagen ihr die damaligen aristokratischen Roués und Lebemänner einer nach dem andern zu ihren Füssen, ja ernstlich um sie werbend. Zu ihren Freunden gehörte auch Graf Gessler, der sächsische Gesandte am preussischen Hofe. Er verhehlte seine Gefühle für Marienne Meyer so wenig, dass man nicht Anstand nahm, auch mit ihm bei Gelegenheit von seiner Liebe zu sprechen. Als nun nach seiner Abreise von Berlin Marianne zum christlichen Glauben übergetreten war, und öffentlich und laut behauptet ward, Graf Gessler sei nur abgereist, um alles Erforderliche vorzubereiten, sie aus dem elterlichen Hause zu führen, und sich denn mit ihr zu vermählen, da glaubte Henriette Herz, als sie ihn in Leipzig traf und er sich angelegentlichst nach der Dame seines Herzens erkundigte, wohl von dem mit ihm sprechen zu dürfen, was das Gespräch des ganzen Kreises der gemeinsamen Bekannten war. Wie erstaunte sie jedoch, als sie ihn stutzen, erschrecken sah! Er leugnete jede Absicht, sich mit Marianne zu verbinden, und sie erfuhr nachher, dass er eiligst verschiedenen Freunden in Berlin Briefe geschrieben habe, in welchen er das Vorhaben,

welches man ihm beimass, eifrigst desavouirte. Wie bei
anderen Gelegenheiten musste auch hier Henriette Herz
den Scharfblick Alexander von Humboldts selbst hinsichtlich solcher Verhältnisse anerkennen. Er hatte von Anfang, im Widerspruch mit der Meinung Aller, es ausgesprochen, dass Graf Gessler Marianne nie heirathen werde.
— Ich glaube, dies Beispiel dürfte genügen. —

Leider sollte die Frau, welche in ihrem Eifer, die Sorgen Anderer zu lindern, nie nachliess, noch in ihren spä-
testen Lebenstagen selbst von Sorgen bedrängt werden.
Das Alter vermehrte ihre Bedürfnisse, wiederholte Krank-
heiten hatten bedeutende Ausgaben erfordert, sie sah ihr
kleines Kapital schwinden, und hatte zu fürchten, bei län-
gerem Leben von einer kleinen Wittwen-Pension subsistiren
zu müssen, welche schon in jüngeren Tagen zu ihrem Unter-
halt nicht ausgereicht hätte. So geheim sie diese Erden-
noth hielt, sie kam im Jahre 1845 doch zur Kunde Alexander v. Humboldts. Der treue Freund wusste, dass
König Friedrich Wilhelm IV. sich oft mit lebhafter Theilnahme nach dem Ergehen der edlen Frau erkundigte, von
welcher er stets des Guten so viel gehört hatte, und in
deren Haus, wie wir oben gesehen haben, er schon als Kind
durch seinen Erzieher Delbrück eingeführt worden war,
wo er unter Anderm die ersten physikalischen Experimente
gesehen hatte. Er knüpfte an diese ihm selbst öfter ge-
äusserte hohe Theilnahme an, um den König um eine ein-
malige Subvention und eine kleine Pension für die Freundin zu bitten. Der König bewilligte die Erstere nicht nur
sofort, sondern fügte hinsichtlich der Letzteren hinzu:
„Für eine Frau, welche, so lange ihre Kräfte es erlaubten,
so thätig für das allgemeine Beste mitgewirkt hat, muss
ich mehr thun, als Sie von mir begehren. Für sie muss
auch ich thun, was in meinen Kräften steht.“ — Nach sofort vorgenommener Revision des betreffenden Fonds ver-
fügte der König noch an demselben Abende die Bewilligung des Doppelten der erbetenen Pension. Aber die zarte
und schonende Form der Bewilligung erhöhte die Gabe

noch weit über ihre pekuniäre Bedeutung hinaus. In einem Handbillet an den Geheimen Cabinetsrath Müller erklärte der König, dass, da die Hofräthin Herz, „eine Frau, deren Namen er von frühester Kindheit an mit der innigsten Hochachtung habe aussprechen hören," selbst nichts erbeten habe, und überhaupt die ganze Sache ohne ihr Wissen geschehen sei, Er es angemessen finde, keine Kabinetsordre hinsichtlich der Bewilligung an sie zu richten, vielmehr die ganze Angelegenheit durch Herrn v. Humboldt gehen zu lassen.

So wurde denn die treffliche Frau durch eine sofortige Subvention von 50 Stück Friedrichsd'ors und eine jährliche Pension von 500 Thalern, beide aus der Privat-Chatuille des Königs, nicht nur von lastender Sorge befreit, sondern durch so ehrende Aeusserungen der Theilnahme, deren Kunde ihr nicht vorenthalten ward, mächtig gehoben und mit neuer Lebensfreudigkeit erfüllt.

Der wohlwollende Monarch liess es hierbei nicht bewenden. Schon oft hatte der König den Wunsch ausgesprochen, die ehrwürdige Matrone vor ihrem Ende noch einmal zu sehen, sowie die Hoffnung, ihr einmal im Thiergarten, wo sie ihre Sommerwohnung hatte, zu begegnen. Diese Hoffnung konnte sich in den letzten Zeiten ihres Lebens um so weniger erfüllen, als Schwäche ihr nur selten einen Spaziergang erlaubte. Der König begünstigte sie daher am 6. Juli 1847 durch ihren Besuch, und unterhielt sich aufs Theilnehmendste und Freundlichste mit ihr, zugleich durch lebendige Erinnerung selbst an Kleinigkeiten, welche sie betrafen, ein ehrendes Interesse für sie bekundend. Bis an ihren Tod, im Jahre 1847 den 22. Oktober, bewahrte ihr Alexander von Humboldt seine wärmste Freundschaft. — —

Die zweite „Seele von Berlin" war Rahel Lewin, nach ihrem Uebertritt zum Christenthume die Taufnamen Antonie Friederike enthaltend, die Gattin Varnhagen v. Ense's. Sie ward geboren am Pfingsttage 1771 zu Berlin.[98] Ihr Lebensgefährte schildert sie als eine leichte, graziöse Gestalt, klein, aber kräftig von Wuchs, von zarten und vollen Gliedern, Fuss und Hand auffallend klein; das Antlitz, von reichem, schwarzem Haar umflossen, verkündigt geistiges Uebergewicht, die schnellen aber doch festen, dunkeln Blicke lassen zweifeln, ob sie mehr geben oder aufnehmen, ein leidender Ausdruck leiht den klaren Gesichtszügen eine sanfte Anmuth. Ihre Stimme ist klangvoll, weich, aus der innersten Seele herauftönend. In anspruchslosen Aeusserungen der eigenthümlichsten Geistesart und Laune verbinden sich Naivetät und Witz, Schärfe und Lieblichkeit, und Allem ist zugleich eine tiefe Wahrheit, wie von Eisen, eingegossen, so dass auch der Stärkste gleich fühlt, an dem von ihr Ausgesprochenen nicht so leicht etwas umbiegen oder abbrechen zu können. Alle Weisheit der Welt, die sich um sie schaarte, fühlte sich gedrungen, hier mit gebeugtem Haupte zu huldigen. Ihr eigentliches Bemühen war es, in Jedem, der aus den Wogen des eitlen Weltlebens auftauchte, den eigentlichen Kernpunkt wieder aufzufinden. Sie nannte das „im Menschen das Kind entdecken". Prinz Louis Ferdinand nannte sie darum seine moralische Hebamme. „Sie ganz zu würdigen," schreibt Varnhagen, „kann ich Niemandem zumuthen, der nicht in anhaltender Fortdauer und in allen Beziehungen ihr vertrauter Lebensgenosse war; denn selbst ihre Briefe, wie reich und eigenthümlich auch die Quellen ihres Geistes und ihres Gemüthes dort sprudeln, geben nur ein unvollkommenes Bild von ihrem Wesen." „Die Vorzüge menschlicher Erscheinung, die mir bisher einzeln begegnet waren, fand ich hier beisammen, Geist und Witz, Tiefsinn und Einbildungskraft, verbunden zu einer Folge

---

[98] Vgl. „Jüdisches Athenäum." (Grimma und Leipzig, 1851). S. 188 ff. „Schmidt-Weissenfels, Rahel und ihre Zeit." (F. A. Brockhaus, Leipzig 1857), „Rahel, Ein Buch des Andenkens für ihre Freunde" (1834) 3 B., „Gallerie v. Bildnissen aus Rahels Umgang, v. Varnhagen v. Ense" (2. B.), „Berühmte Frauen von Claire v. Glümer", 1. Theil. (Leipzig Wigand 1856). —

von raschen, leisen, graziösen Lebensbewegungen, welche, gleich Göthe's Worten, ganz dicht an der Sache sich halten, ja diese selber sind und mit der ganzen Macht ihres tiefsten Geistes augenblicklich wirken. Neben allem Grossen und Scharfen quoll aber auch immerfort die weibliche Milde und Anmuth hervor, welche besonders den Augen und dem edlen Munde einen lieblichen Ausdruck gab, ohne den starksten der gewaltigsten Leidenschaften zu verhindern." Weiter sagt er: „Mir war vergönnt, in das reichste Leben zu blicken, es war reich in seinen äusseren Verhältnissen, aber noch reicher durch seinen inneren Gehalt." Es war ein seltenes Schauspiel, die hundert Fühlhörner ihres Geistes nach so vielen Seiten und überall bis in die verborgensten Schlupfwinkel hinabreichen zu sehen, um zu erheben oder zu beruhigen, und Alles, was sich ihr und Anderen als Lebensereigniss ergab, unter den Gesichtspunkt ihrer Klugheit zu stellen. Das war das Geheimniss, das ihr die gewaltige Macht über die Gemüther verlieh, dass sie als Herzenskündigerin die Befähigung hatte, die Bekenntnisse der verschiedensten, der verschlossensten Naturen in ihr Herz aufzunehmen, und auch die fremdesten Schmerzen und Freuden wie eigene Wiegenkinder an ihrem Busen zu beschwichtigen. Weil sie in Allen, die sich ihr geistig näherten, mitlebte, um ihnen ihr geistiges Wesen zu deuten, darum ragte ihr Naturell über alle jene Salonmenschen empor, so dass sie Jedem ein ungelöstes Räthsel blieb. Trotzdem, dass sie nie im Stande gewesen, orthographisch zu schreiben, ihr viele positive Kenntnisse abgingen und ihre ganze Schreibart formlos war, so waren dennoch ihre Gedanken grossartig, treffend und von überraschender Originalität. Mit Recht sagt von ihr Varnhagen in seinen Denkwürdigkeiten: „Eine Frau, die nicht durch ihren Stand und Namen, noch durch Schönheit und glänzende Verhältnisse die Blicke der Welt hat auf sich ziehen, noch durch schriftstellerische oder künstlerische Verdienste berühmt werden können, sondern einzig durch das unbefangene, gleichmässige Walten einer in sich stets wahren und dabei gütigen und erweckenden Persönlichkeit, durch ihr einfaches, tägliches Leben auf die umgebende Welt gewirkt, und dabei gleichwohl den Besten ihrer Zeit gleichgestanden, überall so tiefen und eigenthümlichen Eindruck gemacht, und eine so beharrliche Aufmerksamkeit und zuneigungsvolle Achtung, ja eine so allgemeine Wohlgesinnung erworben, wie Rahel, eine solche Frau wird zu allen Zeiten als eine seltene und werthe Erscheinung gelten dürfen."

Was einen Schatten auf den sonst so herrlichen Charakter Rahels wirft, ist die Verhöhnung ihrer eigenen angestammten Religion, des Judenthums. Im Jahre 1793 schreibt sie an ihren Freund David Veit:

„Es wird mir nie einkommen, dass ich ein Schlemihl und eine Jüdin bin, da es mir nach den langen Jahren und dem vielen Denken darüber nicht bekannt wird, so werd' ich's auch nie recht wissen."

Und zwei Jahre später an Denselben:

„Glauben Sie mir, verrückt bin ich nicht! ich fehle nicht gemein; es ist immer ein unumstösslicher Berg, wenn man ihn auch nicht sieht. Ich habe solche Phantasie, als wenn ein ausserirdisch Wesen, wie ich in diese Welt getrieben wurde, mir beim Eingang diese Worte mit einem Dolch ins Herz gestossen hätte: „Ja, habe Empfindung, sieh die Welt, wie sie Wenige sehen; sei gross und edel; ein ewiges Denken kann ich Dir auch nicht nehmen; Eins hat man aber vergessen: sei eine Jüdin." — Und nun ist mein ganzes Leben eine Verblutung; mich ruhig halten, kann es fristen, jede Bewegung, sie zu stillen, neuer Tod, und Unbeweglichkeit mir nur im Tode selbst möglich. Lächeln Sie, oder fühlen Thränen aus Mitleid — ich kann Ihnen jedes Uebel, jedes Missbehagen, jeden Verdruss da herleiten" —

Erst wenige Tage vor ihrem Tode, auf ihrem Sterbebette, fielen die Schuppen der Enttäuschung ihr von den Augen und tiefbewegt sprach sie es ihrem Gatten gegenüber aus: „Welche Geschichte! eine aus Egypten und Pa-

lestina Geflüchtete bin ich hier und finde Liebe und Pflege
von Euch! Dir, lieber August, war ich zugesandt durch die
Fügung Gottes, und Du mir! Mit erhabenen Entzücken
denke ich an diesen meinen Ursprung und diesen
ganzen Zusammenhang meines Geschickes, durch
welches die ältesten Erinnerungen des Menschengeschlechts mit der neuesten Lage der Dinge, den
weitesten Zeit- und Raumfernen verbunden sind;
was so lange Zeit meines Lebens mir die grösste
Schmach, das herbste Leid und Unglück war, eine
Jüdin geboren zu sein, um keinen Preis möchte ich
das jetzt missen....."

In ihrem Elternhause sowohl wie in den Salons ihres
berühmten Gatten Varnhagen v. Ense versammelte dieses
geniale Weib, die „Geistessonne ihres Zeitalters", die bedeutendsten und hervorragendsten Männer Preussens um
sich. Männer, wie Prinz Louis Ferdinand, Gentz, Friedrich Schlegel, Novalis, Tieck, Schleiermacher, v. Brinckmann, Graf Tilly, Genelli, v. Burgsdorf, v. Guialtieri (starb
als Gesandter in Madrid), Graf Cosa-Valencia, Fürst Reuss
Schiller, Goethe, Jean Paul, Steffens, Heinrich Heine und
noch unzählige Notabilitäten waren ihrem Kreise zugethan,
bald um Blüthen und Früchte dahier zu sammeln, bald um
deren zu bringen und immer ihren besten Beifall hier zu
finden.

Auch Alexander von Humboldt wurde schon in
seinen ersten Jünglingsjahren der Rahel zugeführt. Seine
Freundschaft zu ihr und ihrem Gatten bildet eines der
schönsten Verhältnisse, die wir kennen. Als A. v. Humboldt einmal durch unglückliche Ereignisse in seiner Familie kurze Zeit hindurch briefliches Stillschweigen bewahrte, gab er sich alsbald alle Mühe, wie er an Varnhagen schreibt,[99] „die Verzeihung seiner geistreichen und
ewig theuern Gatten zu erbitten." Der Köng Friedrich

---

[99] „Briefe Alex. v. Humboldts an Varnhagen v. Ense, 3. Aufl. Leipzig,
F. A. Brockhaus, 1869," S. 6.

Wilhelm III. sandte im April 1830 Alex. v. Humboldt in einer vertraulichen diplomatischen Mission an den Kaiser von Russland und der über diese Auszeichnung nicht wenig überraschte Naturforscher beeilte sich dies sofort dem berühmten Ehepaar mit den Worten anzuzeigen:[100] „Da Sie und Ihre geistreiche Frau, meine vieljährige, gütige Freundin, an Allem theilnehmen, was mir Freundliches begegnet, so melde ich Ihnen, dass mich der König während des Reichstages an den Kaiser schickt u. s. w." — In dem Briefwechsel Alex. v. Humboldts mit Varnhagen finden sich folgende zwei Briefe des Ersteren an Rahel, die leider für uns ein wenig unklar gehalten sind. Sie lauten:[101]

1.

Berlin, den 1. Februar 1833.

Mein frühes Antworten ist kein gutes Zeichen, meine verehrte Freundin! Wenn in diesem Lande etwas zu Stande kommen soll, so muss es 14 Monate dauern, dann ist Hoffnung. Der Brief, den ich Sie ja bitte, nicht in der Hand Ihrer Freundin zu lassen, sagt Alles. Man hat mich mündlich und schriftlich erst freundlich und sinnig angehört, aber heute früh kamen die schönen, sehr schönen Zeichnungen zurück! Das unterstrichene Wort konnte mir noch einige Hoffnung geben, aber ich täusche mich lieber selbst, als Andere, und die Bestimmtheit des Charakters von Beuth, der hier allein entscheidet, versperrt die Aussicht. Dass ich den thätigsten Willen gezeigt, wie Sie es wollen, bedarf keiner Erklärung. Das sollte bei Ihnen ein historischer Glaube sein. Möchten Sie mir doch ein tröstendes Wort über den theuren Varnhagen sagen, die einzige glänzende Stütze unserer Literatur (im edleren Sinne des Wor-

---

[100] A. a. O. S. 7.
[101] A. a. O. S. 12.

tes), unseres Vaterlandes, „in dem, sagt der Bischof[102] mit
dem gezückten Schwerte, auch die ausgezeichnetsten Talente, als solche, keine Auszeichnung verdienen." Es ist kein Wunder, dass so etwas ausgesagt wird,
aber was niederschlagender ist, scheint mir die Schlechtig-
keit der Gesellschaft, in der man hier lebt, und die von
solchen unwürdigen Aeusserungen auch nicht einmal auf-
geregt wird. Schonen Sie Beide Ihr besseres Sein.

A. Ht.

2.

Berlin, den 9. Februar 1833.[103]

Ich bin einmal bei Beuth gewesen, um ihm seine alte
Freundschaft mit L. ins Gedächtniss zurück zu rufen. Er
meinte, es würde für die Familie nützlich sein, das rein
Architektonische von dem bloss Landschaftlichen und den
Kupferstichen zu trennen. Nur das Architektonische könne
seinem Institute nützen, und wenn der Familie dran läge,
so würde er für einige hundert Thaler (400—500 Rtlr?) an-
kaufen können. So wenig einladend auch dieser Vorschlag
ist, glaube ich doch, verehrteste Frau, Ihnen denselben mittheilen zu dürfen. Beuth wünscht dann unmittelbar mit
Jemand zu unterhandeln, der ihn in seinem Hause deshalb
besuchen wollte. Möge die Frühlingssonne Ihnen Beiden
Wärme, Heiterkeit und Kräfte gewähren. Das byzantinische Reich (allhier) ist sehr ernsthaft in zwei Partheien des
Bunsen'schen Gesangbuchs und des Elsnerschen Lieder-
schatzes getheilt. Die Kriegs- und Adjutantenmacht ist
für den Liederschatz. Ich bin noch unentschieden.

Sonnabend. A. Ht.

Es ist zu bedauern, dass uns die Briefe Rahels nicht
vorliegen, auf die sich die hier mitgetheilten Antwortschrei-
ben beziehen. —

---

[102] Bischof Eylert, ein Ultramontane.
[103] A. a. O. S. 15.

Auf die Nachricht vom Unwohlsein Varnhagens und
Rahels schrieb Humboldt am 3. Februar 1833 sehr be-
sorgt:[104] „Ich höre mit Schmerz, dass Sie und Ihre geistreiche
Freundin nur Ein klein Stückchen Gesundheit haben, das
Sie Sich höflichst gegenseitig ableihen. — Eine Art des
Wechsel-Unterrichts oder Azais'scher Compensation, über
welche ich tief trauere."

Als Alex. v. Humboldt das Hinscheiden Rahel Le-
wins erfuhr, da schrieb er schmerzbewegt an den untröst-
lichen Gatten:[105] „Denken Sie Sich, dass ich die Schreckens-
nachricht (Rahels Tod) erst gestern Nacht (8. März 1833)
durch Fürst Carolath erhielt. Sie wissen, welche warme,
langgeprüfte, nachsichtsvolle Freundin ich an ihr, der Zierde
ihres Geschlechtes, verliere; wie liebenswürdig Sie noch
für mich war bei dem kleinen mir anvertrauten Geschäft
bei Beuth! So tief mit allem Hinfälligen und Trüben des
Lebens vertraut, und doch so heiter und so milde! Bei so
viel Geist, so gemüthlich und herzlich! Lange wird Ihnen
die Welt öde erscheinen, aber das Bewusstsein, bis zum
letzten Hauch, einer so schönen Seele gegeben zu haben,
was Geist und Herz und Gemüth der Sitten, wie die Ihrigen,
theurer Varnhagen, gewähren können, ist doch ein Balsam
für die Wunde......" — —

Und zum Troste Varnhagens sandte er ihm zugleich
ein Billet der liebenswürdigen Herzogin von Dessau, Rahel
betreffend, zu. Das Schreiben der Herzogin lautete:[106]

Dessau, den 1. December 1833.

— Empfangen Sie auch meinen besten Dank für die
mitgetheilten Bücher, die mich jedes in seiner Art sehr interessirten. Die „Rahel" nicht persönlich gekannt zu haben,
bedaure ich, zumal nachdem mir ihr Inneres so bekannt

---

[104] A. a. O. S. 13.
[105] A. a. O. S. 16.
[106] A. a. O. S. 18.

geworden; ich hätte gerne die äussere Erscheinung, und
wie sich diese in dem Kern erkennen liess, beobachtet.

Friederike Herzogin v. Anhalt. — —

Wie Varnhagen konnte auch Humboldt nie diese
merkwürdige Frau vergessen, von der Heinrich Heine so
treffend sagt: „Es ist, als ob die Rahel wusste, welche post-
hume Sendung ihr beschieden war. Sie glaubte freilich, es
würde besser werden und wartete; doch als des Wartens
kein Ende nahm, schüttelte sie ungeduldig den Kopf, sah
Varnhagen an und starb schnell — um desto schneller auf-
erstehen zu können. Sie mahnt mich an die Sage jener
anderen Rahel, die aus dem Grabe hervorstieg und auf der
Landstrasse stand und weinte, als ihre Kinder in die Ge-
fangenschaft zogen·“ —

* *
*

Henriette Herz und Rahel Levin sind die berühmtesten Jüdinnen unseres Jahrhunderts: sie repräsentiren
die weibliche Schönheit, Anmuth und den Verstand, dass
sie aber auch die Träger der zartesten, holdesten Weiblichkeit gewesen sein müssen, dies beweist schon der Umstand, dass sie die Freundinnen eines Alexander von
Humboldt waren! — —

Wir wollen schliesslich noch einen interessanten Ausspruch anführen, den Alexander von Humboldt über
eine — leider — ebenfalls getaufte Jüdin, Fanny Le-
wald, gethan. In einem Gespräche über diese Dame, die
er einige Tage vorher in einer Gesellschaft kennen gelernt
hatte, äusserte er einem jungen Freunde gegenüber[107] Folgendes: Ich habe ihr Buch über England durchgeblättert.
Sie hat manche Erscheinungen des englischen Lebens gut

---

[107] Vgl. „Briefwechsel und Gespräche Alexander v. Humboldts mit
einem jungen Freunde. Aus den Jahren 1848—1856. Berlin, Franz Duncker
1861,“ S. 82 ff.

aufgefasst und ist eine aufgeklärte, geistreiche Dame. Aber
eine Idee ist mir in ihrem Buche aufgestossen, die mir
äusserst befremdlich, ja fast unerklärlich bleibt. Ich kann
natürlich nicht wissen, ob diese Idee bei ihr constant ist.
Vielleicht ist es nichts als Einer jener vorübergehenden
Einfälle, wie sie bei den Frauen öfter zum Vorschein kommen, nur um anderen Phantasien Platz zu machen. Sie
spricht nämlich die Ansicht aus: dass man das Christenthum verbessern und eine neue Religion gründen müsse.
Ich weiss nicht, wass sie damit will. Eine neue Religion
zu gründen scheint mir, ich möchte sagen, ebenso unmöglich, als hier in Preussen eine Pairskammer zu Stande zu
bringen. Man muss doch bedenken, was man unter Religion versteht. Alle bisher bekannten Religionen vereinigen
drei Hauptelemente in sich: zuerst einen historischen Mythus, dann etwas Geologie, Schöpfungsgeschichte und endlich ein Moralprinzip. Sollen diese Elemente auch in der
neuen Religion wirksam sein? Und wie sollen sie in ihr verbunden werden? Woher will sie den historischen Mythus
nehmen? Was ist die moralisch Tendenz dieser Religion?
Ich muss gestehen, dass ich mich in solche Weltverbesser-
ungs-Pläne nicht finden kann. Wir haben schon mit der
Politik so viel zu thun, dass man uns nicht noch obendrein
mit derartigen Ideen beunruhigen sollte. Als nun der An-
geredete hierauf erwiderte, der Gedanke der Verfasserin
scheine weniger die Predigt einer neuen Religion, als dass
sie den Ausdruck anwende auf die Verallgemeinerung und
Realisirung der aus den Resultaten der modernen Wissenschaft hervorgehenden freien Bildung, da entgegnete Alex.
v. Humboldt kurz und treffend: „Ja, das ist aber doch
nicht Religion!" —

Welchen Eindruck übrigens die Persönlichkeit
Alexander von Humboldts auf Henriette Herz und
Rahel Levin gemacht hat, dafür haben wir leider keine
Nachrichten; aber dass dieser Eindruck ein gewaltiger,
überwältigender gewesen sein muss, dies können wir aus
einer Schilderung des berühmten amerikanischen Reisenden

Bayard Taylor ersehen, worin die bezaubernde Individualität des bereits „Vorsündfluthlichen" dargestellt wird. „Ich habe," heisst es am Schlusse, „nur den kleinsten Theil seiner Unterhaltung wiedergegeben, welche in einem ununterbrochenen Strome des Wissens dahinfloss. — Ich möchte seinen Geist mit der Quelle von Vaukluse vergleichen: ein ruhiger und tiefer See, ohne Welle auf der Oberfläche aber durch sein Ausströmen einen Fluss erzeugend. „Sie sind viel gereist und haben viel Ruinen gesehen," sagte er mir beim Abschiede, indem er mir die Hand reichte, „jetzt haben Sie eine mehr gesehen." — „Keine Ruine," war meine unwillkürliche Antwort, „sondern eine Pyramide." Ich drückte die Hand, welche die Friedrichs des Grossen, Forsters, des Gefährten Cooks, Klopstocks und Schillers, Pitts, Napoleons, Jeffersons, Hamiltons, Wielands, Herders, Göthes, Cüviers, Beethovens, Walter Skotts — kurz aller grossen Männer, die Europa in drei Vierteln eines Jahrhunderts erzeugt hat, berührt hatte. Ich blickte in das Auge, welche nicht allein die gegenwärtige Geschichte der Welt vorüberziehen gesehen, sondern das auch die Katarakte von Atures und die Wälder am Cassiquiare, den Chimborazo und den Amazonenstrom, die altaischen Alpen von Sibirien, die Tartarensteppen und das kaspische Meer betrachtet hatte. Ein solch' glänzender Reichthum von Erfahrung ist ein würdiger Lohn für ein Leben voll so edelmüthiger Hingebung an die Wissenschaft. Ich habe nie ein so erhabenes Beispiel bejahrten Alters, gekrönt mit unvergleichlichen Erfolgen, voll des reichsten Wissens, belebt und erwärmt durch die reichsten Attribute des Herzens, gesehen. Eine Ruine? Nein, ein menschlicher Tempel, vollendet wie das Parthenon!!" — —

Humboldts Freundschaft, — sagt mit Recht F. Arndt — obwohl einerseits aus wissenschaftlichen Verbindungen entsprungen, andererseits durch persönliche Zuneigung hervorgerufen, hatte aber noch einen tieferen Ursprung — sie beruhte auf seiner Menschenliebe, seinem allgemeinen Wohlwollen, wovon das gegen die Freunde und Freun-

dinnen nur ein besonderer Theil war. Von Liebe für alle
göttlichen und menschlichen Dinge war sein Herz erfüllt,
darum konnte er sie weit und breit spenden, ein so reiches
Gemüth wie Humboldts hat wohl selten ein Sterblicher aufzuweisen. Dem Wohl der Menschheit hat er sein ganzes
Dasein gewidmet, Gesundheit und Leben aufs Spiel gesetzt,
äusseren Glanz, ruhigen Besitz und das Glück des Fami-
lienlebens willig zum Opfer gebracht: dem einen grossen
Ziel, der Erforschung der gesammten Natur zum Dienst
und zur Bildung der Menschheit. Cicero sagt: „So wenig
werden aus Hilfsbedürftigkeit Freundschaften gesucht, dass
vielmehr Diejenigen die Freigebigsten und Wohlthätigsten
sind, welche reich an Gütern aller Art, vornehmlich aber
an Tugend, die am meisten sich selbst genug ist, fremder
Hülfe am wenigsten bedürfen. Nicht der Gedanke an den
Nutzen, sondern das Gefühl der Liebe erzeugt die Freundschaft und unterhält sie. Nichts ist liebenswürdiger und
anziehender als die Tugend. Hat man sie selbst in sich
und findet sie in anderen, so ist der Grund zur Freundschaft gelegt.“

So fasste der grösste römische Philosoph die Freundschaft auf, so stellte er sie in einem berühmten Werk:
„Lälius oder über die Freundschaft“ dar, und so hat sie
mehr als zweitausend Jahre später Alexander von Hum-
bold bethätigt. — —

Alexander von Humboldt und die Bibel.[108]

VI.

Seit einer langen Reihe von Jahren kämpfen die begabtesten Apostel der Naturwissenschaften und besonders die federfertigen Propheten des Materialismus und des Atheismus mit einer, wahrlich! einer besseren Sache würdigen Vehemenz gegen jede ideale, geistige Bildung, namentlich aber gegen jede moralisch-religiöse Richtung des Menschengeschlechts. Männer, wie z. B. Büchner, Moleschott, Lyell, Darmin, die mit Recht als glänzende Meteore auf dem mit genialen Geistern dicht genug besäten Himmel der Naturwissenschaften betrachtet werden, fingen ihre wissenschaftliche Laufbahn damit an, dass sie den kühnen, an die französische grossmannssüchtige Phrasendre-

[108] Vgl. über dieses hochinteressante Verhältniss noch überdies des Verfassers Aufsätze in der zu Mainz erscheinenden Zeitschrift: „Der Israelit.“ Nr. 41 und 47, Jahrgang 1869; ferner meine Artikel in der von mir und Rabbiner Dr. Naschér redigirten „Berliner Zeitung für die gesammten Interessen des Judenthums,“ Nr. 1, Jahrg. 1870, wie auch meine Schrift: „Johann Gottfried von Herder und die Humänitätsbestrebungen der Neuzeit. Eine literar-historische Studie. Berlin, Louis Gerschel Verlagsbuchhandlung, 1870.“ Seite 48—52. Diese Artikel des „Israelit“ wurden in mehrere Sprachen übersetzt, u. A. auch in das holländische Blatt: „Niew Israelitsch Weekblad“. Leider kam mir die betreffende Nummer dieses Blattes nicht zu Gesichte, und verdanke ich dieses Faktum der gütigen Mittheilung des Chefredakteurs des Israelit, Herrn Rabbiner Dr. Lehmann in Mainz.

scherei erinnernden Ausspruch des Laplaçe: „Ich habe
Himmel und Erde durchforscht, — aber keinen Gott gefunden" in den verschiedensten Commentaren, ein Jeder
nach seiner eigenen, funkelnagelneuen naturphilosophischen
Exegese, dem „hochzuverehrenden Publicum und einem
hohen Adel" vorzudemonstriren suchten. Bei dieser Gelegenheit konnte sich Jedermann von der Wahrheit des
Satzes überzeugen, dass nicht bloss der Glaube, sondern
auch der Unglaube ein gewaltiges Contigent von Fa-
natikern besitze; und ist es noch gar nicht ausgemacht,
ob in der verrannten, zelotisch-despotischen Hyperorthodoxie
und in dem Stillstands-Wahnsinn eines Knaak und Dis-
selhoff, oder in den Alles zermalmenden, die Gegenstände
der Natur geradezu auf den Kopf stellenden, chaotischen
Theorieen der Herren à la Holbach und La Mettrie die
grössere Gefahr für den gedeihlichen Entwickelungspro-
zess der Wahrheit und Wissenschaft liege! Es scheint
dass es bei den Naturforschern heutzutage zur — Mode geworden, um Gotteswillen! ja nichts von dem alten, lieben
Gott hören zu lassen! Diese Mode bedingt es auch, dass
die meisten naturwissenschaftlichen Schriftsteller ihre Werke
so anlegen, dass ihre trockenen, nüchternen und gewöhnlich
paradoxen Behauptungen durch das Schimpfen und Toben
gegen die Offenbarung, die Religion und deren Träger u. s. w. gewürzt werden. Diese Heisssporne der —
allerdings epochemachenden — Erfindungen und Entdeckungen auf den Gebieten der Natur ähneln in ihren Prinzipien
und Manipulationen überaus den stürmenden und drängen-
den „Junghegelianern" von der Sorte der Max Stirner
und Consorten; gleich Diesen suchen sie ihren Ansichten
bei der Menge um so leichteren Kredit zu verschaffen, je
mehr sie die Grundlagen der positiven Religionen —
die sind ihnen besonders ein Dorn im Auge! — unterwüh-
len und bestrebt sind, das ihnen sehr — unbequeme Wesen,
das wir Gott nennen, aus der Welt zu schaffen und an
Stelle dieser das All beherrschenden Grossmacht eine andere Urkraft, die — Natur zu setzen. Le roi est mort —

vive le roi! Aber was haben diese Herren hierdurch gewonnen? Ist nicht, nach dieser Substitution, die Natur dieselbe Allmacht, als der auf solche Weise, wenn ich so sagen darf, depossedirte Gott?! — — Leider bewährt sich auch hierbei das Goethe'sche Wort:

> „Mit Worten lässt sich trefflich streiten,
> Mit Worten ein System bereiten,
> An Worte lässt sich trefflich glauben,
> Vom einem Wort lässt sich kein Jota rauben"! — —

Wenn nun die Jünger des Materialismus unseren lieben Herrgott schon stets mit Gänsefüsschen („Gott") anführen, um ihre gründliche Antipathie gegen Denselben' an den Tag zu legen, — welchen Widerwillen, welchen Grimm und welchen verzehrenden Hass müssen sie erst gegen die gesammten literarischen Werke des Autors der Welt bekunden, welche ja die eigentliche Grundlage aller geoffenbarten Religionen bilden und aus deren seit Jahrtausenden unaufhörlich rauschendem, heiligem Urquell das Menschengeschlecht seinen religiösen, moralischen und auch geistigen Labetrank geschöpft und theilweise noch immer schöpft — wir meinen: Die Bibel! Ja, dieses Werk, „mit dem Finger Gottes geschrieben," ärgert die Herren ganz besonders! Desshalb geben sie sich ganz ungeheure Mühe, dasselbe als ein Sammelsurium von mehr oder minder geistreichen Einfällen, mehr oder minder gelungenen schriftstellerischen Produkten, die aber auf ganz primitiven Naturanschauungen basiren, dar- und blosszustellen! Freilich geschieht es hie und da, dass manche dieser Stürmer und Dränger, fortgerissen von der grandiosen Bedeutung der Bibel, ihre Kniee vor diesem „Buche der Bücher" auf einige Augenblicke beugen; so ruft selbst der rücksichtsloseste, der cynischste aller Spötter der alten und neuen Welt, Heinrich Heine, in seinem Buche „über Börne" an einer Stelle enthusiastisch aus: „Die Bibel, welch' ein Buch, gross und weit, wie die Welt, wurzelnd in den Abgründen der Schöpfung und hinaufragend in die blauen Geheimnisse des Himmels, Sonnenaufgang und Sonnenunter-

gang, Verheissung und Erfüllung, Geburt und Tod, das
ganze Drama der Menschheit, Alles ist in diesem Buche.
— — — Es ist das Buch Gottes!" Aber der Rausch ver-
fliegt bald, die Begeisterung ist eine erkünstelte, ein Echauffe-
ment, wie sie nur ein Roué zu Stande bringen kann! Der
Spiritus geht zum Teufel, und nur das non-chalante, bos-
hafte, höhnisch-prickelnde und frivol-witzige Phlegma bleibt.
— Und nun erst das Judenthum! Wie wird dieses von
den erleuchteten Verkündern des Materialismus verhöhnt,
verlacht und verdächtigt! Wie wird da aus dem Schutt der
Jahrhunderte jedes Steinchen, aus dem Staube der Bibliotheken jedes vergilbte Pamphlet, aus der Rüstkammer der
verruchtesten Judenfeinde jede Waffe hervorgesucht, um
ein „Hep-Hep" zu veranstalten! Siehe! Da zeigt sich auf
einmal das merkwürdige Phänomen, dass die Herren, die
als Bannerträger des Fortschritts, der Freiheit und der
Gleichberechtigung aller Nationalitäten im Reichstag, auf
der Kanzel, in ihren Schriften oder anderswo auftreten,
dass, sage ich, dieselben Herren mit wahrhaft berserker-
hafter Wuth gegen — Juden und Judenthum herfallen!
Freilich ist diese Verfahrungsweise nicht so unerklärlich,
wie es wohl für den ersten Moment erscheinen dürfte. Gerade
das Judenthum ist es ja, das in erster Linie und vor-
derster Reihe für die Persönlichkeit, Ausserweltlichkeit
Gottes und die Göttlichkeit der heil. Schriften zu kämpfen
hat und unter allen Confessionen zuerst und am Hervor-
stechendsten den Gegensatz zwischen Geist und Stoff,
Gott und Welt, Mensch und Thier vertreten und noch immer vertritt! Für diese Ueberzeugung haben unsere Ahnen
die Länder der Erde mit ihrem Blute befleckt, für sie haben sie gelebt und für sie sind sie gestorben! Aus dieser
Ursache hat auch, wie wir glauben, schon der Altmeister
Goethe, der ja auf seine Eigenschaft des Naturforschers
sich Zeit seines Lebens mehr zu Gute that, wie auf die
des Dichters, die Juden so ausserordentlich gehasst! Er,
der ausgesprochene Spinozist, der Gott und Welt mit einander verquickte und der sich ja stets darüber ärgerte, dass

der Herr der Heerschaaren ohne seine Mithilfe die Welt erschaffen, dieser leibhaftige „zweibeinige Gott" Wolfgang Göthe fühlte zu sehr den Abstand zwischen seinem Pantheismus und dem biblischen Monotheismus, als dass er nicht seine ganze Autorität mit in die Wagschaale des schnödesten Hohnes geworfen hätte, womit er leider! das Volk Israel — allerdings nicht mit ministerlicher und „weimar-hofräthlicher" Feinheit! — in allen seinen Schriften besudelte! — —

Ueberdies ist es vorzugsweise die Bibel, welche gegen die so beliebte „Affentheorie" des modernen Heidenthums energisch Front macht. Die heilige Schrift, welche lehrt, dass der Mensch im Ebenbilde Gottes geschaffen wurde, lässt sich mit der Affentheorie durchaus nicht in Einklang bringen, und muss also der Kampf zwischen den beiden himmelweit entgegengesetzten Ansichten bis „aufs Messer" geführt werden! Man stelle die Erzählungen des Alten Testaments von der Erschaffung und Gottähnlichkeit des Menschen mit den Ansichten eines Büchner, Moleschott, Karl Vogt u. A. zusammen, und die unversöhnliche, unüberbrückbare Kluft, die zwischen den beiden Grundanschauungen gähnt, wird den erbitterten Kampf der „Affentheoretiker" gegen die Bibel hinlänglich erklären. Wir wollen – um nur Fakta zu berichten — einige Aussprüche der modernen, tonangebenden Naturforscher hier anführen. Büchner sagt es geradezu, der Mensch sei nur ein Thier. „Es ist eine höchst interessante und belehrende Thatsache, dass alle Embryonen einander gleichen und dass es oft geradezu unmöglich ist, ein entstehendes Schaaf von einem entstehenden Menschen, dessen künftiges Genie vielleicht einst die Welt bewegen wird, zu unterscheiden. So getrennt die beiden Geschlechter der Erde in ihrer letzten Ausbildung erscheinen, so ist doch in den ersten Monaten des menschlichen Embryonallebens geradezu unmöglich, zu sagen, ob das betreffende Individuum männlich oder weiblich werden wird, und welches von beiden in der That geschieht, mag vielleicht von ganz zufälligen, äusserlichen Bedingungen

abhängig sein." Aus dieser ursprünglichen Verwandtschaft
der Embryonen, verbunden mit Johann Müllers Entdeckung der Entstehung von Schnecken aus Holothurien,
erklärt Dr. L. Büchner die Entstehungsgeschichte der
Thier- und Menschenwelt. Jede frühere Thierart sei nach
und nach aus der vorherigen niedern entwickelt worden.
„Wenn aber selbst heute noch Verhältnisse aufkommen
können, unter denen ein so ausserordentlicher Vorgang in
der niederen Thierwelt möglich wird, oder unter denen eine
Holothurie eine Schnecke gebiert — welcher mit naturwissenschaftlichen Begriffen Vertraute wollte alsdann leugnen, dass einst Verhältnisse müssen bestanden haben können, unter denen auch in der höheren Thierwelt ein solcher
Vorgang möglich war, oder unter denen ein Affe oder irgend ein beliebiges anderes Thier einen Menschen gebar!"
Büchner hält die höhere Geistesbildung, den Verstand im
Menschen, für ein mechanisches Produkt einer Gehirnthä-
tigkeit, sonst nichts. „Ohne Phosphor kein Gedanke," hat
schon Moleschott gesagt. „Die Gedanken stehen in demselben Verhältniss zum Gehirn, wie die Galle zur Leber
oder der Urin zu den Nieren," hat Karl Vogt ergänzt.
Und dann noch zuletzt diese blasphemische Selbstvergötte-
rung! Der Mensch allein sei Gott:[109] „Unserer Zeit war es
vorbehalten, den praktisch längst schon entschiedenen
Sieg des menschlichen Prinzips über das übermenschliche
auch theoretisch und wissenschaftlich zu erringen!"
Uebereinstimmend mit diesem Galimatias sagt Karl
Vogt ferner: Die anscheinende Zweckmässigkeit der Natur ist
nichts Anderes, als die nothwendige Folge des Begegnens
natürlicher Stoffe und Kräfte. Es hängt von einem Zufall
ab, ob die Naturwesen ihr Dasein erreichen, oder nicht. —
— — Es herrscht der Zufall, welcher Elend und Freude
schafft.[110] Rein nur durch physikalische und chemische Sub-
stanzen ohne organische Kräfte entstand die Welt.[111] Unser

---

[109] „Kraft und Stog," S. 185.
[110] „Bilder aus dem Thierleben," S. 372.
[111] „Physiologische Briefe." 2 Aufl. S. 636.

ganzes Leben, das Leben sämmtlicher Organismen, das
ganze tellurische und kosmische Leben ist auf den Grund-
satz gebaut, dass die Materie ewig dieselbe bleibt, ihre
Form aber wechselt.[112] Eine selbstständige und eine individuelle Unsterblichkeit der Seele giebt es nicht. Die Seele
ist ein Produkt der Entwickelung des Gehirns. — — Die
Seele ist kein immaterielles, vom Körper trennbares Prinzip, sondern bloss ein Collektivname für die verschiedenen
Funktionen, die dem Gehirn ausschliesslich zukommen.
Stirbt der Körper, so hat auch die Seele ihr vollständiges
Ende.[113] Alles Denken, Wollen und Thun des Menschen
ist nichts Anderes, als das Ergebniss der jeweiligen Ernäh-
rung der Hirnsubstanz.[114] Das Gute wie das Böse geht
aus der Beschaffenheit der menschlichen Natur hervor, die
nicht von dem Menschen abhängt. Eine Verantwortlichkeit
und Zurechnungsfähigkeit, wie sie die Moral, die Straf-
rechtspflege, und Gott weiss wer noch uns auflegen wollen,
existirt nicht.[115]

Doch, eheu jam satis esto! Also, das ist das Ziel, die
Errungenschaft, die herrliche, gereifte Frucht der Naturforschung des neunzehnten Jahrhunderts, dass sie die Bibel und die heiligen Traditionen mit der ätzendsten
Lauge des Hohnes und des Spottes überschüttet, die schönsten Ideale der Menschenbrust unbarmberzig verwüstet, dem
Leibe, diesem Staubklumpen, die himmlische Seele entreisst,
uns unserer Gottähnlichkeit entkleidet und den Menschen
sans phrase zum — Affen degradirt!! Anstatt der schönen,
lieblichen, beglückenden Genien und Geister, welche die
Lyra unseres Schiller noch vor siebenzig Jahren begeister-
ten, müssten die Dichter und Sänger der heutigen Generation den erhabenen Genius des — Chlorkalks, des Oxy-
gens, Hydrogens, Broms und Jods verherrlichen! Wie
grossartig erklänge in unseren Tagen die Harfe des Dich-

---

[112] „Bilder u. s. w." S. 356.
[113] „Bilder u. s. w." S. 419 ff.
[114] „Bilder u. s. w." S. 326.
[115] „Bilder u. s. w." S. 445.

ters, der die Signatur unseres Jahrhunderts schildern
könnte!! Wie ergreifend ertönten die Klänge der Muse,
welche die rohe Kraft, den rohen Genuss, Nihilis-
mus, Atheismus, Cäsarismus, Militarismus, u. s. w.
mit einem poetischen Schleier zu verklären verstände!! — — —
Wie anders verfuhr auch in dieser Hinsicht der grosse,
nie genug zu schätzende Alexander von Humboldt!
Tief durchdrungen von der Wahrheit des Baco'schen Aus-
spruchs, dass die Wissenschaft, von der man nur nippt und
nascht, von der Gottheit wohl entfremde, aber gründlich erforscht und begriffen, zum Urquell des Seins, zu Gott, führe, ver-
senkte er sich mit der ihm eigenen Pietät in das liebevolle
Studium des ältesten Buches der Menschheit, der —
Bibel.

Die Naturanschauung der Bibel war der der Humboldt'schen nahe verwandt, ich möchte fast sagen, conge-
nial. Der berühmte Naturforscher betrachtete das All, die
Welt, das Universum, worin sich für den gewöhnlichen
Menschen Alles so verworren, verschlungen, verkrüppelt, so
dissonirend und ungleichmässig bewegt und tummelt, als
ein durch höhere Ordnung wohl gefügtes, geleitetes und
geordnetes, harmonisches Ganze, als ein „Kosmos," in
des Wortes schönster Bedeutung. Wie sich nun dieses
„Kosmos" in der Phantasie des semitischen Volkes κατ'
ἐξοχήν, der Juden, wiederspiegelte, dieser Untersuchung
verdanken wir einige der schönsten Blätter im zweiten
Theile[116] des, der Darstellung eben dieser Weltharmo-
nie gewidmeten, und daher so benannten „Kosmos".

Humboldt interessirte in den Literaturen der Völker,
zu denen er mit Recht auch ihre religiösen und theologischen Schriftdenkmale rechnete, zunächst der Standpunkt
der Naturanschauung, der sich in ihnen ausspräche.
Denn sein Genie erkannte frühzeitig, dass, um die Natur
in ihrer ganzen Grösse zu umfassen, sie nach zweierlei
Ansichten, einmal objektiv, als thatsächliche Erscheinung,

---

[116] S. 44—49.

und dann in den Gefühlen der Menschheit reflektirt, darzustellen sei.[117]

Sehen wir nun, wie er diese Naturanschauung des A. T. zu deuten wusste.

Bei der Betrachtung Dessen, was in der Lebendigkeit des Naturgefühls und der Form seiner Aeusserungen von der Verschiedenheit der Raçen, von dem eigenthümlichen Einflusse der Gestaltung des Bodens, von der Staatsverfassung und der religiösen Stimmung abzuhängen scheint, wirft Humboldt einen Blick auf die Völker Asiens, welche mit den arischen und indogermanischen Stämmen, mit den Indern und Persern, am meisten kontrastiren. Die semitischen oder aramäischen Nationen zeigen uns in den ältesten und ehrwürdigsten Denkmälern ihrer dichterischen Gemüthsart und schaffenden Phantasie Beweise eines tiefen Naturgefühls. Der Ausdruck desselben offenbart sich grossartig und belebend in Hirtensagen, in Tempel- und Chorgesängen, in dem Glanz der lyrischen Poesie unter David, in der Seher- und Prophetenschule, deren hohe Begeisterung, der Vergangenheit fast entfremdet, ahndungsvoll auf die Zukunft gerichtet ist.

Die hebräische Dichtungsweise bietet den Bewohnern des Abendlandes bei ihrer inneren, erhabenen Grösse noch den besonderen Reiz, dass sie mit den localen Glaubens-Erinnerungen der Anhänger von drei weit verbreiteten Religionen, der mosaischen, christlichen und mohammedanischen, vielfach verwebt ist. Durch Missionen, welche der Handelsgeist und die Eroberungssucht schifffahrender Nationen begünstigen, sind geographische Namen und Naturschilderungen des Morgenlandes, wie sie die Schriften des alten Bundes uns aufbewahrt, tief in die Wälder der Neuen Welt und in die Inseln der Südsee eingedrungen.

Es ist ein charakteristisches Kennzeichen der Naturpoesie der Hebräer, dass, als Reflex des Monotheismus, sie stets das Ganze des Weltalls in seiner Einheit umfasst,

---

[117] B. II. Kosmos, S. 52.

sowohl das Erdenleben als die leuchtenden Himmelsräume.
Sie weilt seltener bei dem Einzelnen der Erscheinung, sondern erfreut sich der Anschauung grosser Massen. Die
Natur wird nicht geschildert als ein für sich Bestehendes,
durch eigene Schönheit Verherrlichtes; dem hebräischen
Sänger erscheint sie immer in Beziehung auf eine höher
waltende geistige Macht. Die Natur ist ihm ein Geschaffenes, Angeordnetes, der lebendige Ausdruck
der Allgegenwart Gottes in den Werken der Sinnenwelt. Deshalb ist die lyrische Dichtung der Hebräer
schon ihrem Inhalte nach grossartig und von feierlichem
Ernst, sie ist trübe und sehnsuchtsvoll, wenn sie die irdischen Zustände der Menschheit berührt. Bemerkenswerth
ist auch noch, dass diese Poesie trotz ihrer Grösse, selbst
im Schwunge der höchsten, durch den Zauber der Musik
hervorgerufenen Begeisterung fast nie maasslos wie die
indische Dichtung wird. Der reinen Anschauung des Göttlichen hingegeben, sinnbildlich in der Sprache, aber klar
und einfach in dem Gedanken, gefällt sie sich in Gleich-
nissen, die fast rhythmisch, immer dieselben wiederkehren.

Als Naturbeschreibungen sind die Schriften des
alten Bundes eine treue Abspiegelung der Beschaffenheit
des Landes, in welchem das Volk sich bewegte, der Ab-
wechselung von Oede, Fruchtbarkeit und libanotischer
Waldbedeckung, die der Boden von Palästina darbietet.
Sie schildern die Verhältnisse des Klimas in geregelter
Zeitfolge, die Sitten der Hirtenvölker und deren ange-
stammte Abneigung gegen den Feldbau. Die epischen
und historischen Darstellungen sind von naiver Einfachheit, fast noch schmuckloser als Herodot, naturwahr, wie,
bei so geringer Umwandlung der Sitten und aller Verhältnisse des Nomadenlebens, neuere Reisende es einstimmig bezeugen. Geschmückter aber und ein reiches
Naturleben entfaltend ist die Lyrik der Hebräer. Man
möchte sagen, dass in dem einzigen 104. Psalm[118] das Bild

---

[118] Zum Verständniss der Humboldt'schen Auffassung theilen wir hier
nach dem Original-Text diesen herrlichen Psalm vollständig mit:

des ganzen Kosmos dargestellt ist. „Der Herr, mit Licht
umhüllet, hat den Himmel wie einen Teppich ausgespannt.
Er hat den Erdball auf sich selbst gegründet, dass er in
Ewigkeit nicht wanke. Die Gewässer quellen von den

Lobe den Herrn, meine Seele; Herr, mein Gott, du bist sehr gross, schön
und herrlich geschmückt. Licht ist dein Kleid, das du anhast. Du breitest
den Himmel aus wie einen Teppich. Du machst die Gewässer zu deinen
Stufen, die Wolken zu deinen Wagen und gehst auf den Fittigen des Win-
des. Du machst deine Engel zu Stürmen und deine Diener zu Feuerflammen.
Du hast das Erdreich gegründet auf seinen Boden, damit es nicht wanket
für und für. Mit der Tiefe deckest du es, wie mit einem Kleide, und Gewässer stehen über den Bergen. Bei deiner Drohung fliehen sie, vor der
Stimme deines Donners fahren sie dahin. Berge erheben sich, Thäler sinken,
zum Ort, den du ihnen gegründet hast. Du hast eine Grenze gesetzt, die
sie nicht übersteigen, damit sie nicht wieder das Erdreich bedecken. Du
lässest Quellen entstehen in den Thälern, dass die Gewässer zwischen den
Bergen dahinfliessen. Du tränkest das Gewild des Feldes, damit die Thiere
ihren Durst löschen. Bei denselben sitzen die Vögel des Himmels und singen
zwischen den Zweigen. Du feuchtest die Gipfel der Berge, von der Frucht
deiner Thaten nähret sich das Land. Du lässest Gras wachsen für das Vieh
und Saat für den Menschen, dass er Brod dem Boden entlocke. Und dass
Wein erfreue das Menschenherz und seine Gestalt schön werde vom Oel und
dass Brod des Menschen Herz stärke. Dass die Bäume des Herrn voll Saft
stehen, die Cedern Libanons, die er gepflanzt hat. Wo Vögel nisten und
Störche auf den Tannen wohnen. Die hohen Berge sind der Gemsen Zu-
flucht und die Felsklüfte Schutz für die Kaninchen. Du machst den Mond,
das Jahr danach zu theilen, die Sonne kennt ihren Niedergang. Du schaffst
Finsterniss, dass es Nacht wird; da regen sich die Thiere des Waldes. Die
jungen Löwen brüllen nach Raub und fordern ihre Speise von Gott. Wenn
aber die Sonne aufgeht, heben sie sich davon, und lagern sich in ihren
Höhlen: dann geht der Mensch zu seiner Arbeit, zu seinem Tagewerk bis
Abend. Wie gross und viel sind deine Werke, o Herr! du hast alle durch
Weisheit geordnet, und die Erde ist voll deiner Güte. Das Meer, das so
weit und gross ist, da wimmelt es ohne Zahl, kleine wie grosse Thiere.
Daselbst gehen die Schiffe; da ist der Leviathan, den du gemacht hast, damit er darin spiele. Alle warten auf dich, dass du ihnen Speise gebest zur
Zeit. Giebst du ihnen, so sammeln sie, wenn du deine Hand aufthust, so
werden sie wohl gesättigt. Verbirgst du dein Angesicht, so erschrecken sie,
entziehst du ihren Odem, sie sterben und werden Staub. Du entsendest
deinen Geist, so werden sie geschaffen, und verjüngest die Gestalt der Erde.
Die Ehre des Herrn sei ewig; der Herr hat Wohlgefallen an seinen Werken.
Er schaut die Erde an, so bebet sie, er berührt die Berge, und sie rauchen.
Ich will dem Herrn singen mein Lebelang und meinen Gott loben, so lange
ich lebe. Möge mein Gebet ihm angenehm sein! Ich freue mich des Herrn.
Die Sünder werden von der Erde vernichtet, und die Frevler verschwinden.
Lobe den Herrn, meine Seele, Halleluja.

Bergen herab, in die Thäler, zu den Orten, die ihnen
beschieden: dass sie nie überschreiten die ihnen gesetzten
Grenzen, aber tränken alles Wild des Feldes. Der Lüfte
Vögel singen unter dem Laube hervor. Saftvoll stehen des
Ewigen Bäume, Libanons Cedern, die der Herr selbst ge-
pflanzt, dass sich das Federwild dort niste, und auf Tannen
sein Gehäus der Habicht baue." Es wird beschrieben „das
Weltmeer, in dem es wimmelt von Leben ohne Zahl. Da
wandeln die Schiffe, und es regt sich das Ungeheuer, dass
du schufest, darin zu scherzen." Es wird „die Saat der
Felder, durch Menschenarbeit bestellt, der fröhliche Wein-
bau und die Pflege der Oelgärten" geschildert. Die
Himmelskörper geben diesem Naturbilde seine Vollendung.
„Der Herr schuf den Mond, die Zeiten einzutheilen, die
Sonne, die das Ziel kennt ihrer Bahn. Es wird Nacht, da
schwärmt Wild umher. Nach Raub brüllen junge Löwen
und verlangen Speise von Gott. Erscheint die Sonne, so
heben sie sich davon und lagern sich in ihren Höhlen:
Dann geht der Mensch zu seiner Arbeit, zu seinem Tagewerk bis Abend." Man erstaunt, in einer lyrischen Dichtung von so geringem Umfange, mit wenigen grossen Zügen,
das Universum, Himmel und Erde geschildert zu sehen.
Dem bewegten Elementarleben der Natur, ist hier des
Menschen stilles, mühevolles Treiben vom Aufgang der
Sonne bis zum Schluss des Tagewerks am Abend entgegen-
gestellt. Dieser Contrast, diese Allgemeinheit der Auffassung in der Wechselwirkung der Erscheinungen, dieser
Rückblick auf die allgegenwärtige, unsichtbare Macht, welche
„die Erde verjüngen" oder in Staub zertrümmern kann, begründen das Feierliche einer minder lebenswarmen und gemüthlichen, als erhaben poetischen Dichtung. Aehnliche
Ansichten des Kosmos kehren mehrmals wieder:[119] Psalm

---

[119] In den Psalmen ist Humboldt der trefflichen Uebertragung von
Moses Mendelssohn (S. dessen gesammelte Schriften B. VI. S.
220, 238 und 280) gefolgt. Humboldt bemerkt, dass edle Nachklänge der
alt-hebräischen Poesie sich noch im elften Jahrhundert finden in den Hymnen
des spanischen Synagogendichters Salomo ben Jehudah Gabriol, die

65, 7—14 und 74, 15—17)[120], am vollendetsten vielleicht in dem 37. Kapitel[121] des alten wenn auch nicht vormosaischen Buches Hiob. Die metereologischen Prozesse, welche in der Wolkendecke vorgehen, die Formbildung und Auflösung der Dünste bei verschiedener Windrichtung, ihr Farbenspiel, die Erzeugung des Hagels und des rollenden Donners werden mit individueller Anschaulichkeit beschrieben; auch viele Fragen vorgelegt, die unsre heutige Physik in wissenschaftlichen Ausdrücken formuliren, aber nicht befriedigend zu lösen vermag. Das Buch Hiob wird allgemein für die

---

eine dichterische Umschreibung des pseudo-aristotelischen Buches von der Welt darbieten. S. Michael Sachs: „die religiöse Poesie der Juden in Spanien" (S. 7, 217 und 229). Auch die dem Naturleben entnommenen Züge in Mose ben Jakob ben Esra sind, nach H., voll Kraft und Grösse. (A. a. O. S. 69, 71 uud 285).

[120] Die durch Humboldt angeführten Verse lauten:
Psalm 65, 7—14: Er setzet die Berge fest durch seine Kraft, er ist mit Stärke gerüstet. Er stillet das Brausen des Meeres, das Brausen seiner Wellen und das Toben der Völker. Es entsetzen sich die Bewohner der Grenzen vor deinen Zeichen. Du machst fröhlich, was da webet, beides des Morgens und des Abends. Du suchest das Land heim, wässerst es und machst es sehr reich. Gottes Quelle hat Fülle des Wassers. Du lässest ihr Getreide wohl gerathen, denn also bauest du das Land. Du tränkest seine Furchen und feuchtest sein Gepflügtes; mit Regen machst du es reich und segnest sein Gewächs. Du krönest das Jahr mit deinem Gut, und deine Fusstapfen triefen von Fett. Die Wohnungen in der Wüste sind auch fett, dass sie triefen, und die Hügel sind umher jauchzend. Die Anger sind voll Schaafe, und die Auen stehen überladen mit Korn, dass man jauchzet und singet.
Psalm 74, 15—17: Du lässest Quellen, Brunnen und Bäche, du lässest versiegen starke Ströme. Tag und Nacht ist dein. Du machst, dass Sonne und Gestirne ihren bestimmten Lauf nehmen. Du setzest einem jeglichen Lande seine Grenze; Sommer und Winter machst du.
[121] Die Stellen aus dem Buche Hiob hat H. der Uebersetzung und Auslegung von Umbreit (1824) S. XXIX—XLII und 290 –314 entlehnt, Gesenius: „Geschichte der hebräischen Sprache und Schrift" S. 33 und Jobi antiquissimi carminis hebr. natura atque virtutes ed. Ilgen, pag. 28 benutzt. Die längste und am meisten chrakteristische Thierbeschreibung im Hiob (XI. V. 25 — XLI V. 26) ist die des Krokodils, und doch ist, wie H. meint, gerade in dieser Einer der Beweis enthalten, dass der Verfasser des Buches Hiob aus Palästina selbst gebürtig war. Da Nilpferde und Krokodile ehemals im ganzen Nil-Delta gefunden worden, so darf man sich nicht wundern, dass die Kenntniss von so seltsam gestalteten Thieren sich bis in das nahe Palästina verbreitet hatte. —

vollendetste Dichtung gehalten, welche die hebräische Poesie
hervorgebracht hat. Es ist so malerisch in der Darstellung
einzelner Erscheinungen als kunstreich in der Anlage der
ganzen didaktischen Composition. In allen modernen
Sprachen, in welche das Buch übertragen worden ist, lassen
seine Naturbilder des Orients einen tiefen Eindruck. „Der
Herr wandelt auf des Meeres Höhen, auf dem Rücken der
vom Sturm aufgethürmten Wellen. — Die Morgenröthe erfasst der Erde Saumen und gestaltet mannigfach die Wolken-
hülle, wie des Menschen Hand den bildsamen Ton". — Es
werden die Sitten der Thiere geschildert, des Waldesels
und der Rosse, des Büffels, des Nilpferds und der Krokodile,
des Adlers und des Straussen. — Wir sehen „den reinen
Aether in der Schwüle des Südwindes wie einen gegossenen
Spiegel über die dürstende Wüste hingedehnt". Wo die
Natur kärglich ihre Gaben spendet, schärft sie den Sinn
des Menschen, dass er auf jeden Wechsel im bewegten
Luftkreise, wie in den Wolkenschichten lauscht, dass er in
der Einsamkeit der starren Wüste wie in der des wellen-
schlagenden Oceans jedem Wechsel der Erscheinungen bis
zu seinem Vorboten nachspürt. Das Klima ist besonders
in dem dürren und felsigen Theil von Palästina geeignet,
solche Beobachtungen anzuregen. Auch an Mannigfaltig-
keit der Form fehlt es der dichterischen Litteratur[122] der
Hebräer nicht. Während von Josua bis Samuel die Poesie
eine kriegerische Begeisterung, bietet das kleine Buch der
ährenlesenden Ruth ein Naturgemälde dar von der naivesten
Einfachheit und von unausprechlichem Reize.[123] Goethe
in der Epoche seines Enthusiasmus für das Morgenland
nennt es, „das lieblichste, was uns episch und idyllisch
überliefert worden ist". — —

---

[122] Humboldt schreibt beharrlich „Litteratur" mit doppeltem „t"
ganz so wie Arthur Schopenhauer, v. Raumer u. A. Obzwar wir
unsererseits von dieser Orthographie abweichen und die Schreibart mit
einem „t" für die richtigere halten, so wollten wir dessenungeachtet auch
hierin der Pietät Rechnung tragen.
[123] Goethe im Commentar zum west-östlichen Divan, S. 8.

Mit welch' meisterhaftem Griffel schildert unser **Humboldt** die **Naturanschauung** der Bibel! Unter allen
grossen Schriftstellern des 18. und 19. Jahrhunderts, die
sich mit der Poesie der heiligen Schriften beschäftigt haben,
können wir nur noch zwei Männer dem genialen Naturforscher entgegenstellen, es sind dies: **Johann Gottfried
von Herder** und **Vicomte von Chateaubriand.** . Eine
frappante Aehnlichkeit mit dem hier geschilderten Naturbilde hat die **Herdersche** Darstellung des biblischen **Welt-
geistes.** „Im ersten Schöpfungsbilde,"[124] sagt u. A. der geistreiche Weimarer Oberconsistorialrath, „ist der Begriff der
Einheit Gottes, des Schöpfers, unverkennbar. Dies, dünkt
mich, hat der Poesie der Morgenländer eine **Erhabenheit**
und **Weisheit**, eine **Einfalt** und **Wahrheit** gegeben, die
glücklicherweise die Leiterin der Welt ward. Es ist un-
saglich, welche Schätze der Erkenntniss und Moralität des
Menschengeschlechts am Begriffe der Einheit Gottes zu
hangen bestimmt waren. Er wandte sich vom Aberglauben,
mithin auch von Abgötterei, Lastern und Scheusale privile-
girter göttlicher Unordnung weg; er gewöhnte sich daran,
überall Einheit des Zwecks der Dinge, mithin allmählich
Naturgesetze der Weisheit, Liebe und Güte zu bemerken,
also auch in jedes Mannigfaltige **Einheit**, in die **Unordnung Ordnung**, in's Dunkel Licht zu bringen. Indem
die Welt durch den Begriff des Schöpfers zu einer Welt
(**Kosmos**) ward, machte sich auch der Abglanz derselben,
das Gemüth der Menschen, dazu, und lernte **Ordnung**,
Weisheit und **Schönheit**. Welche Lehre und Poesie der
Erde hierzu beigetragen hat, hat die nützlichsten Dinge be-
wirket; unsere [125] Poesie hat's vorzüglich. Sie ist der älteste Damm gegen Abgötterei gewesen, den wir kennen;
sie goss den ersten schönen Lichtstrahl der Einheit und
Ordnung in's Chaos der Weltschöpfung". — Er sagt ferner:[126]
Im Buche der **Psalmen** sieht man jede kleine Welle der

---

[124] „Geist der hebräischen Poesie", Gespräch II.
[125] Natürlich meint **Herder** die **hebräische.**
[126] „Briefe das Studium der Theologie betreffend", S. 147.

Empfindung kreisen, wie der Himmel sich nur im hellen
Meere malt. Der Gesang eilt von Spruch zu Spruch, wie
von Gebirge zu Gebirge, er berührt schnell, aber tief, und
wiederholt die Berührung lieber. Er malt seine Gegenstände im Fluge. Alle Lieder von Hirtenunschuld und
Schäferempfindung wollen eine stille und ruhige Seele; auf
ein verkünsteltes und spottendes Gemüth kann keine
seiner Schönheiten wirken. Bezüglich des Buches Hiob
ruft er begeistert aus [127]: Wenn es kein Fürst geschrieben
hat, so ist es eines Fürsten werth: denn seine Denkart ist
königlich und göttlich! — Die schönsten Beschreibungen
von Gottes Eigenschaften und seiner Weltregirung, be-
redtesten Trostgründe, und was man über Providenz und
Menschenschicksale hin und wieder hegen kann, sind durch's
Buch hin zerstreut; die höchste Aufrichtung und Lehre ist
aber die Einfassung des Buches selbst — Epopoë der Menschheit, Theodicée Gottes, nicht in Worten, sondern im Ver-
hängniss, in seiner stillen That. — —

Die merkwürdige Ideenharmonie Humboldts und
Herders ist um so kennzeichnender, da beide Denker in
ihren sonstigen religiösen, ethischen und wissenschaftlichen Grundanschauungen nur wenig Berührungspunkte mit einander gemein haben. Aber, in einem Punkte
stimmen sie Beide überein: wie Humboldt ist auch Herder
der grosse Vorkämpfer aller geknechteten Völker, besonders
der beredte Anwalt der Judenemanipation, und sowohl der
Theologe als der Naturforscher entblössen daher ihr Haupt
vor einem Buche, dessen Heilighaltung von Seiten der Juden
es möglich gemacht, dass achtzehn Jahrhunderte mit ihren
furchtbaren Stürmen und zermalmenden Gewittern über das
jüdische Volk dahin brausten, ohne den gewaltigen, knorrigen
Stamm in seinen Grundfesten erschüttern zu können. . . .

Auch Vicomte von Chateaubriand, „der geistreiche
und phantasievolle Freund", wie ihn Humboldt nennt,
der Gründer und das Haupt der romantischen Schule in

---

[127] „Grist der hebräischen Poesie", Gespräch IV.

Frankreich, einer Schule, deren Grunddogmen Reaktion
und Ultramontanismus waren, kann nicht umhin, es auszusprechen [128], dass die Menschen sich nur entweder auf
Horeb und Sinai, oder auf den Gipfeln des Ida und des
Taygetos, unter den Söhnen Jakobs und Piramus, mitten unter
Göttern und Hirten ergehen können. Eine poetische Stimme
erhebt sich aus den Trümmern, welche Hellas und Idumäa
bedecken; sie ruft fernhin dem Wanderer zu: „Es giebt
nur zwei schöne Reihen von Namen und Andenken
in der Geschichte, nämlich bei den Israeliten und
bei den Pelasgern". Und an einer andern Stelle bemerkt er [129]: Mit der inneren Kraft des Sinnes verbinden
sich in den zehn Geboten der Juden, wie in den übrigen
Werken des Allmächtigen, die Erhabenheit und die Anmuth der Formen. Der Bramine spricht die dreifache
Gegenwart der Gottheit langsam aus; aber der Name Jehova verbindet sie in einem Worte; hier sind die drei Zeiten des Wortes seyn durch eine erhabene Zusammensetzung
vereint; ava er war, ova er ist, und die Silbe je, vor die
drei Grundlaute des Zeitwortes gesetzt, bezeichnet die Zukunft, im Hebräischen: er wird seyn [130].

Als Supplement zu den Ansichten Humboldts über
die Naturanschauung der Bibel müssen wir hier noch eines
Briefes Erwähnung thun, den der grosse Naturforscher
an einen Dr. Emil Löw gerichtet und der durch mich zuerst der Oeffentlichkeit übergeben wurde. [131] Diese hoch-

---

[128] „Genius des Christenthums", 3. Th. S. 4.

[129] „Genius des Christenthums", 2. Th. S. 124.

[130] Die Franzosen waren nie grosse Hebraisten; und ist es daher erklär-
lich, dass wir selbst bei Chateaubriand, der sich doch so viel mit Judenthum und Urchristenthum beschäftigte, eine so kolossale hebräisch-sprach-
liche Ignoranz finden. Der Name Gottes heisst auf Hebräisch: יהוה, wird
nicht interpunktirt und ist er desshalb gar nicht auszusprechen. Die gewöhnliche Aussprache: „Jehova" ist entschieden falsch. (Vgl u. A.
Delitzsch: „Commentar zu den Psalmen", 1 B, Leipzig, 1867.)
Er war lautet hebräisch: היה = hojo; er ist: hove = הוה; er wird sein;
jiheje = יהיה.

[131] Ich habe diesen Brief zuerst im „Israelit" Nr. 47, Jahrgang 1869,
zum 100. Geburtstage Friedrich Schillers, und dann in der „Berliner Zei-

bedeutsame Zuschrift, ohne Angabe des Ortes und der
Jahreszahl, ist jedenfalls nach dem Jahre 1845, als der
erste Band des „Kosmos" erschien, verfasst worden, da in
derselben bereits der Kosmos zitirt wird. Der Brief rührt
aus der Autographensammlung des Dr. Bonde in Wien her,
und wurde mir derselbe durch freundschaftliche Vermittelung
zur Verfügung gestellt. Ueber diesen Dr. Emil Löw konnte
ich, trotz aller darauf angewandten Mühen, nichts Näheres
erfahren, da ja selbst der grösste Humboldtkenner der Gegenwart, Herr Dr. Julius Löwenberg in Berlin, den ich
um einige Details ersuchte, mir in seiner gutmüthigen
Offenheit erklärte, nie den Namen dieses Herrn gehört zu
haben. Der Brief ist jedoch authentisch und von Humboldts eigener Hand geschrieben. Jedenfalls scheint
Löw zu den Günstlingen Humboldts gehört zu haben,
wie dies die Haltung und der herzliche Ton des Ganzen
zur Genüge bezeugen. Dieses sehr interessante Akten-
stük lautet wörtlich:

„An den Herrn Dr. Emil Löw.

„Werthester Herr:

„Zu meinem tiefsten Bedauern ist es mir erst heute
möglich, Ihre schöne sympathisirende Zuschrift nebst Büchlein[132] zu beantworten.

---

tung für die ges. Int. des J." mitgetheilt. Er machte bei seinem Erscheinen
ungeheures Aufsehen und war für die edlen, hochherzigen Freunde Humboldts
— deren Zahl Gottlob stets im Wachsthum begriffen ist — sehr erfreulich,
den Muckern und Pietisten jedoch eben ein solcher Gräuel, wie die von Lud-
milla Assing veröffentlichten Briefe an Varnhagen von Ense. Das
Schreiben wurde in zahlreichen jüdischen Journalen, wie z. B. „The He-
briew" in San Franeisko, „Jewish Messinger„ in London, Jewish Record" und „Jewish Chronicle" ebendaselbst und ausserdem in
holländischen, ungarischen und amerikanischen Zeitungen nachgedruckt. Fast
die gesammte jüdische Presse der Welt feierte das hundertjährige Jubiläum A.
v. Humboldts dadurch, dass sie sich beeilte, den durch mich mitgetheilten
Brief ihren Lesern zugänglich zu machen. Es war, wie mich dünkt, dies
die würdigste literarische Feier des grossen Jubilars! —
[132] Was dies für ein „Büchlein" gewesen sein mochte konnten wir nicht

„Sie sind unstreitig im Rechte, wenn Sie die Poesie
der Hebräer das intensiv Beste aller morgenländischen Naturpoesie nennen, und in dieser Hinsicht hat
ihr Büchlein den richtigsten Weg eingeschlagen. Rem acu
tetigisti; was mir um so lieber ist, als die Hauptresul-
tate derselben mit meiner eigenen, durch jahr-
zehntelangen Erfahrungen gewonnenen Resultaten
wesentlich übereinstimmen. Ich bitte Sie noch, die
Stelle in meinem „Kosmos" gebührend zu bedenken, die
sich in B. II. S. 44 befindet: „Es ist ein charakteristisches
Kennzeichen der Naturpoesie der Hebräer, dass, als Reflex
des Monotheismus, sie stets das Ganze des Weltalls in
seiner Einheit umfasst, sowohl das Erdenleben als die
leuchtenden Himmelsräume. Sie weilt seltener bei dem
Einzelnen der Erscheinung, sondern erfreut sich der Anschauung grosser Massen. Die Natur wird nicht geschildert
als ein für sich Bestehendes, durch eigene Schönheit Verherrlichtes; dem hebräischen Sänger erscheint sie immer
in Beziehung auf eine höher waltende, geistige Macht. Die
Natur ist ihm ein Geschaffenes, Angeordnetes, der
lebendige Ausdruck der Allgegenwart Gottes in den Erscheinungen der Sinnenwelt. Deshalb ist die lyrische
Dichtung der Hebräer grossartig und von feierlichem
Ernst."

„In Betreff nun des zweiten Theils Ihrer liebewerthen
Zuschrift[133] thut es mir unendlich wehe, Sie in einem so
schweren Seelenkampfe zu wissen, der gleich schädlich Ihren
Lebenszielen, wie Ihrem menschlichen Bewusstsein sein
muss. Um Alles aber möchte ich Sie von dem
Schritte abreden, Ihre Religion, noch die mit dem
Forschungen objektiver Wissenschaft am Leich-
testen zu vereinbarende, mit der in Ihrem Lande

---

eruiren; es scheint jedenfalls nicht in den Buchhandel gekommen zu sein
und wahr wahrscheinlich die Doktor-Dissertation des jungen Mannes.
Der Tendenz und dem Inhalte nach scheint es nach dem Muster des Bi-
schofs Lowth: „De sacra Poësi Hebraeorum" gearbeitet worden zu sein.

[133] Leider ist der Brief Löws an Humboldt nicht vorhanden.

dominirenden Trinitas zu vertauschen. Harren Sie
aus bei Ihren Brüdern, die einen so merkwürdigen Märtyrer-
gang durch die Jahrhunderte vollbracht haben, und jetzt an
der Schwelle ihrer Freiheit stehen. Widmen Sie der Geistesarbeit Ihrer tausendjährigen Geschichte Ihre Kräfte und Ihren
Geist; der Erfolg kann und wird nicht ausbleiben, und die Resultate, die Sie, junger Freund, aus dem Schachte freier Wissenschaft erringen, werden Sie für so manche trübe Erfahrung
der nebelgrauen, vor Anbruch des lichten Freiheitsmorgens
stehenden Gegenwart trösten und beruhigen.

„Ich habe die Ehre zu zeichnen

„Ihr

„gewogener

„Alexander von Humboldt."

Eine unendliche Liebe zum Judenthume, gepaart mit
gründlicher Kenntniss der Bibel und der Pietät für die erhabenen Riesendenkmale der altersgrauen menschlichen
Cultur, für diese staunenerregenden Conceptionen eines
kleinen, aber unverwüstlichen und hochbegabten Volkes,
spricht aus den hier angeführten Ansichten Humboldts!
Was uns in all' diesen goldenen Worten besonders anmu-
thet und tief bewegt, ist die immense Bescheidenheit, man
wäre fast versucht zu sagen, Demuth des unsterblichen
Gelehrten. Nichts von dem Hochmuthsdünkel der deutschen Stubengelehrten, nichts von der widerlichen Arroganz so mancher jüdischer Forscher![134] — Alles in Hum-

---

[134] Die Reigenführer der Frechheit in der jüd. Wissenschaft sind besonders in den Lehrern des seit 16 Jahren bestehenden obscuren Instituts, das
sich „jüdisch-theologisches Seminar" benamset, hier, in Breslau, vertreten.
Wer die — übrigens in jämmerlichem Deutsch geschriebenen — Schriften
eines Frankel und Grätz liest (es giebt noch solche Käuze, die sich aus
dieser Lektüre Spass machen), staunt über die bodenlose Unverschämtheit
dieser Leute, womit sie theils sich selbst beräuchern, theils alle Diejenigen,
die, mit ihnen nicht an Einem Karren ziehen wollen, begeifern und besu-
deln! Es ist Jammerschade, dass die so humane preussische Regierung nicht
näher das Treiben dieser Clique beobachtet! Da kämen Dinge an's Tages-

boldt ist lichtvoll, wie der tiefblaue Himmel Italiens, gedie-
genes Gold und dabei — trotz der ungeheuersten Gelehrsamkeit — so einfach-bescheiden! Wie unterscheidet er sich
auch in diesem Punkte von den heutigen Affen-Naturfor-
schern, deren dickleibige Bücher den literarischen Markt
beherrschen und deren mit Kraftwörtern und Phrasen ge-
spickte Lehren die Köpfe so mancher Halbgebildeten be-
nebeln!!! — —

Erst jüngst sprach sich — um einige, besonders eklatante, Fälle zu erwähnen — der sonst sehr verdiente und
gelehrte Professor Virchow[135] in seiner Rede zur Eröff-
nung der Humboldts-Volksbildungsanstalt in Breslau dahin
aus, dass eine Zeit kommen werde, wo die Naturforscher
Alles ergründet haben und Alles erklären werden können!!! Wer lacht da? — Wäre dieser Ausspruch nicht von
dem berühmten Virchow, u. z. in einer öffentlichen Ver-
sammlung vor Tausenden, gefällt worden, man wäre gar zu
sehr versucht, den Redner entweder für einen entsprungenen
Insassen des Bedlam, oder — was leider wirklich der Fall zu
sein scheint! — für einen grenzenlos arroganten Menschen zu
erklären! — — — Man lacht über die an Wahnsinn gren-
zenden, hochkomischen Selbstverhimmelungen- und Ver-
bimmelungen der Junghegelianer aus der „guten, alten Zeit"
der „Deutschen Jahrbücher" und betrachtet diesen exaltir-
ten Rausch der deutschen Denker und Philosophen für
einen überwundenen Standpunkt — und doch ist es, wie
wir gesehen, Thatsache, dass noch heutzutage ein solches
Monstrum eines „zweibeinigen Gottes" in der Person des
Herrn Virchow leibt und lebt! — —

---

licht, die an Verworfenheit ihres Gleichen suchen müssten! — Vgl. hierüber
unsere Schrift: „Memoiren eines jüdischen Seminaristen. Zur
Würdigung des Br. jüd. theol. Seminars." (Prag 1870.) —

[135] Eine gewisse Coterie giebt sich alle Mühe, Herrn Virchow als Nach-
folger Humboldts in der Weltherrschaft der Wissenschaften zu
proklamiren. Bei allem Respekt vor der geistigen Bedeutung Virchow's,
wollen wir nur kurz bemerken, dass selbst ein Genie ohne die innere
Wahrhaftigkeit der Ueberzeugung nie den Thron einnehmen wird
und kann, auf dem ein Humboldt gesessen. — —

Am Albernsten und Empörendsten verfahren aber die
Chefs der deutschen materialistischen Schule, Carl Vogt
und Consorten. So erklärte z. B. der ehemalige Reichsdiktator und „Affen-Professor" vor einigen Monaten, in einem
Feuilleton der „Neuen freien Presse" in Wien,[136] dass der
Mensch nun dahin gelangt sei, ein viel besseres Auge
schaffen zu können, als die Natur es vermag. Risum teneatis, amici! Solch' heller Blödsinn ist wirklich seit Jahrhunderten noch nicht geschrieben und — gedruckt worden! Ich bitte den geehrten Leser, über den Unparlamen-
tarismus des Wortes „Blödsinn" ja keine Glossen machen zu
wollen! Wir kennen und achten die Leistungen Vogts,
müssen aber die Behauptung aussprechen, dass der kühne
Verhöhner der Bibel in Genf leider nicht mehr zurechnungs-
fähig sei. Oder, ist es etwa wahrscheinlich, dass ein Mensch
mit gesunden Gehirnfunktionen folgenden Passus, der sich
in dem erwähnten Briefe an Prof. Stahr vorfindet, nieder-
schreiben könnte? „Ich bin," heisst es daselbst, „schon
längst zu der Ueberzeugung gelangt, dass in dem Gehirne,
ähnlich wie in dem Gebirge (?), Verwerfungsspalten
existiren, meist in der Jugend durch das Messer der Schulmeister und sogenannter Erzieher erzeugt, welche dem regelmässigen Fortgange der Schlussfolgerungen ein gebieteri-
sches „Halt" zurufen. Diese Verwerfungsspalten mögen in
einzelnen Gehirnen häufiger, in anderen seltener sein; sie
existiren wohl in allen. Bis zu ihnen geht Alles glatt,
jenseits der Kluft fängt ein neues Gebiet an, das mit dem
anderen keinen Zusammenhang hat." — —

Bisher galt als Maximum des gedruckten Blödsinns das
Messerschmidt'sche Wort:

> „Des Lebens Unverstand mit Wehmuth zu geniessen,
> Ist Tugend und Begriff,"

aber gewiss mit Unrecht, denn dies Vogt'sche Diktum ist
die höchste Potenz des Blödsinns!! —

---

[136] In einem Briefe an Adolf Stahr in Berlin.

Und solche Naturforscher, die wohl allenfalls Schluchten und Klüfte im Gehirn haben mögen, „Verwerfungsspalten," welche den regelmässigen Fortgang der Schlussfolgerungen und des Denkens überhaupt unmöglich machen, sind jetzt tonangebend auf den staubigen Heerstrassen der Naturwissenschaften!! Solchen Phrasenhelden jauchzt die moderne Generation Beifall zu, auf ihre Worte schwören fast alle Katheder- und Kanzelphropheten des Atheismus!! Solche Männer haben die Erbschaft Alexander von Humboldts angetreten!! — —

Doch, kehren wir zu unserem Humboldt zurück! Wie prachtvoll und feinfühlig auch seine Auffassung der Naturanschauung des jüdischen Volkes immerhin ist und bleibt, so müssen wir doch gestehen, dass die Einwände, die von gewisser Seite gegen dieselbe gemacht wurden, nicht ganz ohne Begründung sind. Zuerst hat Humboldt nicht genug gesagt, und dann hat er es nicht an der rechten Stelle gesagt. Humboldt hätte bemerken müssen, dass die ganze Poesie der Hebräer Naturpoesie und nichts als Naturpoesie ist. Während die Hellenen den Menschen zum eigentlichen Gegenstand und die Menschenseele zum ganzen Hintergrund ihrer Poesie machen, haben die Hebräer bei der einfachen Entwickelung der Volkszustände die Natur allein zur Staffage ihrer Poesie gehabt. Wenn also die Schrift mit dem erhabensten Bilde der Weltschöpfung beginnt, und diese von dem Gedanken, dass Gott diese Welt vollkommen geschaffen, durchweht ist, so hat sie auch der hebräischen Poesie hierdurch den Stempel aufgedrückt. Ja, das erste, wirklich poetische Stück der Schrift, das Testament Jacobs (1. Mos. 49), besteht lediglich in der Charakterisirung von Menschen durch Naturgebilde: leichtfahrendes Gewässer, der Löwe, der nach vollbrachtem Raub sich lagert, der zwischen den Hürden ruhende Esel, die Schlange am Wege, die schlanke Hündin, der Fruchtbaum, der seine Zweige über die Mauern streckt, diese Alle dienen, um die charakteristischen Züge der Söhne Jacobs und ihrer Stämme zu zeichnen. Und so reicht dies durch die

ganze Schrift. Der Psalmist beginnt und der Gerechte ist
ihm ein Fruchtbaum am Quell, der Frevler Spreu, die der
Wind verweht. Selbst die körnigen, aber trockenen Aussprüche der Lebenserfahrung, die Sprüche Salomonis, sind
mit köstlichen Naturbildern durchzogen. Da ist der Pfad
des Gerechten, wie das Licht des Sonnenglanzes, es wird
immer heller, bis zur Tageshelle. (IV, 18.) Da soll man
Wasser trinken aus seiner Quelle, Rieselndes aus seinem
Brunnen, so werden seine Quellen überfliessen, auf die
Strasse die Wasserbäche sich ergiessen. Und so fort.

Die zweite, wichtige Bemerkung, die Humboldt hier
hätte machen müssen, um die Poesie der Hebräer zu cha-
rakterisiren, wäre gewesen: wenn also die Hebräer ihre
ganze Poesie von der Natur entlehnen, und die menschlichen Zustände durch die Naturgebilde versinnbildlichen,
so übertragen sie auch umgekehrt die menschlichen Zustände in die Natur hinein, und veranschaulichen die Natur, indem sie deren Schöpfungen zu menschlichen machen.
Da wird die ganze Natur zu einem Zelte des Menschen,
der Himmel ist der ausgebreitete Zeltteppich, die Zelt-
decke, die Wolken das obere Sparrenwerk des Zeltes, die
Sonne tritt wie ein Bräutigam aus seiner Kammer, der
Schnee wird zur Wolle, der Reif zur Asche, der Blitz zum
Pfeil, eine grosse Vorrathskammer hat Gott, aus der er
allen Geschöpfen reichet. Darum verschmelzen auch den
Propheten Natur und Geschichte in Eins; wie schon Moses
rufen sie Himmel und Erde und die uralten Berge zu Zeugen, nicht der göttlichen Schöpfung, sondern des göttlichen
Gerichtes über den Menschen an; wenn Gott ein Grosses
über ein Volk bringt, dann nimmt die Natur daran Theil,
Sonne und Mond verfinstern sich, die Sterne leuchten nicht,
die Erde bebt und so fort. Auffallend ist es noch, dass
Humboldt des hohen Liedes nicht gedenkt, welches in
der Naturpoesie gerade den erhöhtesten Charakter hat.
In diesem findet sich auch schon die den Hebräern ganz
fremde, blosse Naturbeschreibung, z. B. des wiederkehren-

den Frühlings, II, 11 – 13,[137] in Blumen, Gesang und Duft, und die Gleichnisse aus der Natur werden in diesem Sinne echt morgenländisch-grotesk. — —

Aber diese kleinen — wenn ich so sagen darf — Unterlassungssünden von Seiten Humboldts lassen sich damit entschuldigen, dass der berühmte Naturforscher keine eingehende, weitschichtige Abhandlung über die Poesie der Hebräer geben wollte. Ein solcher Zweck lag ihm fern. Nach seiner Art gab er bloss Anregungen und Bemerkungen über die Naturanschauung des semitischen Volkes, wodurch er einzig und allein bloss die Differenzpunkte zwischen den indogermanischen und altaischen Völkerstämmen einerseits und den der semitischen andererseits klarlegen und feststellen wollte.

Gegründeter scheint uns ein anderer Vorwurf zu sein, den man noch erhoben hat. Humboldt geht vom alten Westen, Griechen und Römern, aus, bespricht dann Christenthum und Mittelalter, geht zu den Indern und Persern über; hier erst gelangt er zu den Hebräern und Arabern, von denen er sofort zu den modernen Nationen hinüberblickt.

---

[137] Diese Verse lauten nach der vortrefflichen Uebersetzung von H. Stadelmann (Das Hohelied. Dramatisches Gedicht. Metrisch bearbeitet." Stuttgart, Verlag der Krüllschen Buchhandlung, 1870):

Blümlein, spriesse bunt und bunter,
Zärtlich schon die Turtel ruft,
Und die Feige knospet munter,
Lieblich haucht der Rebe Duft!

* * *

Mach' Dich auf', eil' mir entgegen
Aus der dunklen Felsen Thor,
Komm mit raschen Flügelschlägen,
Süsse Taube, komm hervor!

* * *

Deine Stimme lass erschallen,
Lass Dein Angesicht mich sehn,
Deine Stimme, süss vor Allen,
Und dein Antlitz, hold und schön. —

Humboldt scheint hiermit schwerlich den rechten Weg gewählt zu haben. Er hätte, wollte er der Entwickelung der Menschheit folgen, mit Indern und Persern beginnen, dann den Einfluss der Hebräer durch das Christenthum auf das Mittelalter hervorheben, und dann zu Griechen und Römern kommen, oder von den Hebräern erst auf das Christenthum, Mittelalter und die moderne Welt übergehen müssen. Denn, was er gleich bei den Römern und Griechen sagt, dass die christliche Richtung des Gemüths darauf gerichtet sei, „aus der Weltordnung und aus der Schönheit der Natur die Grösse und die Güte des Schöpfers zu beweisen," das ist die Richtung des Hebräers vom ersten Wort der Schrift an, und gesteht dies Humboldt — wie wir gleich sehen werden — selbst zu. Wohl hat das Christenthum das grosse Verdienst, die hebräische Anschauungsweise auf die Völker übertragen zu haben, aber den Inhalt selbst hat es von den Hebräern entlehnt. Lange bevor die klassischen Studien erwachten und die Basis der modernen Bildung wurden, hatte der Hebraismus auf die Völker durch das alte Testament den tiefsten Einfluss gewonnen und ausgeübt, und wenn die modernen Völker ihre formale Bildung den Römern und Griechen verdanken, so flossen ihre meisten Anschauungen selbst aus dem Hebraismus. Diese unhistorische Verfahrungsweise muss um so mehr überraschen, da der erlauchte, von gar keinem Vorurtheil befangene Forschergeist Humboldts dieser Einsicht — wie wir sofort zeigen werden — beredten Ausdruck verliehen.

Wie verhielt sich nun Humboldt gegenüber der Naturanschauung des Christenthums, wie sie sich in den Schriften der Kirchenväter hie und da vorfindet? Diese Frage dürfte den Leser sicherlich interessiren und steht in zu innigem Contakte mit den bisher entwickelten Ansichten Humboldts, als dass ich dieselbe nicht zu beantworten versuchen sollte.

Ueber die vielgerühmte „Humanität" des Christen-

thums sprechend, bemerkt Humboldt zunächst: [138] Tief mit
den christlichen Dogmen verwebt, hat der Begriff der Humanität im Christenthume sich nur sehr langsam Geltung
verschaffen können, da zu der Zeit, als der neue Glaube
am Hofe zu Byzanz — u. z. aus politischen Gründen!
— zur Staatsreligion erhoben wurde, die Anhänger desselben bereits in elenden Parteistreit verwickelt waren, der
ferne Verkehr gehemmt und die Fundamente des Reichs
mannigfach durch äussere Angriffe erschüttert wurden.
Selbst die persönliche Freiheit ganzer Menschen-
classen hat lange in christlichen Staaten, bei geistlichen Grundbesitzern und Corporationen, keinen
Schutz gefunden. Mit Recht behauptet Humboldt,
dass solche unnatürliche Hemmungen, welche dem geistigen
Fortschritt der Menschheit wie der Veredelung des gesell-
schaftlichen Zustandes im Wege stehen, keineswegs durch das
Christenthum beseitigt wurden. Das Prinzip der indi-
viduellen und politischen Freiheit ist vielmehr in der
unvertilgbaren Ueberzeugung gewurzelt von der gleichen
Berechtigung des einigen Menschengeschlechts; nur hat
das Christenthum, in seiner Eigenschaft als Toch-
terreligion des Judenthums, die Freiheit des Menschengeschlechts von seiner Mutter, dem Judenthume,
als Grundgedanken in sich aufgenommen und durch dieselbe erweiterte es auch den Blick in die freie Natur.[139]

---

[138] II. B. Kosmos S. 235 ff.

[139] Möge diese schöne Ansicht Humboldts ein Scherflein dazu beitragen, um das in höchsten und allerhöchsten Kreisen noch dominirende Vorurtheil von einer „christlich-germanischen" Bildung, „christlicher" Gesittung,
„christlicher" Civilisation, und wie die Phrasen noch sonst heissen mögen, zu
entkräften! Unsere ganze Bildung und Humanität beruht auf dem
Judenthum — das sage nicht ich, der Jude, sondern Humboldt, der Christ
und der Junker — von Geburt. In dem Lande der Freiheit, in Amerika,
ist es Gottlob auch in diesem Punkte anders! So brachte erst vor Kurzem
eines der weitverbreitetsten, gediegensten amerikanischen Blätter, der „New
York Harald", einen diesbezüglichen Artikel: „Moderne Civilisation," aus
dem wir folgenden Passus mitzutheilen uns gedrungen fühlen. Es heisst
dort: — „Unsere Civilisation ist nicht eine rein Europäische oder Christliche — sie hat ihre eigentlichen Wurzeln allein im Juden-

Das Auge haftet nicht mehr an den Gestalten der olympischen Götter; der Schöpfer — so lehren die Kirchenväter nach der Bibel! — zeigt sich gross in der todten Natur thume. Wir müssen zwar Alle bekennen, dass wir Europa und dem Christenthume Vieles verdanken. Aber, indem wir bekennen, dass wir hindurch gehen müssen durch Europäisches Wissen, durch das Christenthum, durch die Apostel, bekennen wir nicht dadurch, dass unsere eigentliche Quelle in den Propheten, in Moses, Jacob, Isaac und Abraham zu suchen ist? „Mit Dir sollen sich alle Nationen der Erde segnen," ist eine Verheissung, so alt wie der hebräische Stamm; und die Thatsache liegt offen vor aller Welt, dass durch das jüdische Volk alle Welt gesegnet worden ist. Nehmt hinweg das Christenthum, und wo ist unsere moderne Civilisation? Ohne Christenthum, was würde Amerika, was Europa geworden sein? Wir müssen jedoch nicht zurückgehen zu Golgotha, nicht nach Bethanien, nicht nach Betlehem, wir müssen zurückgehen zu Jacobs Zelt, zu Rahel, zu Rebecka, zu Abraham in Ur Kasdim, wo die Quelle unserer modernen Civilisation ist. Wir sind alle Juden, weil wir alle bekennen, Christen zu sein, und die Zeit ist gekommen, wo wir nicht mehr unwillig sein dürfen, dies Faktum zu bekennen, Alles Gute in uns ist christlich, aber das Christenthum ist eine Abzweigung des Judenthums. Unsere Gesittung lauscht den lieblichen Tönen, welche von den Lippen der göttlichen Priester und dem Berge des Segens erschollen, sie zittert mit bei dem gewaltigen Erdbeben, dem Feuer und dem Donner des Sinai — —."

Die goldenen Strahlen dieser Erkenntniss beleuchten auch die höchsten geistigen Spitzen meines Vaterlandes, des herrlichen Ungarns. So schrieb vor Kurzem — um nur Ein Beispiel namhaft zu machen — der berühmte Staatsmann Graf Nicolaus Bethlen in seiner „Diplomatischen Wochenschrift" folgenden sehr interessanten Artikel, den ich seiner Gediegenheit und des sich daran knüpfenden kulturhistorischen Momentes wegen hier mit Freuden producire.

Der Aufsatz ist vom 26. Juni 1870 datirt und lautet:

Das „Vaterland" in Wien hat vor Kurzem über die Juden in Wien einen Artikel veröffentlicht, der von unserer Seite, die wir, als Enkel der protestantischen Rebellen, denn doch keine Juden sind, eine Erwiderung verdient.

Das Blatt meint, auf jedem Gebiete (sei es Politik, Literatur, Kunst, Handel und Industrie) nehmen die Juden in Wien eine hervorragende Stellung ein und ihr Einfluss ist in Wien überall maasgebend.

Man möge daher — sagt das „Vaterland" — die Juden aus Wien hinaustreiben.

Wenn die Partei des „Vaterland" je an's Ruder kommt, und ihre Drohungen effektuiren wollte, so bitten wir, alle aus Wien hinausgeworfenen Juden uns nach Pest zu schicken.

Die Juden sind durch ihr Talent und ihre Thätigkeit ein bedeutender Faktor der Civilisation geworden, und wir können sie in Pest brauchen.

wie in der lebendigen, im wilden Kampfe der Elemente,
wie im stillen Treiben der organischen Entfaltung. Aber
bei der allmählichen Auflösung der römischen Weltherrschaft verschwinden nach und nach, in den Schriften der
Kirchenväter, die Einfachheit und Reinheit der Dik-
tion und der schöpferischen Kraft; sie verschwinden
zuerst in den lateinischen Ländern, später auch in dem
griechischen Osten. Hang zur Einsamkeit, zu trübem Nachdenken, zu innerer Versenkung des Gemüths wird sichtbar; sie wirkt gleichzeitig auf die Sprache und Färbung
des Stils. Man vergleiche z. B. die erhabene, prächtige Psalm-
dichtung mit der Naturschilderung der meisten, als uner-
reichbare Muster gepriesenen Stilheroen der Kirchenväter! Wir wollen nach Humboldts Andeutungen einige

---

In Pest selbst finden wir zwei Städte. Der Eine Theil von Pest gleicht
einer europäischen Handelsstadt, — es ist die Stadt der Juden. Der
andere gleicht einem grossen Dorfe der Wüste, — es ist die Stadt der
Magyaren.

Alles was in Pest als ein Werk der Civilisation, als ein
Zeichen der europäischen Cultur betrachtet werden kann, ist
durch jüdischen Geist und durch jüdisches Geld zu Stande
gebracht worden.

Würde es in Pest keine Juden geben, so würde die Landes-
hauptstadt auf dem Niveau des grossen Debreczins stehen
und die Comitatshelden würden in ihrem eigenen Staub und
Koth ersticken.

Noch vor zehn Jahren war die ungarische Presse beinahe frei von Juden, denn der Wirkungskreis der ungarischen Presse war so beschränkt, dass
die paar Parteiblätter von ihren eigenen Partei-Anhängern mit Artikeln
leicht versehen werden konnten.

Es gab keine eigentliche Journalistik, nur eine Sammlung von Partei-
Reden und Partei-Aeusserungen. Sobald man die ungarische Journalistik
auf das Niveau jener von anderen civilisirten Nationen erheben wollte, war
man gezwungen, ein halbes Dutzend Juden zu importiren, damit
die Trägheit in der Technik der Blätter theilweise beseitigt
und die journalistischen Formen entwickelt werden.

Auf welches Gebiet des öffentlichen Lebens wir auch sehen,
überall finden wir die Juden emsig arbeiten und gegen den
alten Geist der Finsterniss im Kriege begriffen.

Das „Vaterland" hat Recht, wenn es die Juden scheut, denn es sind
die ärgsten Feinde der Thun's, Clam's und Apponyi's.

„Mehr Juden — mehr Licht." —

Proben dieser Naturschilderungen geben. Basilius, genannt „der Grosse" hatte, nicht viel über dreissig Jahre alt, dem heiteren Leben zu Athen entsagt, auch schon die christlichen Einsiedeleien zu Cölesyrien und Oberegypten besucht, als er sich nach Art der vorchristlichen Essäer und Therapeuten in eine Wildniss am armenischen Flusse Iris zurückzog. „Ich glaube endlich," schrieb er an Gregorius von Nazianz, „das Ende meiner Wanderungen zu finden. Die Hoffnung, mich mit Dir zu vereinigen, ich sollte sagen, meine süssen Träume (denn mit Recht hat man Hoffnungen des wachenden Menschen Träume genannt), sind unerfüllt geblieben. Gott hat mich einen Ort finden lassen, wie er uns Beiden oft in der Einbildungskraft vorgeschwebt. Was diese uns in weiter Ferne gezeigt, sehe ich jetzt vor mir. Ein hoher Berg, mit dichter Waldung bedeckt, ist gegen Norden mit frischen, immerfliessenden Wassern befruchtet. Am Fusse des Berges dehnt sich eine weite Ebene, fruchtbar durch die Dämpfe, die sie benetzen. (Doch gar zu prosaisch!). Der umgebende Wald, in welchem sich vielartige Bäume zusammendrängen, schliesst mich ab wie in eine feste Burg, die Einöde ist von zwei tiefen Thalschluchten begrenzt. Auf der Einen Seite bildet der Fluss, wo er vom. Berge schäumend herabstürzt, ein schwer zu überschreitendes Hinderniss, auf der andern verschliesst ein weiter Bergrücken den Eingang. Meine Hütte ist auf dem Gipfel so gelegen, das ich die weite Ebene überschaue, wie den ganzen Lauf des Iris, welcher schöner und wasserreicher ist als der Strymon bei Amphiopolis, der Fluss meiner Einöde, reissender als irgend einer, den ich kenn, bericht sich an der vorspringenden Felswand und wälzt sich schäumend in den Abgrund: dem Bergwanderer ein anmuthiger, wundervoller Anblick, den Eingeborenen nutzbar zu reichlichem Fischfang. Soll ich Dir beschreiben, die fruchtbaren Dämpfe (Man sieht, welche Bilderarmuth!), welche aus der (feuchten) Erde, die kühlen Lüfte, welche aus dem (bewegten) Wasserspiegel aufsteigen? Soll ich reden von dem lieblichen Gesang der Vögel und der Fülle blühender

Kräuter? Was mich vor Allem reizt, ist die stille Ruhe
der Gegend. Sie wird bisweilen nur von Jägern besucht;
denn meine Wildniss nährt Hirsche und wilde Ziegen, nicht
Eure Bären und Eure Wölfe. Nie möchte ich einen andern
Ort mit diesem vertauschen! Alkmäon, nachdem er die
Echaniden gefangen, wollte nicht weiter umherirren." —
Diese Schilderung des Landlebens, der Ruhe, der Natur, der Flüsse u. s. w. hat nicht mehr die biblische
hohe Einfachheit, oder die homerische und herodot'sche
Einfalt, sondern jenes moderne Element der Sentimentalität, die Mutter des katholischen Ultramontanismus
nnd des protestantischen Pietismus, ist darin leicht zu
erkennen.

Dies gilt auch von den berühmten Homilien des Basilius
über das Hexaëmeron. Sie haben nichts von dem alttesta-
mentarischen Pathos, von jener lodernden Flamme der
prophetischen Begeisterung — sie sind nichts als künst-
lich erzeugte, kalte Allegorien, Hyperbeln und Gleichnisse!
Basilius beschreibt z. B. die Milde der ewigheiteren Nächte
in Kleinasien, wo, wie er sich ausdrückt, die Sterne, „die
ewigen Blüthen des Himmels", den Geist des Menschen
vom Sichtbaren zum Unsichtbaren erheben. Wenn er in
der Erzählung von der Weltschöpfung die Schönheit des
Meeres preisen will, so beschreibt er den Anblick der gren-
zenlosen Fläche in ihren verschiedenen, wechselnden Zuständen: „wie sie, vom Hauch der Lüfte sanft bewegt, viel-
farbig, bald weisses, bald blaues, bald röthliches Licht zu-
rückwirft, wie sie die Küste liebkost in ihren friedlichen
Spielen". Dieser Charakterzug der Empfindsamkeit, der
sich wie ein rother Faden durch alle diese Homilien hin-
durchzieht, zeigt sich auch bei Gregorius von Nyssa, dem
Bruder des Basilius. „Wenn ich", ruft er aus, „jeden
Felsenrücken, jeden Thalgrund, jede Ebene mit neuent-
sprossenem Grase bedeckt sehe, dann den mannigfaltigen
Schmuck der Bäume, und zu meinen Füssen die Lilien,
doppelt von der Natur ausgestattet mit Wohlgeruch und
mit Farbenreiz; wenn ich in der Ferne sehe das Meer, zu

dem hin die wandelnde Wolke führt: so wird mein Gemüth von Schwermuth ergriffen, die nicht ohne Wonne ist. Verschwinden dann im Herbst die Früchte, fallen die Blätter, starren die Aeste des Baumes, ihres Schmuckes beraubt: so versenken wir uns (bei dem ewig und regelmässigwiederkehrenden Wechsel) in den Einklang der Wunderkräfte der Natur. Wer diese mit dem sinnigen Auge der Bibel durchschaut, fühlt des Menschen Kleinheit bei der Grösse des Weltalls".

Leitete eine solche Verherrlichung Gottes durch Anschauung der Natur die christlichen Dichter zu poetischen Naturschilderungen, so waren sie dabei auch, in den früheren Zeiten des neuen Glaubens, voll Verachtung der Werke menschlicher Kunst. So schreibt Chrysostomus an unzähligen Stellen: „Siehst du schimmernde Gebäude, will dich der Anblick der Säulengänge verführen, so betrachte schnell das Himmelsgewölbe und die freien Felder, in welchen die Heerden am Ufer der Seen weiden. Wer verachtet nicht alle Schöpfungen der Kunst, wenn er in der Stille des Herzens früh die aufgehende Sonne bewundert, indem sie ihr goldenes (krokosgelbes) Licht über den Erdkreis giesst? wenn er an einer Quelle im tiefen Grase, oder unter dem dunklen Schatten dichtbelaubter Bäume ruhend, sein Auge weidet an der dämmernden, hinschwindenden Ferne?"

Als aber in den späteren, aller Geisteskultur feindlichen Zeiten des Christenthums dieses sich unter germanische und celtische Volksstämme verbreitete, die vormals, dem Naturdienst ergeben, in rohen Symbolen die erhaltenden und zerstörenden Mächte verehrten, wurden allmählich der nahe Umgang mit der Natur und das Aufspüren ihrer Kräfte, als zur Zauberei anregend, verdächtigt und verketzert. Dieser Umgang schien ebenso gefahrbringend, wie dem Tertullian, dem Clemens von Alexandrien und fast allen älteren Kirchenvätern die Pflege der plastischen Künste. In dem zwölften und dreizehnten Jahrhundert untersagten Kirchenversammlungen zu Tours (1169) und zu Paris (1209) den Mönchen das sündhafte Lesen physikalischer Schriften. Erst

durch Albert den „Grossen" und Roger Bacon wurden die
Geistesfessel des Christenthums muthvoll gebrochen, ward
die „Natur entsündigt" und in ihre alten Rechte eingesetzt [140].
Wie unterscheidet sich das Judenthum auch in dieser
Beziehung vom Christenthum! Die mathematischen, physikalischen und astronomischen Wissenschaften wurden in
den finstersten Zeiten des Mittelalters, beinahe am hellen
Feuermeer der Scheiterhaufen, welche die Inquisition für
die Juden angezündet, mit grossem Enthusiasmus und Eifer
betrieben. Wir können es ohne Ueberhebung sagen, dass fast
alle unsere grossen Rabbiner, Philosophen und Dichter des Mittelalters auch grosse Naturforscher waren. Männer wie Mai-
monides, Avicebron (Ibn Gabirol), Jehuda Halevi,
Moses Ibn Esra, Nachmanides u. A. können als Belege
für diese historische Thatsache dienen. — —
   Ich glaube, dem geehrten Leser hinlänglich bewiesen
zu haben, dass trotz der oben gerügten kleinen Mängel der
Humboldt's chen Darstellung der biblischen Poesie, der
grosse Naturforscher in seinem Gemälde weit, himmelhoch
über dem Gesammtcorps aller Naturforscher steht. Kein
Einziger hat es so wie er verstanden, den geistigen Horizont
der Hebräer mit seinem genialen Adlerblick zu durchmessen,
den Urwald des grauen biblischen Alterthums zu beleben, die
Natur zu beseelen und in den seit Jahrtausenden morsch
gewordenen Stein — ein moderner, aber grösserer Orpheus!
— Odem zu hauchen! Es erfasst uns so eigenthümlich
diese Schilderung, als hörten wir David seine Psalmen
und Rhapsodien singen, Salomo seine pessimistischen
Maximen vortragen, Jeremias auf den Trümmern Jerusalems schluchzen, Hiob jammern und in Mitten dieser

---

[140] Wir wissen aus einer Stelle in den Briefen Alexander von Humboldts an Christian Carl Josias von Bunsen (Leipzig, F. A.
Brockhaus, 1869) S. 18, dass der berühmte Letronne ein überaus gelehr-
tes, zum Theil sehr malitieuses Memorandum über die „Kosmogra-
phie der Kirchenväter" geschrieben, worüber sich Humboldt sehr
amüsirte und das wohl, bei der sarkastischen Natur eines Autors, besonders ergötzlich gewesen sein mochte!

Scene das fröhliche Singen der Winzer, das Halleluja der Kelterer auf den Weinbergen des heiligen Landes!

Es ist übrigens sehr natürlich, dass Humboldt die Naturanschauung der Bibel so meisterhaft zu veranschaulichen weiss: ist es ja gerade diese klassische Darstellungsweise und unerreichte stilistische Meisterschaft, die bei dem Lesen des „Kosmos", der Ansichten der Natur" und anderer seiner Schriften denselben packenden und gewaltigen Eindruck hervorrufen, wie die in denselben mit der prachtvollsten Farbenfülle abkonterfeite Schönheit der Natur!

Dem biblischen und kirchenväterlichen Naturpanorama möge ein Humboldt'sches Naturgemälde gegenüber gestellt werden. Wir greifen aus dem wundervollen Kaleidoskop das erste beste Bild heraus, über dessen Schönheit wir kein erläuterndes Wort wohl zu sagen brauchen:

„— — An der Fussenge von Baraguan stieg das Thermometer, der Granitmasse des thurmartigen Felsens bis auf einige Zoll genähert, auf mehr als 40 R. Kein Lüftchen bewegte den staubartigen Rand des Bodens, die Sonne stand im Zenith und die Lichtmasse, die sich auf den Strom ergoss, und die von diesem wegen einer schwachen Wellenbewegung funkelnd zurückstrahlte, machte bemerkbarer noch die nebelartige Röthe, welche die Ferne umhüllte. Alle Felsblöcke und nackten Steingerölle waren mit einer Unzahl grosser, dickschuppiger Iguanen, Gecko-Eidechsen und buntbefleckter Salamander bedeckt. Unbeweglich, den Kopf erhebend, den Mund weit geöffnet, schienen sie mit Wonne die heisse Luft einzuathmen. Die grossen Thiere verbergen sich dann in das Dickicht der Wälder, die Vögel unter das Laub oder unter die Klüfte der Felsen; aber lauscht man bei dieser Stille der Natur auf die schwächsten Töne, die uns zukommen, so vernimmt man ein dumpfes Geräusch, ein Schwirren und Sumsen der Insekten, dem Boden nahe und in den unteren Schichten des Luftkreises. Alles verkündet eine Welt thätiger organischer Kräfe. In jedem Strauch, in der gespaltenen Rinde des Baumes, in der aufgelockerten Erde rührt sich hörbar das Leben. Es ist eine

der vielen Stimmen der Natur, vernehmbar dem frommen,
empfänglichen Gemüthe des Menschen".

Es sei mir nur noch vergönnt, einer Stelle aus den
im Jahre 1807 seinem Bruder Wilhelm gewidmeten „Ansichten der Natur" Erwähnung zu thun, nämlich an die
Schlussworte jener unübertroffenen Schilderung der Step-
pen und Wüsten zu erinnern:

„Wenn in der Steppe Tiger und Krokodile mit Pfer-
den und Rindern kämpfen, so sehen wir an ihrem waldigen
Ufer, in den Wildnissen der Guyana ewig den Menschen
gegen den Menschen gerüstet. Mit unnatürlicher Begier
trinken hier einzelne Völkerstämme das ausgesogene Blut
ihrer Feinde; andere würgen, scheinbar waffenlos und doch
zum Morde vorbereitet, mit vergiftetem Daumnagel. Die
schwächeren Horden, wenn sie die sandigen Ufer betreten,
vertilgen sorgsam mit ihren Händen die Spur schüchterner
Tritte.

„So bereitet der Mensch auf der untersten Stufe thier-
ischer Rohheit, so im Scheinglanze seiner höheren Bildung
sich stets ein mühevolles Leben. So verfolgt den Wanderer über den weiten Erdkreis, über Meer und Land, wie
den Geschichtsforscher durch alle Jahrhunderte, das ein-
förmige, trostlose Bild des entzweiten Geschlechts.

„Darum versenkt, wer im ungeschlichteten Zwist der
Völker nach geistiger Ruhe strebt, gern den Blick in das
stille Leben der Pflanzen und in der heiligen Naturkraft
inneres Wirken; oder hingegeben dem angestammten Triebe,
der seit Jahrtausenden der Menschen Brust durchglüht,
blickt er ahnungsvoll aufwärts zu den hohen Gestirnen,
welche in ungestörtem Einklang die alte, ewige Bahn voll-
enden." —

Ich darf hier wohl die Frage aufwerfen: woher rührt
dieses Charakteristische, Individuelle, Bezaubernd-Anmu-
thige des Humboldtschen Ausdruckes? Woher dieses
üppige Farbenspiel, dieses glänzende Colorit des Stils? —
Mit dem gewöhnlichen Worte: „Genie" wird dies noch
nicht hinlänglich genug erklärt. Buffon, Linné und

Cüvier waren auch helle Köpfe, hochbegabte Schriftsteller — und dennoch lassen uns ihre oft mit der grössten Meisterschaft entworfenen Naturschilderungen „kühl bis ans Herz hinan"; ich glaube, dass ein berühmter Publizist mit Recht behauptet, dass die Schreibweise eines Schriftstellers noch mehr von seinem Charakter als Geiste, noch mehr von seiner sittlich-ethischen als philosopbisch-ästhetischen Anschauung des Lebens bedingt sei. Cicero schreibt vortrefflich, aber er hat keinen Stil, — er war ein Mann ohne Charakter. Tacitus hat einen, und Cäsar. Die Franzosen können keinen Stil haben, weil ihre Sprache einen hat. Wer in Frankreich schreibt, schreibt wie die guten französischen Schriftsteller, oder er schreibt schlecht. Vergleicht man Rousseau mit Voltaire, so findet man zwar beider Stil sehr von einander verschieden. So Rousseau denkt wie Voltaire, schreibt er auch wie er. Die deutsche Sprache hat, der Himmel sei dafür gepriesen, keinen Stil, sondern alle mögliche Freiheit, und dennoch giebt es so wenig deutsche Schriftsteller, die das schöne Recht, jede eigenthümliche Denkart auch auf eigenthümliche Weise darzustellen, zu ihrem Vortheil benutzen. Die wenigen unter ihnen, die einen Stil haben, kann man an den Fingern abzählen, und es bleiben noch Finger übrig. An den Naturforschern Deutschlands zeigt sich die Wahrheit dieser Behauptung klar und deutlich: Der herrlichste Charakter, Alexander von Humboldt, hat auch den schönsten und prachtvollsten Stil!

Mit noch grösserem Rechte als Faust — dieses tiefsinnigste Denkerbild des deutschen Volksgeistes, wie es Goethe so wahr und erschütternd geschildert, —, hätte Alex. v. Humboldt ohne Ueberhebung zum Schöpfer der Welt aufrufen können das schöne Wort:

Erhabner Geist, Du gabst mir, gabst mir Alles,
Warum ich bat. Du hast mir nicht umsonst
Dein Angesicht im Feuer zugewendet.
Gabst mir die herrliche Natur zum Königreich,
Kraft, sie zu fühlen, zu geniessen, nicht

Kalt staunenden Besuch erlaubst Du nur,
Vergönnest mir in ihre tiefe Brust,
Wie in den Busen eines Freunds, zu schauen.
Du führst die Reihe der Lebendigen
Vor mir vorbei und lehrst mich meine Brüder
Im stillen Busch, in Luft und Wasser kennen.
Und wenn der Sturm im Walde braust und knarrt,
Die Riesenfichte stürzend Nachbaräste
Und Nachbarstämme quetschend niederstreift,
Und ihrem Fall dumpf hohl der Hügel donnert.
Dann führst Du mich zur sichern Höhle, zeigst
Mich dann mir selbst, und meiner eignen Brust
Geheime, tiefe Wunder öffnen sich.
Und steigt vor meinem Blick der reine Mond
Besänftigend herüber, schweben mir
Von Felsenwänden, aus dem feuchten Busch
Der Vorwelt silberne Gestalten auf
Und lindern der Betrachtung strenge Lust. . . . .

Schlusswort zur zweiten Auflage.

Das vorliegende, in den ersten Tagen des Februars d. J. erschienene Werk hatte sich von Seiten des geehrten Lesepublicums und der tonangebenden deutschen Presse — wie z. B. der Augsburger Allgemeinen Zeitung, Berliner Montags - Zeitung, Breslauer Zeitung u. s. w. — einer so beifälligen Aufnahme zu erfreuen, dass die ganze, sehr starke Auflage bereits in einigen Tagen vollständig vergriffen war, und die verehrliche Verlagsbuchhandlung sich gedrungen sah, um die vielfachen Bestellungen ausführen zu können, eine zweite Auflage zu veranstalten. Ein so höchst seltener, erhebender Erfolg ist für mich um so erfreulicher, als mein Buch gerade zu einer Zeit ausgegeben wurde, da die Schlusscene der weltgeschichtlichen Tragödie, welche Deutschlands Söhne auf französischem Boden aufführten, noch alle Lebensgeister gefesselt hielt und die Aufmerksamkeit der gebildeten Menschheit ganz und gar von den lieblichen Gefilden des Friedens und der Humanität — die ich in meiner gegenwärtigen Schrift zu pflegen mich bemühte — abzulenken schien. Ueberdies musste ich ja befürchten, dass die maass- und grenzenlose Massenproduktion unserer seichten Tagesliteratur, die sich jetzt ganz besonders des deutsch-französischen Krieges bemächtigt und mit der ungeheuerlichsten Wust von illustrirten und nichtillustrirten Kriegsgeschichten, Flugschriften, Carrikaturen u. s. w. den literarischen Markt überschwemmt, meine anspruchslose, weder von den Posaunenstössen der Reklame ausgeschrieene, noch auch für irgend eine Partei geschriebene, culturhistorische Studie

verschlingen könnte!.... Diese aufmunternde Beifallsbezeu-
gung ist für mich eine signatura temporis, ein neuer Beweis für
den gesunden, kräftigen und friedliebenden Geist des deutschen Volkes, das inmitten des blutigen, kriegerischen
Ringens noch Zeit findet, seiner Geistes- und Freiheits-
heroen, die — wie Alexander von Humboldt — ihre
glorreichen Lorbeeren nicht auf den Schlachtfeldern
des männermordenden Kampfes, sondern auf den geistigen
Wahlstätten des Gedankens, der Freiheit und der Humanität sich errungen, in Liebe zu gedenken und an ihren
Geistesfrüchten sich zu erquicken! — — —

Und dennoch! wenn es eine Periode in der Entwickelungsgeschichte der Menschheit gegeben, in der unser Buch
zeitgemäss gewesen, so ist es besonders — leider! — die
Gegenwart. Erklärte ja erst vor Kurzem — in der
Sitzung des Herrenhauses am 16. Februar d. J. — der
famose Herr von Senft-Pilsach, kladderadatschlichen An-
gedenkens, „dass die Juden das Geld und die Macht haben", dass nur die Taufe seelig machen könne und die
Söhne Israels daher nie zur „ewigen Seligkeit" gelangen!
u. s. w. Unterstand sich ja erst vor wenigen Wochen
das höchste geistliche Landesinstitut des preussischen
Staates, das Königl. Preussische Consistorium der
Provinz Brandenburg, ein das ganze Judenthum insul-
tirendes Schriftstück zu veröffentlichen, womit den Pfarr-
ern wiederholt eingeschärft wird, jeden Uebertritt zum Judenthum, „bei dem grossen Aergerniss, das der christlichen
Kirche durch solchen Abfall gegeben wird", nicht nur
öffentlich in der Kirche, sondern auch der oberen Kirchen-
behörde anzuzeigen, da das Judenthum eine Gemeinschaft
sei, welche „nicht allein zur Zeit der Erscheinung des Soh-
nes Gottes im Fleische, unseren Heiland verworfen hat,
sondern auch heute noch in gleichem Hasse und
der nämlichen Feindschaft gegen ihn verharrt"!!
...... Wo ein, wenn auch noch so lächerliches, Mitglied
des preussischen Herrenhauses und das Haupt der
evangelischen Kirche des preussischen Staates gegen eine

ganze Nation, deren Söhne noch eben ihr bestes Herzblut
hingeopfert zur Besiegung des Erbfeindes, der uns Juden stets wohlgesinnt war, der unsere Rechte ver-
theidigte und der es nie gewagt hätte, in der zweiten Hälfte des neunzehnten Jahrhunderts solche
infamirende, officielle Erlasse in die Welt zu sen-
den!, mit solch' mittelalterlicher Rohheit ungestraft zu
wüthen sich erdreisten — da zeigen wir unseren beschränkten, engherzigen Tyrannen den Junker- und Pfaffen-
feind, das leuchtende, erhabene und erhebende Bild des
Humanitätspropheten Alexander von Humboldt und rufen unseren Glaubensgenossen das ermuthigende Wort zu:
sub hoc signo vinces! — — —

In dieser zweiten Auflage wurden viele Druckfehler
der ersten Ausgabe berichtigt und bin ich besonders den
Herren Alexander von Mendelssohn, Geheimen Com-
mercienrath in Berlin und Herrn Prof. Dr. M. A. Levy
in Breslau für ihre diesbezüglichen freundlichen Winke zum
Danke verpflichtet.

Die belobende Kritik der deutschen Tagespresse erfreute mich sehr und bin ich vor Allen dem Herrn Kritiker des Weltblattes, der „Augsburger Allgemeinen
Zeitung" (25. Februar, Beilage), für seine eingehende,
anerkennende Rezension sehr verbunden. Das Keifen
und Schimpfen der zahnlosen, alten „Presse" (nicht zu
verwechseln mit dem geistreichen Blatte, der „Neuen
freien Presse",) und die Nörgeleien der „Neuzeit"
(beide Schandblätter machen Wien unsicher!) berühren
mich nicht im Geringsten. Kenne ich doch die Motive
der beiden, übrigens im Visir der feigen Anonymität
auftretenden, ci-devant Kritiker nur zu genau: Neid und
Rache sind die unlauteren Triebfeder ihres auf Commando lobenden und auf Commando Gift und Galle
speienden Geschreibsels. Der Eine dieser Biedermänner
der mich wie ein reissender Wolf überfiel, ist ein ver-
kommener, verknöcherter Schulmeister, der sein literari-
sches Meuchlergeschäft in Wien betreibt und zum ver-

worfensten Geistesproletariat gehört, ein penny-a-liner
der niedrigsten und verachtetsten Sorte Namens G.
Wolf. Für solche Subjekte ist ein Fusstritt noch
viel zu gut! Der andere „ehrenwerthe Mann" ist der Sohn
des berüchtigten Dr. Abraham Geiger in Berlin, ein gewisser L. Geiger, den sein chère papa auf mich Unglücklichen abgehetzt, damit er seinen bereits invalid gewordenen
Erzeuger an mir mit fürchterlicher — Tinte räche. Die
beiden feigen Anonymi werden sich wohl wundern, dass
ich dieselben unter der wohl applicirten Larve erkannt
habe? Um ihnen jedoch einen Schlüssel zur Lösung dieses Räthsels zu bieten, erlaube ich mir, zwei Sprüchlein —
von Goethe und Heine — für dieses Gesindel zu citiren.

Das Eine lautet:

> „Am Fuss kennt man den Teufel gut,
> Wie Bonaparte an dem Hut."

Das Andere heisst:

> „Weit impertinenter noch,
> Als durch Worte, offenbart sich
> Durch das Lächeln eines Menschen
> Seiner Seele tiefste Frechheit."

Dixi, et salvavi animam meam! — —

Ende März 1871.

Der Verfasser.

Druck von Metzger & Wittig in Leipzig.